上海市基础教育名师学术文库

高中化学学案导学实践研究

张 莉◎著

Chemistry

上海交通大学出版社
SHANGHAI JIAO TONG UNIVERSITY PRESS

内容提要

本书是上海市奉贤中学化学组张莉老师 15 年教学与科研成果的总结,也是奉贤中学化学组学案导学精华成果之一。本书厘清了高中化学学案导学的关键概念,并在大量教学研究和案例研究的基础上,提炼了学案的设计策略和实施策略。以学案导学为载体,将教与学更有效地结合,为提高学生化学学科素养和深入教学改革提供了一条新的有效途径。这些科学理性认识和有效操作经验,对于高中化学教学水平的提升及学科发展具有较高的应用价值和推广价值。本书适合中学化学教师、师范院校化学专业师生以及相关教育机构研究人士阅读使用。

图书在版编目(CIP)数据

高中化学学案导学实践研究/张莉著.—上海:
上海交通大学出版社,2022.3
ISBN 978-7-313-25615-7

Ⅰ.①高… Ⅱ.①张… Ⅲ.①中学化学课-教案(教育)-高中 Ⅳ.①G633.82

中国版本图书馆 CIP 数据核字(2021)第 209484 号

高中化学学案导学实践研究
GAOZHONG HUAXUE XUEAN DAOXUE SHIJIAN YANJIU

著　者:张　莉
出版发行:上海交通大学出版社　　　　　　地　　址:上海市番禺路 951 号
邮政编码:200030　　　　　　　　　　　　电　　话:021-64071208
印　　制:上海景条印刷有限公司　　　　　经　　销:全国新华书店
开　　本:787mm×1092mm　1/16　　　　　印　　张:15.25
字　　数:309 千字　　　　　　　　　　　插　　页:4
版　　次:2022 年 3 月第 1 版　　　　　　印　　次:2022 年 3 月第 1 次印刷
书　　号:ISBN 978-7-313-25615-7
定　　价:89.00 元

数字化实验教学改进

学案导课研究

交流展示 教学共长

信息化创新课堂教学展示

项目化学习市级教学展示

上海市"徐雪峰高峰计划/娄华攻关"基地联合研修活动点评发言

主持学校教师论坛

反思研究 以研促教

教学研究获奖

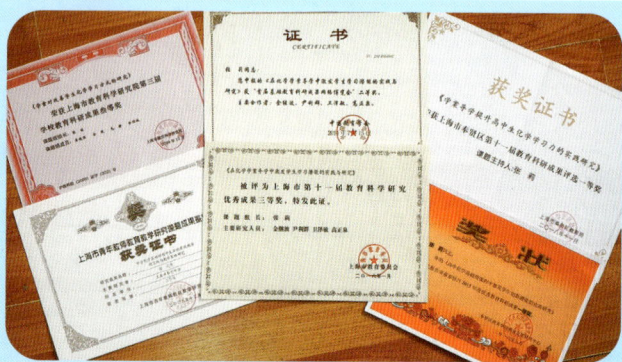
主持课题获奖

发表论文刊物

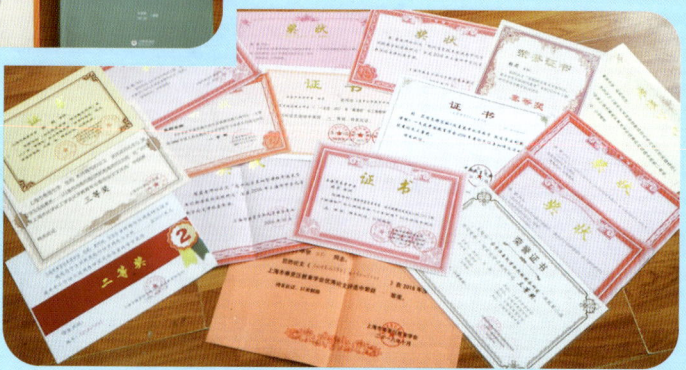
撰写论文获奖

序

潜心教学十五载　以研促教书华章

　　《普通高中化学课程标准(2017年版2020年修订)》关注学生个性化、多样化的学习和发展需求,倡导"促进每个学生主动地、生动活泼地发展"。学案导学是基于建构主义理论提出的一种新的教学模式,以学案为载体,以导学为方法,学生的自主学习为主体,师生共同合作完成教学任务,对改善学生学习方式,促进学生个性形成和自主发展,意义重大。

　　张莉老师于2006年华东师范大学硕士毕业后进入上海市奉贤中学,正赶上学校开始启动学案导学的教学改革实践,于是,伴随着学校的"求生存-求发展-创品牌"的三步走发展,她也开启了高中化学学案导学的教学改革和课题系列研究,经历三轮学案重组、优化学案,带领学校化学组青年教师一起组队开展了2个市级青年教师课题,并引领组内老、中、青年教师一起开展了3个区级课题,围绕学案导学的设计及使用开展了系列研究,引领、提炼、反思,从多角度、多层次改善教学方式和学生的学习方式,学案导学逐步趋于完善,为奉贤中学化学组的教学品质提升和其他学科的学案导学提供了有力的参考。

　　张莉老师化学学科素养高,为人谦逊好学,积极向市、区及组内优秀老师学习,经常参加校内外的听课活动和各级各类培训,特别是在化学特级教师工作室期间潜心钻研教学,并用于改进自己的教学实践。作为她的带教师傅,见证了她在奉贤中学任教期间十五年如一日的一路摸索和成长,从初出茅庐到崭露头角,从青年教师成长为高级教师、优秀骨干教师、正高级教师,她始终秉承为人师表的教育情怀,为教育教学改革呕心沥血、勇于探索。正是她持之以恒的坚持和努力,历经十五年的实践摸索和以研促教,终于结集出版了这本关于高中化学学案导学的书籍。

细细品读本书,字里行间充满了一个高中教师的教学智慧,充满了基层教育工作者的感悟和思考;而每个章节的教学案例研究是张莉老师十五年市、区级公开课教学设计的成功之作,既体现了张莉老师个人深厚的教学功底,也渗透了学校教研组共同研讨的智慧,反映了奉贤中学化学教研组的实力。该书贯彻"关注学生的学习过程,提倡多样的学习方式"的课程理念,发挥学案的导学功能,转变学生的学习方法,使学生始终处在"提出问题-分析问题-解决问题"的过程中,变被动为主动;通过教师有效地"导",对课前、课中、课后学生学习加以方向的把握和指导,促进了学生的自主学习、探究学习、合作学习,导学结合,循环实证,取得了卓有成效的成果。

本书研究的学案导学有四个亮点:

其一,**提炼了四轮学案实践设计经验,人本化提升化学核心素养**。从四轮学案设计的实践中,反思、提炼、总结了设计经验,包括原则、流程、内容及策略,基于单元进行高中化学学案导学的设计和使用,以人为本,注重学生自主探究能力的培养,提升学生的化学学科核心素养,符合当前教育教学改革的趋势。

其二,**注重学案导学德育融合研究,学科育人培养高素质人才**。注重导学中的学科德育的有机融合,从人文美学精神、科学方法素养、社会道德品质培养三个维度进行学科德育渗透,在学科育人中培养高素养的优秀人才,达到新时代育人目标。

其三,**提炼了学案导学的使用策略,点面结合寻求教改新途径**。从分层导学、生活化导学、二二三四导学、信息化导学、项目化导学等方面阐述了多层次、多角度的导学实践方式,为不同层次学生的导学提供参考。

其四,**优化了学案作业和评价方式,拓展学案导学思维空间**。从学案的生活化、台阶式、趣味化、主题式创新作业设计,到中长期研究型作业设计,再到基于数据分析的作业设计改进,将学案导学延伸到学生的课外自主学习探究中;同时,开发学案的模块化单元学习评价和基于学习素养的过程性评价相结合,以评促教,促进学生的自主学习。

本书是张莉老师十五年教学实践研究的成果,也是奉贤中学化学组学案导学的缩影和精华成果之一,厘清了高中化学学案导学的关键概念,并在大量实践研究和案例研究的基础上,提炼了学案的设计策略和实施策略。以学案导学为载体,将教与学更有效地结合,为提高学生化学学科素养和深入教学改革提供了一条新的有效途径。这些科学理性认识和有效操作经验,对于高中化学教学水平的提升及学科发展具有较高的应用价值和推广价值。

上海市奉贤中学副校长、化学特级教师

2021 年 5 月

前　言

　　从华东师范大学校园走出来，走进了中学校园。这是我从儿时就有的梦想——当一名中学教师。三尺讲台凝聚了我 20 年的教书梦想。在风雨兼程的教书育人过程中，我谨记华东师范大学的校训"求实创造，为人师表"，经历了风雨，也见到了彩虹。在教学实践中，我感受着与一届届学生的交心历程，也感受着教育改革的风雨洗礼。

　　发展规划让我走上挑战之路。教师的成长有多种路径，如何根据自身的特点走合适的发展道路是我成为教师后首先要思考的问题。2006 年 9 月，初次踏上三尺讲台，教研组长徐雪峰老师曾找我谈话，引导我要思考自己的优势、寻找发展的方向、做合格的教师。作为当时为数不多的具有硕士学位的高学历教师，科研能力应该算作自己的优势之一，于是我萌生了在中学教学中做科研的念头，从此走上了一条以研促教的不断挑战自我的道路。之后，在每三年一轮的教师发展规划中，我都对自己的发展不断加码、调整，但目标很明确，即发挥个人科研专长，成为更好的自己！我不断地开展教学反思与研究，几乎每三年就完成一个课题，然后从中又寻找契机，继续开展深入研究。15 年持之以恒的教研共长之路，我走得很艰难，但也很坚实，主持的 5 个课题成果获得市、区级奖项，20 多篇文章公开发表或获得市级奖项，10 余次在国家、市、区级教学评比中获奖，两次获区教科研先进个人，2020 年 12 月被评为正高级教师。正是在教师职业发展规划中不断挑战自我、突破瓶颈、超越自我，成就了今天的自己。

　　教学反思引我走上研究之路。从教之初，师傅金继波老师从每一节课的备课、上课、听课等环节一一进行耐心指导，引导我对每一节课进行反思，反思教材和学情，反思课堂教学环节，反思教学方法和策略，反思学生课堂的表现和生成性问题……在师傅的悉心指导下，我坚持日反思、周总结，经常撰写教学随笔、教学案例和教学论文，逐步走入中学化学课堂教学研究的大门。留心处处有学问,细心时时有发现。随着阅历增长,我开始感悟到,对每一个教学难点的反思和多次实践就能形成一个简单的教学案例,对几个同系列、不同类别的教学案例的反思就能撰写出一篇文章,几篇主题有关联的文章就能串联起一个小的研究项目,几个连续进行研究的相关项目就能支撑起一个小的课题。渐渐地,我写的文章越来越丰满,也开始在各级评比中获奖,如《中学化学课堂教学的生活化的实践与研究》《高中化学教学中运用学案导学的实践与研究》在市征文比赛中均获一等奖。担任高三化学选修的教学,课堂教学气氛活跃,学生学习积极性也很高,高考成绩优秀,2015 年市青年教师教学评比获市二等奖,在全国创新课堂教学大赛中多次获一、二等奖。教学反思引导我在教学中研究,提升教学素养和能力,让我逐渐成长为研究型骨干教师、学校课改创新能手,逐步形成了"多角度、多层次"启发探究式导学的教学特色。

课题研究助我走上创新之路。随着教学经验的积累,我开始关注如何提高学生化学学习兴趣、改善学生的学习方式。2007 年,我负责申请了区课题《学案导学改善学生学习方式的实践研究》,经过两年的研究,课题成果获市三等奖,论文《学案导学对改善高中学生化学学习方式的初步调查与研究》发表在《化学教育》上。2008 年,我牵头申请立项了市青年教师课题《中学化学生活化教学的实践研究》,经过一年多的实践研究,我撰写的论文《整合生活知识促进有效性化学教学》发表在《化学教学》上,课题研究成果获市二等奖。2010 年,我牵头申请了区课题《在化学学案导学中激发学生学习潜能的实践与研究》并升级为市青年教师课题,尝试从多角度、多层次去激发学生的"志""趣""能"等潜能,一边研究实践,一边反思总结,教师的潜能也在研究中获得激发。最终,课题成果获区一等奖、全国"首届基础教育科研成果网络博览会"二等奖、市第十一届教育科学研究成果三等奖。2013 年,我申报了区课题《高中化学基础型课程中激发学生创新潜能的实践研究》,继续深入研究激发学生创新潜能,课题成果获区一等奖,论文获市一等奖。2016 年,我主持申报了区课题《学案导学提升高中生化学学习力的实践研究》,更系统、全面地研究学案导学提升学生的学习动力、学习毅力、学习能力和学习创新力,课题成果获区一等奖。2018 年,我又申报了区课题《支架式学案导学提升高中生化学学科核心素养的实践研究》,进一步开展了学案的优化设计,取得了一些阶段研究成果,2022年 4 月即将结题。学案导学、生活化、激发潜能等课题研究成为促进教师专业发展和学生发展的优良催化剂,而这一系列学案的课题研究,促进我快速成长、成熟,逐渐形成了自己的教学思想,也成就了我职业生涯的一次次飞跃。

学案导学仍在继续,还有很多疑惑等待我继续去探寻,在新课标、新教材背景下,厘清学案导学与教学的关系,抓好新旧教学模式有机衔接,更新教育观念,提高教师利用学案导学的能力,完善学案使用,改善学生学习方式……我将继续孜孜以求,在实践中一步步实现自己的教育梦想,做一名优秀的人民教师!

　　十年磨一剑,在本书撰写期间,得到了林春辉校长、金继波副校长及科研处张育青老师、化学组徐雪峰老师等领导的大力支持,在此表示诚挚的感谢! 在 15 年的教学研究期间,得到上海市奉贤中学各位领导和化学组同仁、其他同事的大力帮助、关心和支持,也一并表示感谢! 同时,我也要感谢父母、丈夫和女儿对我的关爱、理解和支持,是你们,让我有了不断学习、成长、进步的动力,感谢一路成长有你相伴!

目 录

图目录

表目录

第一章

学案导学的研究综述

　　学案导学是当前教育界研究的热点之一,是教育教学观念的根本变革,是由教师设计怎样教(教案),到设计学生怎样学(学案)的过程的根本变化,是培养学生自主学习、合作学习和探究学习的有力武器。15年来,我们在高中化学的教学实践中不断优化学案,研究不同课型学案导学的使用,提炼学案导学策略,关注改善学生学习方式,以期优化学案导学。

第一节　学案导学的理论研究

全国和上海市教育改革和发展规划纲要精神着眼于学生的全面发展,关注学生的学习过程,提倡多样的学习方式。

一、学案导学的理论依据

2 000多年前,我国古代重要教育理论著作《学记》中提出"教学相长"思想;近现代,陶行知的"教学做合一"教学思想、布鲁纳的"发现学习"理论以及皮亚杰等学者的建构主义理论等都为学案导学提供了科学的理论基础。

(一)哲学依据

唯物辩证法告诉我们,任何事物的发展都是内因和外因共同作用的结果,内因是事物发展的根据,外因是事物发展的条件,外因必须通过内因才能起作用。在导学过程中,教师属于外部条件,是外因,学生是学习的内因,教师的"教"必须通过学生的"学"才能发挥作用。如果学生没有"学"的愿望和动机,没有主动性和积极性,教师的"教"就会由于没有学生的"学"而失去作用。教师要充分发挥学生的主体地位,提供适合学生积极主动、自主探究的学习条件,创设营造民主、和谐的学习氛围,并注重挖掘学生自身对学习的渴望,培养学生的学习素养。

(二)心理学依据

心理学研究表明,学生有一定的观察能力,能根据教学目标有计划、有选择地观察现象、动手实践和思考问题。从小学到高中,学生的独立思维能力越来越强,喜欢讨论、探究问题的来龙去脉和事物发展的前因后果。同时,心理学研究还表明,尽管中学生思维有较大的发展,但分析判断能力还不完全成熟,不能放任自流,需要教师在教学中引导学生,帮助学生克服思考中可能产生的缺点和偏向,并给予适时、有力的指导,这是教师导学的理论依据。

(三)学习理论依据

著名教育心理学家布鲁纳的"发现学习"理论强调,学生的学习应是主动发现的过程,而不是被动地接受知识。创设问题情境,引发学生对知识本身产生兴趣,产生认知需要,产生一种需要学习的心理倾向,激发自主探究的学习动机。在导学过程中,学生是学习的积极探究者,教师的作用是创设适合学生学习探究的情境,而不是提供现成的知识。这就要求我们不仅要让学生"知其然"和"知其所以然",而且要让学生"知其所用"和"知其谁用"。

(四)教学最优化理论

衡量教学最优化有两条标准:一是教学效果的最优化;二是时间消耗的最优化,即师生用于课堂教学和课外作业的时间不超过所规定的标准,用师生耗费合理的时间去取得这些成效。学案导学改变了课堂上教师垄断课堂的做法,充分体现了学生的主体地位。这既提高了教学质量,使学生在知识与能力、过程与方法、情感态度与价值观等方面获得和谐发展,又减轻了学习负担,用较少的时间取得较大的成效。

(五)建构主义理论

建构主义是一种关于知识和学习的理论,强调学习者的主动性,认为学习是学习者基于原有的知识经验生成意义、建构理解的过程,对教学设计具有重要指导价值。认知发展领域著名教育心理学家J.皮亚杰的理论充满唯物辩证法,坚持从内因和外因相互作用的观点来研究儿童的认知发展,认为儿童是在与周围环境相互作用的过程中,逐步建构起关于外部世界的知识,从而使自身认知结构得到发展。

二、学案导学的研究现状

学案导学法作为课程改革重点推广的一种教学模式,吸纳了古今中外优秀的教育理念,有丰厚的教学理论基础,在其自身独特的有效教学的理念下,进行灵活多样、切合实际的教学设计,使课堂教学有效果、有效率和有效益,成为新课程实施的有效途径,具有强大的生命力和战斗力。

(一)国内外学案导学研究情况

浙江省金华一中于1997年秋在全国首次提出了用以帮助学生学习的相对于教案的学习工具和材料——学案,并将借助学案进行教学的方法称为学案教学法。那时的学案教学法与现在的学案导学法既有明显的差别,又有相互的联系,现在的学案导学法是在那时的学案教学法的基础上提高并发展起来的,那时只是一个雏形,现在的学案导学法已有了质的突变。

学案导学法是伴随着2004年新课程改革诞生的,源于新课程理念,在操作上又体现出"教有法而无定法"的特点,在实际教学中能够扩大学生自主学习的空间,使新课程理念真正落到实处。自新课程改革以来,学案导学法这种教学模式,在国内的很多地区和学校的研究活动中,如上海市徐汇区重点课题、浙江省教育科研课题、江苏省苏州市"十五"课题、四川省省级课题、江西省南昌大学附属中学课题组的《高中课堂学案导学教学模式的理论与实践研究》、广东省深圳市宝安区教育"十一五"规划科研课题《学案教学》、山东省青岛二中的《导学案教学》、浙江省海盐县教育局教研室的《学案导学,自主探究》等,都以课题形式进行了深入探讨;不少地区还致力于开发基于学科学习的学案式教材;还有散落在各种教学杂志中的有关学案的论文都对教与学关系、课堂教学的有效性和实用性进行了探讨和研究,取得了丰硕的成果。

多年来的研究结果表明,这种教学模式顺应了素质教育和教学改革的新形势,符合培养创新型人才的要求。从 2008 年开始,教育部开始大力推广学案导学的教学模式。但学案如何在深层次中进行结构重组和优化,以达到学案设计和使用最佳,还有很多问题等待我们去进一步研究。

(二)高中化学学案导学研究情况

在高中化学学案导学研究方面,不少基层一线教师及相关研究人员开展了实践反思研究。

1. 学案的设计研究

近年来,大家对学案的设计进行了不断优化。张苏丹(2020)在了解学案导学情况以及学生需求基础上,研究了基于抛锚式教学的高中化学学案设计应遵循的原则及构成,并进行了案例设计及效果分析,可适当提高学生学习自主性,提升学习过程中的自我监控能力。田薇薇(2020)以建构主义学习、最近发展区理论、有意义学习作为理论支撑,研究了基于问题学习的学案在高中化学必修一元素及其化合物知识的教学实践,建构了新的基于问题学习的学案,并在课前、课中、课后应用,一定程度上改善与提高了学生的学习态度、学习习惯及教学效果。

2. 学案的实施研究

学案如何实施?学案对学生的学习有什么效果?张林莹(2020)以新疆维吾尔自治区霍城县江苏中学两个班级作为实验班和对照班,以问卷、访谈、课堂观察分析学案导学的教学模式对学生化学自主学习能力的影响及作用机制,认为学案导学教学模式通过对学习动机、学习态度、学习环境、学习方法、学习时间管理对学生化学自主学习能力产生明显的促进作用。王福霞(2019)研究了"6 + 1 导学案"的教学流程,即"导""思""议""展""评""检""小结",提倡课前及时检查批改,创设贴近学生生活经验的情境,采用"学思结合"的学习方式,注重小结环节,充分体现"教师为主导,学生为主体"的教学理念。高妍(2019)开展了"导学案和小组合作学习"教学模式的研究和探索,实现了学生主体性,改善了学生化学学习状况。

3. 学案的信息化研究

随着"互联网＋教育"时代的到来,信息技术与课堂教学融合已成教育改革的必然趋势,学案导学也在不断进行信息化的升级和优化。叶雷春(2020)在理论研究和案例分析的基础上,探究了将微课和学案融合的三条策略:点面结合,突出重难点;创设情景,激发兴趣;解答反馈,提升效率。陈丽娟(2020)开展了"平板电脑＋导学探究"模式在高中化学教学中的应用实践研究,对其理论支撑、实施条件、相关软件进行了论述,设计了该模式的基本操作流程,并开展了"原电池"和"分散系及其分类"的案例分析,促进了教师教学方式和学生学习方法的积极转变,增强了课堂互动频率;有助于形成性评价、诊断学情,提高了学习成果展示和点评效率,为学生个性化学习提供了技术支持。

三、关键概念界定

(一)学案

学案是相对于教案而提出的,是一种在教学过程中,教师在认真研读课程标准和教材,充分了解学情的基础上设计的供学生课前预习、课内导学和课后复习使用的课例学习材料。学案也叫导学案,后来的学习任务单、学习手册都是学案演变而来,一般统称学案。学案是学生自主学习的方案,也是教师指导学生学习的方案。它将知识问题化,能力过程化,以及情感、态度价值观的培养潜移化。在充分尊重学生主体地位的前提下,积极发挥教师的主导作用,通过科学有效的训练,达到课堂教学效益的最大化。如果说教案发挥的是"导教"的功能,着眼于教师"讲什么""如何讲""讲得怎么样",侧重于学生"学会",那么学案发挥的是"导学"的功能,着眼于学生"学什么""如何学""学得怎么样",侧重于学生"会学"。

(二)导学

导学就是在教学中运用学案,对学生进行导读、导思、导言、导行。教师在课堂上注重"四主":

(1)学案主导:学案导学,重在"导",围绕"学","导"是手段,"学"是目的。

(2)学习主动:尊重学生主体,把学习的主动权交还给学生,尊重学生,包容错误,鼓励创新,开放课堂,启迪学生思维,让学生收获成功的喜悦,快乐成长。

(3)问题主线:注重教学的生成性,围绕课堂教学中学生暴露出来的问题,设计各种类型的练习,启迪学生化学思维,提升学生的化学学科素养。

(4)活动主轴:围绕"导学"进行学生活动的设计,充分让学生"三动"——动手、动脑、动嘴,注重组与组、生与生、生与师、人与机之间的交流互动。

(三) 学案导学法

学案导学法是指以学案为载体,以导学为方法,在教学过程中充分发挥教师的主导作用、学生自主学习的主体地位,师生合作共同完成教学任务的一种教学模式。其精髓是学生在教师指导下进行自主学习,让学生提出问题,模拟情境,发表不同见解,引起争论,进行批判性思考,培养学生主动获取信息、处理信息的能力,培养创造性与主体性品质。

(四) 高中生学习潜能

高中生学习潜能通常指高中生自身蕴藏着通过学习转化为现实的"志""趣""能"等学习能量,具有潜在性、生成性、发展顺序性、阶段性、动态性、多样性、个别差异性等特点。其中"志"包含学科意识、学习意志品质,是学习动力;"趣"包含兴趣爱好、特长潜能,是积极情感态度;"能"包含观察、思维、动手实践、创新实践等能力,特别是探究创新实践能力,是学习潜能的关键。

每个人有不同类型、不同层次的学习潜能;人与人之间学习潜能是有差异的;人的学习潜能是能够开发的,只有经过开发才能转化为现实能量,外显为表现;人的学习潜能激发过程是应激与自激的过程。激发学生学习潜能符合人的发展规律,每个学生都蕴藏着学习潜能,每个学生都有被激发潜能的期待,每个学生潜能都有被激发的可能。

(五) 高中化学学案导学

在高中化学教学中,依托学案,采用多种导学方式,引导学生自主学习和探究学习。教师根据学生知识、能力、学习特点和心理特征,设计符合本班学生实际情况的学案,借助这种教学载体的应用,以学生为中心,引导学生自主学习、探究学习、合作学习,通过分层导学、反思导学、兴趣化导学等多种导学方式,引导学生了解化学"学什么"和"如何学"。学生知道教师的授课意图,有备而来,给学生以知情权、参与权,去掉过去学习时的被动与盲目,找到主动学习的支点,教与学就轻松自如。导学调动学生学习的积极性,确立学生在课堂上的主体地位,使师生关系更为融洽,是由教师设计怎样教到设计学生怎样学的过程的根本变化,是培养学生自主学习、合作学习、探究学习的有力武器。

第二节 学案导学的研究过程

传统教案教学普遍存在两种倾向:一是教学的单向性,以教师和课本为中心,忽视学生自主学习的意识和能力;二是教案的封闭性,即教案是教师自备、自用,学生课前无从了解教师的教学意图,学习被动。传统教学模式下,普遍存在学习主动性弱、学习方法不科学、学习能力差等问题,亟须改善学生的学习方式。

一、学案导学的研究思路

为了促进学案导学的深入研究,笔者主持申报了市、区、校级课题,围绕学案导学进行系列化的研究,从学案的设计、使用、评价等方面展开,不断优化学案导学,提升学生化学学科素养。

(一) 研究思路

为了编制更适合学生学情的学案、提升学案导学的教学质效、探索更有效的导学策略和评价,笔者尝试采用文献研究、调查研究、行动研究等方法,进行了学案理论、学案设计、学案使用、学案评价等方面的研究(见图 1-1)。

(二) 课题研究以研促教,开展学案系列研究

笔者主持申报的一系列课题在团队研究中促进了学案导学的实施和优化。

1. 课题研究学案,促进学案设计

改善学生学习方式是上海市二期课改的显著特征。《上海市中学化学课程标准(试行稿)》(2004 年版)明确提出"关注学生的学习过程,提倡多样的学习方式"的课程理念。2007 年笔者主持立项的区课题《学案对改善高中学生化学学习方式的实践与研究》,在上海市二期课改精神指导下,研究高中化学不同课程学案教学现状及各种不同学案的个案研究,在研究方案的实施过程中提炼学案的教学效果、关注改善学生学习方式,以期优化学案教学。采用调查法分析学案对学生学习方式的影响,调查报告发表在《化学教育》上;通过案例研究,积累了丰富的第一手教学资料——3 种课型、12 个学案教学案例,为以后进一步研究学案提供了素材;通过实践研究,对不同年级课程的学案板块设

| 理论研究 | 文献研究 → | 学案导学的理论研究 | → | 学案导学的理论依据
学案导学的研究现状
关键概念界定 |

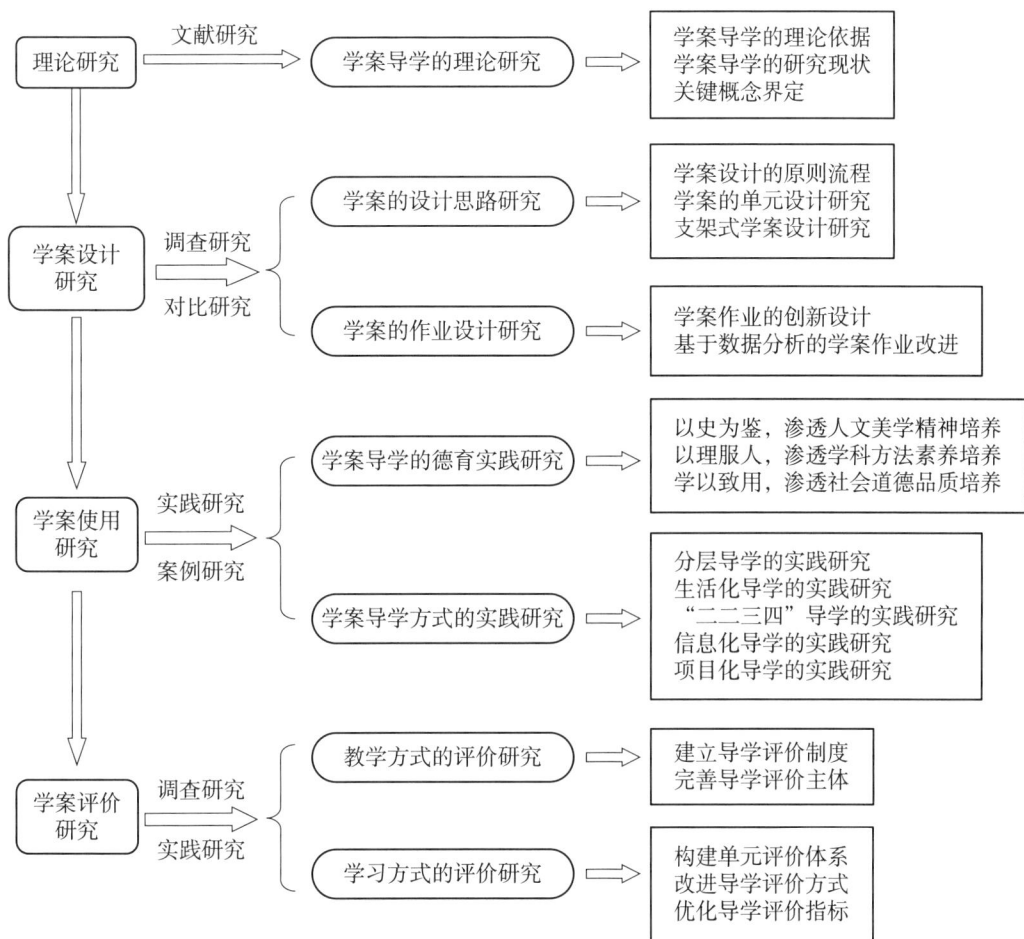

图 1-1　学案导学的研究思路框架

置、不同课型课程的学案导学策略、反思学案导学的指导策略等进行了研究,课题成果于 2009 年获市级三等奖,撰写论文获市级一等奖。通过该课题研究,学案导学初见成效,已得到师生的普遍认可,但仍存在不少问题,学生对学案导学的认同感、使用率和满意率都还有待进一步提高,学生的自主意识和学习主动性还没有发挥出来。

2. 生活化导学研究,提高学生学习兴趣

美国教育家杜威提出的"教育即生活",生活化教学,使化学"回归"生活,帮助学生应用所学知识解决生活中的实际问题、体会学习乐趣,将教学转化为学生内在需要。为了提高学生的学习兴趣,2008 年笔者主持立项了市青年教师课题《中学化学生活化的实践与教学策略研究》,积极探索生活化导学的新模式。初步研究了中学化学学案导学回归生活的理论和策略,包括当前生活化教学的初步调查研究、精选的生活化教学实践案例、从实践中提炼的生活化教学策略研究和再付诸实践的教学反思等,从教师探索、学生体验、理论研究、实践摸索等多个角度,筛选恰当的案例,介绍有效的经验,说明具体的做法并做准确到位的评析,提出要精心组织生活化教学内容,激发学生兴趣主动学习;精心组织生活化教学过程,鼓励学生合作竞争;精心组织生活化教学评价,指导学生有效反思;精心建立和谐的师生关系,培养学生良好习惯,为广大化学教师学科教学提供操作经验。课题成果获市级二等奖,撰写论文获市级一等奖。

3. 深入研究学案,激发学生潜能

2010年笔者主持立项了区课题《在化学学案导学中激发学生学习潜能的实践与研究》,开展了学案导学中激发学生化学学习潜能的实践研究:通过生动化导学,激发学生学习兴趣潜能的实践研究;学案分层导学,激发学生自主学习潜能的实践研究;"二二三四"导学,激发学生多元学习潜能的实践研究;探究学习导学,激发学生创新学习潜能的实践研究。并提出了学案导学的教学策略:课前预热策略——"以旧引新,自主回忆""回归课本,自主预习""资料查阅,自主研究",诱发学生要学潜能;课中引导策略——"创设情境,探究生活""层层设问,探究疑难""变式训练,探究原理""学以致用,探究奥秘",开发学生会学潜能;课后强化策略——"分层作业,鼓励拓展""家庭实验,鼓励创新""参观调查,鼓励实践",提升学生学会潜能。课题成果获市级三等奖。

4. 探究导学方式,激发创新潜能

2013年笔者主持立项了区课题《高中化学基础型课程中激发学生创新潜能的实践研究》,开展了高中化学基础型课程教学中激发学生创新潜能的实践研究:创设问题导引,改善教学方式,激发学生创新潜能;巧用现代教育技术,创建互动学习环境,激发学生创新潜能;创新化学作业设计,依托作业实践载体,激发学生创新潜能;改进教学评价,多角度激发学生创新潜能;更新教师观念,为激发学生创新潜能提供保障。同时,从教学实践中提炼出高中化学教学激发学生创新潜能的策略。课题成果获区级一等奖。

5. 优化导学方式,提升化学学习力

2016年笔者主持立项了区项目《学案导学提升高中生化学学习力的实践研究》(XM16072),总结十年学案导学的实践经验,基于化学学科素养,寻求提升学生化学学习力的突破口。从学案的编写、使用、评价等方面进行提升高中生化学学习力实践研究。学案的编写方面,以人为本优化学案,提高学案编写品质。学案的导学使用方面,从生活化、信息化学案导学中提高学生化学学习动力;从学科育人价值、分层导学提高学生化学学习毅力;从优化"二二三四"学案导学、翻转课堂学案导学提高学生化学学习能力;从创新问题导引教学、创新作业设计提高学生化学学习创新力。同时,基于学科素养开展模块化学习评价,借助极课数据分析建立个人学习力档案,多角度评价学生学习力。课题成果获区级一等奖。

一系列围绕学案导学的课题研究,促动了学案的进阶和优化,教师和学生在学案导学中教学相长,共同提升,提升了学生的自主学习能力和学科核心素养。

二、化学学案的设计进阶

为了提高学生的化学学习能力,从课本中提炼出适合本校学生学习基础和能力的学案,我们开展了一系列改进尝试。化学学案从学校第一阶段的求生存——从无到有、创编学案,到第二阶段的谋发展——解构重组、优化学案,到第三阶段的创品牌——信息助力、提升学案,到第四阶段的品牌发展——项目设计、延展学案,我们不断改进学案设计,基于学科素养提升学生的化学学习素养。

(一) 学案1.0版内容设计

学案1.0版的设计,正值学校发展处于求生存阶段,学生基础薄弱,学案设计经历了从无到有的创编过程,学案更注重知识的梳理,从教材中提炼适合学生的知识和逻辑框架,提升学生的化学基础知识。每个课时的学案,包括学习目标、预习导引、课堂探究、检测评价等板块,从"课前导学-课中探究-课后巩固"三个环节进行导学设计。

1. 学习目标,精确引领

根据课程标准,确定每节课、每个单元的学习目标,使学生在预习学案时就明确具体的学习目标,做到心中有数。

2. 预习导引,激活旧知

预习导引板块凸显了以旧引新的特点,唤醒学生已有的知识和生活经验,通过预习课本,引导学生学会自主学习。

3. 课堂探究,引导建构

课堂探究版块主要是课中引导学生进行探究和新知识的建构,体现了新知识学习的探究历程,通过搭建学习支架,研究生活、生产中的实际问题,逐步引导学生探索学习。根据不同课型和学习内容,设计的内容会有所不同。如问题情境:创设特定的学习和问题情境,促使学生认识解决具体问题的作用和价值;问题引导:精心设计启发思维的问题,引导学生积极思考和主动探索;学习支架:精心设计各类适合学生的学习支架,对学习资源的呈现形式和顺序要注意阶梯性、层次性,训练题的设计要有针对性、代表性、层次性、由浅入深,举一反三;知识结构:梳理脉络,提供相关的知识和信息,包括单元知识结构、知识脉络、实践应用、相关练习,引导学生从多方面、多角度进行知识体系的主动建构;学习指导:提供有效的学习指导,包括指导学习的步骤、学习技能和学习方法等。学案问题探究是学案的关键,知识结构的梳理是学案的重点,阅读思考、质疑释疑是学案的特色,巩固、练习、反思是学案的着力点。

4. 检测评价,分层作业

课后,学案提供了适当的检测评价工具,包括检测学习效果的材料和评价量表,为学生的学习活动提供及时的反馈和评价。作业板块分层设计,课后的"实践感悟——自己练"版块是面向全体学生的基础巩固练习,及时检测学生的学习效果;"提高训练——试着做"板块是对学有余力的学生设计的,有助于学生进行更深层次的学习,提高学生的科学探究素养和社会责任意识。

学案1.0版从无到有,历经了几轮教学的实践,逐步形成系列和系统,使得奉贤中学的学生渐渐走出低谷,提升了学生对化学学习的兴趣,夯实了学生的化学学科基础。

(二)学案2.0版内容设计——解构重组、优化学案

奉贤中学历经五年励精图治,进入谋发展阶段,为了进一步提升学生的化学学习能力,化学学案设计升级到了2.0版——解构重组、优化学案。

1. 大胆留白,引导探究

学案2.0版更注重学生的自主探究,适当进行了留白。课堂探究在知识上进行了留白,抛出研究课题,或者给出一系列的探究性问题,逐步引导学生自主通过探究,得出结论,从而在研究中提升学科建构能力和知识的应用能力。

2. 思维导图,提升思维

在学案的课后导学中,添加了"思维导图""我的疑惑"等栏目,提升学生的学科思维和质疑能力。通过"思维导图",对每一节课、每一个单元的知识进行梳理,能帮助学生更好地构建知识,归纳整理提升学科逻辑思维。通过"我的疑惑",鼓励学生进行质疑,加强师生互动,引导学生攀登化学学科的高峰。

学案2.0版对学案的组织结构和内容进行了解构、调整、重组,更注重学生能力的提升,使得奉贤中学的学生对化学学习的探究欲望提升,在化学学科能力竞赛和高考中都有了重大突破。

(三)学案3.0版内容设计——信息助力、提升学案

奉贤中学不断改革创新,进入"创品牌"阶段,为了进一步提升学生的化学学科素养,化学学案设计升级到了3.0版——信息助力、提升素养。

1. 信息助力,自主探究

信息技术的快速发展为高中化学学案导学注入了新的活力。我们在学案3.0版中引入了信息化技术手段,在翻转课堂的导学中,设计电子版学案,建设视频、动画等电子学案资源,进一步提升学生的化学自主探究能力。

2. 单元融合,提升思维

在学案设计中融入了单元教学的理念,更注重单元整体知识的构架,补充了一些单元知识拓展和问题解决的学案板块,提升学生的学科整体认知和系统思维的能力。

信息技术和单元整体设计的融汇进一步优化了学案内容,提升了学生的系统思维

和自主探究能力。

（四）学案 4.0 版内容设计——项目设计、延展学案

奉贤中学不断超越自我，进入品牌发展阶段，为了进一步提升学生的问题解决能力和合作研究能力，化学学案设计升级到了 4.0 版——项目设计、延展学案。

1. 项目设计，合作探究

新教材注重项目化学习的设计，培养学生的合作学习能力。我们在学案 4.0 版中也引入了项目化学习方式，设计基于真实问题情境的驱动性问题，引导学生进行小组合作探究，并引入评价量表，对学生的过程性学习情况和学习成果都进行有效评价，关注学生的学习过程和经历，以评促教，进一步提升学生的合作学习能力和问题解决能力。

2. 数字实验，拓展思维

在学案的优化设计中，我们大胆引入了数字化实验和数据等学习支架，引导学生进行数据推理分析，提升模型认知素养，拓展学生思维。

学案 4.0 版内容设计的优化，以项目为依托，以学习支架为促动，以数字化实验等先进手段为特色，进一步驱动学生进行合作学习、探究学习，有效提升学生的学科核心素养和问题解决能力。

三、学案导学的使用研究

学案导学分三个阶段——课前自主预习、课中探究学习、课后分层练习，皆以学生为主体，教师为指导。在学生课前自学的基础上，教师批改学案预习导学部分，及时汇总，以便在课上精讲释疑时帮助学生解决。在课堂上，教师把更多思考的空间和时间留给学生，组织学生讨论学案中的有关问题，对一些简单、易懂的内容可一带而过，而教学中的重点、难点问题则引导学生展开讨论、交流，形成共识，对于学生在讨论中不能解决或存在的共性问题，教师再作点拨，事半功倍。

（一）学案导学的技术路线和操作要领

高中化学学案导学是一种新的教学模式，既有教师"导"的过程，也包括学生"学"的过程，就是教师根据学生化学学习潜能的状况和特点，有目的、有计划地创设一定情境，采取适当的教学方式和手段，通过因材施教激发学生学习潜能，经过学生的应激或自激，促使潜在的"志""趣""能"转化为现实的学习能量，外化为能力和品质。

经过大量的实践研究，初步提炼出学案导学的操作技术路线，如图 1-2 所示。

教师是学案导学的主导者，在引导学生自主学习的过程中，要不断优化操作程序，掌握并善于运用操作技术要领。

化学教师	了解研究学生 发现学习潜能	提供适合课程 分层有效导学	提供支架工具 "二二三四"导学	多元评价激励 反思提炼教学
	全面了解 ／ 系统分析	因材施教 ／ 因势利导	创设情境 ／ 引导干预	评价反馈 ／ 持续发展
学生	自主学习质疑 潜能受激外溢	唤醒体验思维 自我激发潜能	合作探讨交流 潜能转化外显	主动参与体验 发展优势潜能

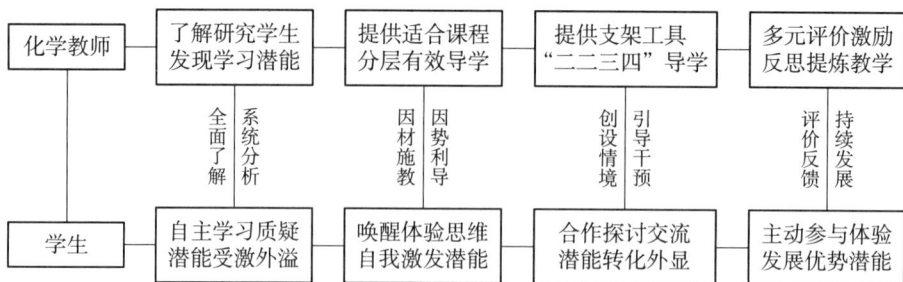

图 1-2　学案导学的操作技术路线

1. 学习反思,增强自觉,提高教师专业素养

教师要善于反思学习,增强化学学案导学的意识和态度,提高学案导学的素养,掌握学案导学的知识、技能和方式方法。

2. 了解学情,研究学生,针对学生精心备课

教师要全面了解、系统分析学生,通过学生成长档案、访谈和调查等途径,了解学生群体和个体的学习状况,系统分析其学习特点、影响因素和已有知识经历,搭准学生化学学习的脉搏。每节课前,教师及时批改预习学案、汇总分析,在充分了解学情的基础上备课,调整教学进程,精讲释疑,解决学生困惑,突破重难点。

3. 编制、优化校本学案,自主选择,分层导学

根据化学课程标准,制定适合本校学生的化学学科目标和执行纲要,编制适合学生的校本化学课程,提供有效的分层学案,让学生自主选择学习。在课堂教学中,通过分层导学唤醒学生的体验、思维,引导不同层次学生自我激发学习潜能,让每个学生都能有所收获。

4. 提供各类学习支架,多维导学,主动学习

提供有效的学习工具,如生活化素材、前沿科学资料、电子交互白板素材、三维动画、视频、实验数据等各类学习支架,帮助学生突破学习难点。采用多维导学方式,善于设计切实有效的导学活动,融合应用分层导学、生活化导学、"二二三四"导学、信息化导学、项目化导学等导学方式,为学生提供多种尝试、选择、发现、发展的条件和机会,放手让学生探究、思考、解决问题,鼓励学生大胆提出不同的见解,不断鼓励学生向高一级目标前进,并在成功的快乐中挖掘和外显学习潜能,提升化学学科素养。

5. 多元评价,激励学生,反思、改进导学策略

善于综合激励和多元评价,注重对学生思维的点拨,饱含真情去评价学生,倡导发展性评价;善于捕捉学生的"闪光点",注重随时对学生课堂表现的评价;捕捉学生思维深处有价值的"问题",肯定学生的想法,鼓励学生拓展思维、大胆质疑、创新联想,培养学生学习化学的兴趣及信心,让学生学会总结、学会反思、学会感悟,完善认知结构,激发学生的思维潜能。实行公平激发、有效激发、健康激发、规范激发;注意持续激发,促使学生不断提升志趣和能力,和谐发展。

教师要积极反思、总结,善于进行案例研究,抓住每节课、每个单元导学中与学生智慧的美丽火花,撰写激发学生学习潜能的有价值的案例,进行反思、剖析和评价,总结经验教训。同时,学习研究别人的案例,应用先进的成功经验,反思教学,改进学案导学的质效。

(二) 三阶段分段导学,提高学生自主学习能力

不同的学生,不同的课型,不同的教学目标、内容及其教学情景、条件,学案导学实施方式也各不同。我们需要加强实践研究,逐步形成系统有效的学案导学实施方式,在三个学习阶段进行针对性指导。

1. 课前预习阶段

教师在上课前 1～2 天,将学案发给学生,指导学生按学案的要求进行自主的预习,带着学案中的问题看出、标出自己尚存的疑问,带着问题走进课堂。教师要通过多种途径获得学生学习的反馈信息,增强课堂教学的针对性。

2. 课堂学习阶段

在学生课前预习自学的基础上,师生或小组讨论学案中的问题和学生在预习中提出的疑难问题,教师精讲释疑,在师生、学生的互动对话和讨论过程中,教师进行引导、点拨、分析、归纳,让学生始终保持对学习的积极主动状态。学案中的课堂练习题要尽量在课内让学生独立完成,通过及时而适当的练习,既巩固所学,又学有所用,让学生体会到成功的欢乐。

3. 课后巩固深化阶段

课后,教师要指导学生完成预习时有疑问而课堂上未能解决的问题,对学案进行及时消化、整理、补充,做好课后作业的反思与体会。教师要适时将学案收来审阅,收集教学反馈信息,对学案上反映的个性问题和课堂上未解决的共性问题及时指导、讲解,或下一节课教学中予以解答。学案一般由学生保存,作为后续学习和复习的资料。

(三) 根据课型设计导学方式,提高学生学习潜能

学案导学将学生的自主学习和教师的指导有机融合,并对教师指导的内涵、时机、内容和方式上做了新的界定。指导的内涵体现在能持续地促进学生的有效学习,提高学习效率,促进自主学习;指导的时机表现在设计学案时的谋划、学生课前自学时的引导以及对学生学习的正确评价上;指导的内容涉及学案中导学问题的设计、学法指导以及学习后的反思;指导的方式包括对全体学生的整体指导及对个别学生的个性化指导。不同阶段、不同类型的课程,教学方法不同,选用的学案也有所不同。

1. 新授课学案导学——自主探究，启发教学

新授课注重知识的生成,学案设计要有启发性,提出环环相扣的一系列问题,引导学生探究。对教材中学生难以理解的内容做适当的提示,并配以一定数量思考题,引导学生自主学习,在一个个问题的解决中培养学生的能力,激发学生的求知欲。

1) 概念课学案导学——及时辨析概念,配套练习巩固

概念教学是化学教学的重要组成部分,概念课学案导学的核心理念是探究概念的生成和辨析应用,去烦就简,抓住关键词教学。

在"离子反应(第一课时)"的学案导学中,首先,通过 HCl 与 NaOH 溶液反应的演示实验引入,用实验探究,从现象到本质解释反应的实质,从而引出离子反应的概念,培养学生的分析能力,然后通过练习及时巩固概念。其次,通过学生讨论研究化学魔术"清水变牛奶、牛奶变清水"的方案设计,请学生上台进行此魔术表演,深化学生对离子反应条件的认识,且应用于实践,激发学生学习化学的兴趣;再通过学生自我剖析"清水变牛奶、牛奶变清水"的魔术奥秘,探讨得出离子反应的实质。再次,通过一组思考讨论,"氨水和醋酸能否发生反应？ 为什么?""向 NaCl 溶液中滴加 $AgNO_3$ 溶液,有什么现象？ 在 AgCl 悬浊液中滴加 NaBr 溶液,又有什么现象？ 如果向 NaCl、KI 混合溶液中逐滴滴加 $AgNO_3$ 溶液,试推测可能的现象,并予以解释",由此将学生对概念的思考理解推向更深层次,探究得出离子反应的本质是向着某些离子浓度减小的方向进行,减小的程度越大越好,这样通过思考、探究,对概念的理解就更完整、丰满了。最后,通过分析归纳出离子方程式的书写步骤,培养学生的归纳能力,并通过练习及时巩固。概念辨析是整节课的主线,利用学案探究,贯穿归纳与演绎的科学方法,不断开发学生思维,用实验、魔术、讨论来激发学生的学习兴趣,整堂概念教学课变得生动活泼,教学效果好。

教无定法,概念课学案导学也是因课而异,每位教师仁者见仁、智者见智。为了让学生更好、更快地掌握概念,学案的编排设计和导学教学还需要不断研究。

2) 性质课学案导学——引导实验探究,梳理逻辑层次

元素及其化合物知识是无机化学中的重要内容,其性质教学至关重要。学案设计时,要抓住元素及其化合物知识之间的逻辑关系,通过层层问题探究,让学生在自主、合作研究中得出结论。

以"氯气性质(第一课时)"的学案为例,课前,引导学生有目的预习,在"知识牵引"板块,回顾、总结已有的相关元素性质知识,如非金属单质的化学通性、氧气性质,激活学生记忆库,从而有目的地进行知识的类比和迁移;在"预习导引"板块,提出一些通过学生自学可以在书本上发现的知识,如氯气的物理性质、化学性质,让学生在自学中归纳总结、体验自我学习的成就感……这样,学生的"枪"就有目的地磨亮了。

上课时,充分借助学案,将课堂实验探究条理化、系统化,在"问题探究——共同练"板块,向学生展现课堂教学的设计思路,从结构探究到 Cl_2 在铁中燃烧、与 H_2 反应、与

有色布条作用、被碱液吸收的性质实验研究,再到实验归纳总结 Cl_2 性质,最后拓展研究推测氯水中分别滴入 Na_2CO_3、$AgNO_3$、$NaOH$ 溶液的现象,层层深入,环环相扣,使学生的逻辑思维紧跟课堂节奏,从一个探究到下一个探究,一直保持浓厚的探究兴趣。利用学案启发思维的同时,学生可以将实验现象、化学方程式等直接记录在学案相应要点、关键词空白的位置上,一边上课一边完成学案,节省笔记时间,提高学习效率,也为课后整理、复习提供方便。

课后,学生自我检测"实践感悟——自己练""提高训练——试着做"板块,可以根据自己的实际情况,分层选择巩固练习,使教学更人性化,"人人有饭吃",学有余力的还可以跳一跳去"摘苹果"。

性质教学一般以实验为基础,借助学案,可以厘清教学思路,将实验关键处空缺,让学生填写,这样,学生可以边上课,边将实验现象、结论记录在学案相应的地方,节省记录笔记的时间,提高效率,同时,有助于学生上课集中精神,课下复习再现上课画面也有了很好的帮助。

3）理论课学案导学——设计问题探究,结合媒体教学

实践离不开理论的指导,理论课的学习是高中化学的重要组成部分。但理论教学往往枯燥无味,怎么利用学案激发学生兴趣、拓展思维呢?

以"共价键(第一课时)"学案为例,进行共价键理论教学时,利用学生的好奇心,首先通过多媒体动画、图片,调动和刺激学生的感官,让学生进入微观世界的状态,通过 H、Cl 原子的微观粒子的作用力分析,使学生深刻理解共价键的实质,从而真正突破共价键形成的这一教学难点;然后通过学案"预习导引"对比离子键的形成,让学生尝试解决共价键形成问题,产生认知冲突;在"问题探究——共同练"中,发现问题、提出问题"非金属元素的原子间如何形成稳定结构",再进一步提出假设"是否也形成离子键",并设计实验"液态 HCl 能否导电"验证假设的正确性,科学实验发现"液态 HCl 不能导电",再提出假设"共用电子"验证,从而得出正确结论;最后让学生在"研究体会"中畅谈、交流学习体会,学会自己小结、归纳,教师再给予学生鼓励和及时评价,帮助他们逐步完善。实践证明,这样的学案导学充分利用学生已有的知识水平和认知能力,让学生自发地体验知识学习的乐趣,并寻找收获,效果良好。

学案导学提供的只是一种教学的理念和思路,而不是教学的全部。在教学中,引入现代教学媒体技术,同时发挥学案设计问题、提供自主探讨依据和场所的纸质优势,可使学案导学形象生动,并留下成长的脚印和痕迹,有据可查。

2. 复习课学案导学——加强知识梳理,对比总结规律

复习课注重知识的体系和相互关系,学案更多采用章节知识网络、表格形式对比巩固知识。

以"卤族元素的性质和用途"学案为例,在"复习目标"中,让学生明确复习的内容和

需要掌握的程度：①掌握卤素单质的分子结构，初步体会结构决定性质的规律。②归纳整理卤素单质的物理性质和化学性质，掌握其相似性和递变性。③建立卤素及其化合物转变规律的知识网络。④梳理卤素的用途，学会理论知识与实际生活的结合和应用。

在"方法点拨"中，提出元素及其化合物知识学习的一般方法：①学会用结构的观点认识化学，剖析化学事实，用结构理论指导元素化学学习，体会结构决定性质的化学思想。②把握卤素性质的知识框架，掌握其递变性和相似性，从氯的单质及其化合物性质推知其他卤族元素的性质。这些方法是指导复习的龙头，也是贯穿整个教学的精髓。

对比是在分析和综合的基础上将各种事物加以比较，确定各种事物之间异同点、探寻事物之间内在规律的一种思维方法，是认识客观事物及其变化规律的科学方法之一。在"知识梳理"中，大量运用表格对比分析卤素原子、离子结构、单质的物理性质、化学性质的相似性和递变性，将知识系统化、条理化；然后以氯为代表给出知识网络，让学生自主梳理氯的单质及其化合物之间的转化关系，使得知识融会贯通、触类旁通；最后是知识的应用，解决制备、用途、保存、检验等实际问题。一族元素的知识就有血有肉地丰富、完善、鲜活起来了。

最后的板块是"实践感悟"，精选一些配套的综合习题，让学生学有所用，通过适当练习及时巩固，并体验学习后成功的乐趣。攻克了这一堡垒，学生对这一章内容的掌握也就八九不离十了。

复习课是为了让知识系统化、条理化，并能进行规律的推演，上升到理论高度，并更好地指导实践。知识网络归纳和配套习题的选择非常重要，对教师设计学案和教学要求都比较高。教学时，可以充分利用学案引导学生复习，让学生自主归纳、练习，教师要完全放手、相信学生，教师从旁指导，对学生复习过程中的疑难问题指点即可。

3. 习题课学案导学——专题方法指导，及时精练巩固

采用学案导学，使学生明确了本堂课的学习内容和思路，预习到位，上课有目的地听课，笔记记录少而精，师生共同合作完成教学任务；课后整理笔记有依据、练习有选择性，也为以后复习积累了丰富翔实的资料。

在"化学平衡图像分析"专题练习的学案导学中，"预习导引"引导学生回忆已经学过的影响化学平衡移动的因素，并用 $v-t$ 图像表示；然后过渡到"学法指导"，使学生明了该类习题的解题步骤，如分析纵横坐标及曲线表示的意义、分析曲线的变化趋势与纵横坐标的关系、分析特殊点（起点、拐点、终点）及其含义，以及解题的技巧，如"有两个以上变量时，分别讨论两个变量的关系，此时确定其他量为恒量""先出现平台则先到达平衡，温度越高，压强越大则越先达到平衡"，再将理论用于指导实践，举学案上两个不同类型的例子进行"典型例题精讲"，然后让学生小试牛刀，当堂板演"变式训练"，比一比、赛一赛，看哪个小组做得又快又好。这样，利用学案，省去了板书抄题的时间，也节省了学生做笔记抄题的时间，教学效率提高了，学生参与课堂教学的积极性和劲头儿更足了。

习题课学案主要集中在专题训练上,有针对性地集中教学一类典型例题,归纳学习方法,并变式训练、实践巩固,在节省抄题时间上很占优势。

四、学案导学的策略研究

所谓策略,是指教师为实现教学目标或教学意图而采用的一系列具体的问题解决行为方式。学案导学,需要教师掌握有关的策略性知识,以便于面对具体的情景做出决策,因材施教,分层导学,从而激发学生学习潜能,提高学生的学习主动性。笔者从"课前-课中-课后"三个教学环节全方位研究学案导学,为各学科教学提供参考。

(一)课前引导策略,激发学生自主潜能

课前利用学案引导学生自主复习旧知识、预习新知识、研究素材,学生有备而来,对提高课堂教学效率有很大的促进作用。

1. 以旧引新,自主回忆

学案的"学习目标"板块,提示学生本节课的目标。围绕该课目标,"知识牵引"版块以题组形式引导学生回忆本节课需要的旧知识,如相关概念、知识储备等,以旧引新,为新课的学习扫清知识障碍。

2. 回归课本,自主预习

学案的"预习导引"板块,将教材中的一些概念挖去一些关键词,以填空方式让学生填写,引导学生如何阅读教材,进行自主预习。化学学案引导学生在通读教材的过程中发挥再造想象、抽象思维和逻辑推理作用,使学生既尝到了阅读的乐趣,也提高了阅读能力。

3. 资料查阅,自主研究

为了提高教学的趣味性,学案的"预习导引"板块也呈现一些背景知识的阅读材料,供学生阅读;或者提供一些网址、参考书籍,供学生进一步查阅、自主研究。

(二)课中探究策略,激发学生探究潜能

学案发挥的是"导学"的功能,着眼于学生"学什么""如何学""学得怎么样",侧重学生"会学"。"导学"就是在教学中运用学案,对学生进行导读、导思、导研、导行。课中可设计学生活动主轴,一切围绕着"学",加强组与组、生与生、生与师互动交流,创设导学情境,激发学生探究潜能;运用学案材料,激发学生学习兴趣;引导提问模式,激发学生思辨潜能;等等。

1. 创设情境,探究生活

化学与生活、生产实际密切相关。采用低起点开启课堂之门,让学生的思维从已有

的生活体验上启动起来,利于学生更早、更快进入课堂角色。学生的思维是发散的、无序的,设置一系列问题,收拢学生思维,层层递进,驶向课堂高潮。创设情境,引导学生应用化学知识解决生活中的化学问题,可大大激发学生的思维,让学生有兴趣投入本节课学习,事半功倍。

日常生活中蕴含了大量的化学学科知识和情境,展示实物,提供生活中的案例素材、生活常识,可以激发学生的求知欲望,探究蕴含在其中的化学知识,从而使他们感到课堂活力,进而对化学课堂产生亲切感、眷恋感。

2. 层层设问,探究疑难

化学学案导学,要指导学生以教材学习的内容为中心,在课前预习和教学过程中提出问题、分析和解决问题,让课堂教学成为学习创造活动,让学生体验成功的快乐。教师要根据教材要求和学生学情来设计教学环节和过程,围绕学生存在的问题设置"问题主线",针对难点,层层设问,通过小坡度问题搭建台阶,高密度进行思维训练,抓住课堂上学生暴露的问题层层引导,从而解决疑难问题。

3. 变式训练,探究原理

学案将知识问题化,能力过程化,情感、态度价值观的培养情境化。在充分尊重学生主体地位的前提下,积极发挥教师的主导作用,通过科学有效的训练,达到课堂教学效益的最大化。变式训练,通过一题多变,注重对知识的辨析和演变过程,不断改变条件和范围,循序渐进开阔学生思路,从而探究化学的真正原理。通过变式训练,开阔了学生的思路,熟练了化学知识与方法,循序渐进,使化学课堂成为培养思维能力、创新能力的富矿,学生的潜能就被大大地激发起来,发展了学生的求异思维能力,也在潜移默化中培养了学生的创新意识和创新能力。

4. 学以致用,探究奥秘

有效教学就是教师能够进行有效讲授、有效提问并倾听、有效激励的教学活动。知识是为生活、生产服务的,学以致用,既能让学生感受到化学的奥妙,又能激发学生的探究潜能。教师引导学生从生活化教学素材中分析问题、解决问题,师生共同对化学现象、事实进行加工处理,探求解决方法,促进学生从感性认识上升到理性认识。以生活化学为切入口,加大实际生活经验在化学教学中的应用,并将课堂教学回归生活从而解决实际生活问题,对于吸引学生兴趣、提高学生学习积极性、构建学生完整的认知结构、促进中学化学教学将是一个很好的突破口。

化学学案导学,重在"导",围绕"学","导"是手段,"学"是目的。课堂导学中采用多种教学方式和手段,运用各种资源、技术媒体、模型、情境等,能有效地指导学生自主学习和建构知识,通过导读、导思、导研、导行,变被动学习为主动学习,培养良好的学习习惯,提高学习效率,激发学生的探究潜能。

（三）课后鼓励策略，激发学生兴趣潜能

德国教育家第斯多惠说："教学的艺术不在于传播本领，而在于激励、唤醒、鼓舞。"心理学研究表明，肯定性的赞美语言、鼓舞性的情感语言、光明性的积极语言、启发性的激励语言等能极大地调动人的激情、推动人的行为、促进人的进步。在课后的自主学习过程中，教师需要以赏识激励为主，帮助学生扬起自信的风帆，给出相关实例，提供信息资源，运用认知工具、合作工具、社会情境工具，鼓励学生激励自我、开发自我、超越自我，使自己的巨大潜能得到充分的开发。

1. 分层作业，鼓励拓展

课后作业进行分层，可以有效检测学生课堂上学得怎么样，并及时巩固课堂所学知识，反馈问题。课后"实践感悟——自己练""提高训练——试着做"板块，为不同层次的学生提供了课后练习、巩固知识的相关检测。学案中的作业一般分为必做作业和选做作业，必做作业是基础题，要求每个学生都必须完成，而选做作业是为学有余力的学生设计的，包括知识的拓展、能力提高训练和兴趣探究等，有一定的广度和深度，鼓励学有余力的学生选做，拓展思维。

2. 家庭实验，鼓励创新

开发学生潜能不仅限于课堂教学，也孕育在课外教学环节。布置家庭实验等兴趣作业，鼓励学生动手进行创新性实践，可激发学生继续探究的欲望，使课堂教学效果深入下去，事半功倍。

3. 参观调查，鼓励实践

化学教学除了课堂学习书本知识外，也可创造条件让学生到工厂、农村去参观学习，如了解自来水厂净水、化肥厂合成氨的生产流程等，参与探究和讨论，效果比在教室里死学好；更重要的是，学会了学习，体验了生活，这种收获会让学生终身受益。另外，也可以专题探究身边的问题，如环境污染及治理、新能源介绍及资源的利用、日用化学及厨房化学等，让学生适当体验与中学化学相关的工业生产、社会生活，增加对化学知识的感性化认识。

师傅领进门，修行在个人。课后，教师要把学习还给学生，鼓励学生自己的事情自己做，尊重思路、包容错误、鼓励创新，让学生积极主动、科学有效、有序地学习，有针对性、有选择性、有感悟地学习，充分激发学生学习的自主性。

第三节   学案导学的研究成果

　　笔者15年的学案导学实践,对学案的设计、使用和评价进行了系统研究和深层探索,从根本上改善了教与学,促进了学生的成长,也促成了教师的成熟,逐步形成了自己的教学特色和教学理念,取得了系列研究成果。

一、化学学案导学的主要观点

　　学案导学以学生为中心,适合高中化学教学模式。在高中化学教学中,教师根据学生知识、能力、学习特点和心理特征,设计符合本班学生的学案,借助这种教学载体的应用,以学生为中心,引导学生自主学习、探究学习、合作学习,通过分层导学、反思导学、兴趣化导学等多种导学方式,引导学生化学"学什么"和"如何学",是符合当前教学改革趋势和学生发展需求的一种新的教学模式。

　　学案设计符合教改学情,需要与时俱进不断优化。随着时代变迁和学生发展的需求,化学学案设计要不断优化,与时俱进,融入生活化元素、问题导向、项目化学习要素等,设计合适的驱动性问题和学习支架,引导学生学会学习,只有适合本校学生学情的学案,才能充分调动学生学习的积极性,确立学生在课堂上的主体地位,使师生关系更为融洽。

　　学案导学方式要多样化,融合提高学生化学素养。依托学案,学生知道教师的授课意图,有备而来,给学生以知情权、参与权,去掉过去学习时的被动与盲目,找到主动学习的支点,"教""学"就轻松自如。借助信息技术手段,采用多种导学方式,引导学生自主学习、探究学习、合作学习,有助于提高学生化学学科核心素养和自主学习能力。

二、化学学案导学的研究成果

　　笔者15年的化学学案导学系列研究,通过多角度、多层次的有效方式开发、转化学生化学学习的内在潜力,通过课前、课中、课后等环节的学案导学引导和激发学生的化学学习潜能,与时俱进,不断创新,取得了丰硕的研究成果。

（一）理论研究成果

笔者通过查阅文献,对学案导学的理论依据进行了追根溯源,对研究热点、现状、已有成果、存在问题进行情报综述,为高中化学学案导学提供依据和支撑。厘清了学案导学的内涵和外延,科学界定了高中化学学案导学的概念,提炼出了学案导学的技术路线和操作要领,可为各学科学案导学提供参考。

（二）实践研究成果

笔者采用多种教学方法和手段,对学案的设计、实施和评价进行了研究,形成了多版本的进阶系列学案,多角度应用学案导学激发学生化学学习潜能的教学实践及个案研究。

1. 形成了系列化学学案

笔者通过 15 年学案的编写研究,从无到有不断升级优化,以人为本改进学案设计,研究了学案设计的原则、流程、特点及策略,并对单元学案的设计、支架式学案设计进行了重点研究,提高学案编写水平,从而形成了 4 个不同版本层次的高中化学系列学案。1.0 版学案适合基础知识比较薄弱的学生进行知识的梳理、自主学习。2.0 版学案进行了解构重组,适当进行了留白,更注重学生的自主探究,同时引入思维导图提升学生思维,适合学生进一步提升化学学科思维和质疑能力。3.0 版学案引入信息技术助力学案优化,在翻转课堂信息化导学中,设计电子版学案,建设视频、动画等电子学案资源,适合学生使用平板电脑进行自主学习;单元融合更注重整体知识的构架,有利于提升学生的学科整体认知和系统思维的能力。4.0 版学案进行了项目化学习的升级优化,在真实情境问题的驱动下,培养学生合作解决问题的能力;引入了数字化实验和数据等学习支架,引导学生提升数据推理和模型认知素养。

2. 探索了多维导学方式

笔者从多角度、多层次进行了学案导学方式的实践和研究。

学科德育导学方面,在学案导学中从三个维度渗透学科德育育人。以史为鉴,渗透人文美学精神培养,挖掘化学文化内涵,发掘学科美学价值,梳理化学史学故事,感染、陶冶和激励学生;以理服人,渗透学科方法素养培养,在导学中渗透辩证唯物主义教育、思想方法教育,科学指导学生建立正确发展观;学以致用,渗透社会道德品质培养,关注时事热点应用,研究生活化学问题,关注民生生命教育,激发学生爱国责任。

学案导学方式方面,按照学生层次进行分层导学,以"合分结合,全体参与"为目标,按照"以学定组,目标分层"的方式对学生进行分层,学案设计板块分层,以学定教分层导学。同时,从多个维度进行导学方式的研究,生活化导学立足现实生活,关注学生发展,形象化、趣味化、互动化导学,营造和谐氛围;"二二三四"导学,低起点夯实基础,高视点培养能力,小坡度设置台阶,高密度培养思维,动手动脑动口,改善学生学习方式;信息化导学,巧用信息技术、交互电子白板、平板电脑等技术工具,进行信息化融合导学、翻转课堂导学,提高学生化学学习能力;项目化导学,鼓励学生组建团队,开展真实问题的合作探究,创造研究成果,分享展示评价。根据不同学生、不同教学内容的需要,进行多层次、多维度的导学方式的融合应用,极大地激发了学生的化学学习兴趣,提高了学生化学学科素养。

3. 优化了学案导学策略

在学案导学实践研究基础上,笔者不断反思总结,提炼了"课前预热-课中引导-课后强化"的学案导学策略,激励学生在导学中挑战自我、突破自我。课前预热策略,诱发学生要学潜能:提炼出课前"以旧引新,自主回忆""回归课本,自主预习""资料查阅,自主研究"的预热策略,激发学生的自主学习潜能。课中引导策略,开发学生会学潜能:提炼出课中"创设情境,探究生活""层层设问,探究疑难""变式训练,探究原理""学以致用,探究奥秘"的探究策略,激发学生的探究学习潜能。课后强化策略,提升学生学会潜能:提炼出课后"分层作业,鼓励拓展""家庭实验,鼓励创新""参观调查,鼓励实践"的鼓励策略,激发学生的学习兴趣潜能。

4. 完善了学案导学作业

在学案作业设计方面,笔者进行了创新设计,以生活化作业激发学生学习兴趣,以台阶式题组作业激发学生创新思维,以趣味化作业激发学生创新技能,以主题式研究作业提高学生创新能力,以中长期研究型作业提高学生化学能力。同时,基于数据分析,进行了学案作业的改进。

5. 拓展了学案导学评价

在学案导学的评价方面,笔者进行了多种方式相结合的教学评价和单元学习评价。除了站在教师角度进行学案导学的"二二三四"课堂教学评价,还开展了学生学习素养过程性的评价,基于学科素养开展模块化学习评价,借助极课数据分析建立个人学习档案,在项目化学习中设计了学习量表,尝试了自评、互评、师评多种方式相结合的评价方式,关注学生的学习过程和经历,多角度评价学生化学学习过程和结果。

三、化学学案导学的研究成效

笔者15年的学案导学实践初显成效,改善了学生的学习方式,也促进了教师的成长。

(一)改善学生学习方式,提升学生化学素养

笔者15年的学案导学研究,迎来送往了实验班、信息班、平行班、新疆班各种层次

的学生,学案导学针对不同的学生都促进了他们的成长,分层导学让每个层次的学生都学有所获,体验成功的收获;分层作业让学有余力的学生拓展研究;信息化导学、生活化导学、问题导学,提高了学生的学习兴趣;项目化导学,提高了学生的问题解决、合作学习能力;创新作业设计和评价方式,促进了学生在学案导学中的个人成长。

1. 从被动学习到主动学习,激发学生学习兴趣

调查显示,化学学案导学有助于激发学生兴趣,21.49%的学生认为学案导学对激发学习兴趣非常有帮助,57.92%的学生认为有点帮助。教学研究发现,采用学案导学提高学生化学学习力实施后,学生课堂积极性明显提高,兴趣更浓厚,课堂总是充满了笑声,以前不爱开口的学生课堂发言率也有所提升,与教师互动的频率增多,学生参与率提高,整个课堂气氛活跃。

2. 化学学案导学有助于激发学生探究潜能

调查显示,中长期作业或挑战性作业,即课后研究性、拓展性作业,对学生的学习有帮助,总体来说,22.71%的学生很喜欢中长期作业或挑战性作业,28.42%的学生认为对学习非常有帮助,54.10%的学生认为有点帮助;学案作业对重大考试的关系,53.71%的学生认为学案作业对重大考试非常有帮助,38.16%的学生认为有点帮助;题组训练作业对学生学习的关系,56.52%的学生认为非常有帮助,37.32%的学生认为有点帮助。可见,学生对变式思维训练都比较认同。

3. 化学学案导学有助于培养学生学习习惯

图1-3所示是"学生使用学案后化学学习习惯的变化",从图中可以看出,化学学案对学生学习方式有较大影响。使用学案后,70.16%的学生认为化学学案有利于养成预习习惯,71.48%的学生认为有利于养成适当记笔记的习惯,79.60%的学生认为有利于自己的复习,可见,70%以上的学生的学习习惯在学案导学中发生了较大的变化。

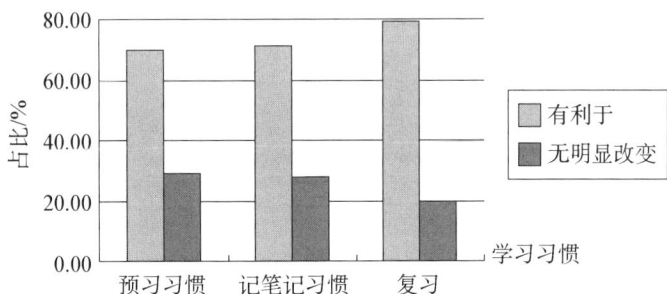

图1-3 学生使用学案后化学学习习惯的变化

4. 化学学案导学有助于提升学生学习能力

化学学案导学对提升学生的自主学习能力、创新思维能力、阅读能力、表达能力都有所帮助,特别是学生的自主学习能力,34.06%的学生认为非常有帮助,53.80%的学生认为有点帮助,即高达87.86%的学生在学案导学中自主学习能力获得提升;而对提升创新思维能力的帮助也将近80%。在课后导学中,学生的研究潜能继续获得激发,部分优秀学生的中长期作业"鸡蛋壳钙含量的测定""酒中乙醇含量的测定"等在市学科能力竞赛中获奖,学生创新设计作业"一种新型自发热鞋垫"等在市创新大赛中获奖,多名学生在市化学学科竞赛中获奖,展现了学生的创新能力和研究潜能。

5. 化学学案导学有助于提高学生学习效率

学习力的激发、学习习惯的培养、学习方式的改善,都影响着学生的学习效果。如图1-4所示,学案导学实施后,66.06%的学生学习目标更明确了,58.59%的学生学习主动性提高了,69.93%的学生课堂学习效率提高了,总体来说,55.64%的学生学习成绩提高了。教学研究发现,采用学案导学提高学生化学学习力后,课后作业质量也有所提升,部分成绩较差的学生通过分层教学提高了成绩,班级整体化学成绩也有了提高。

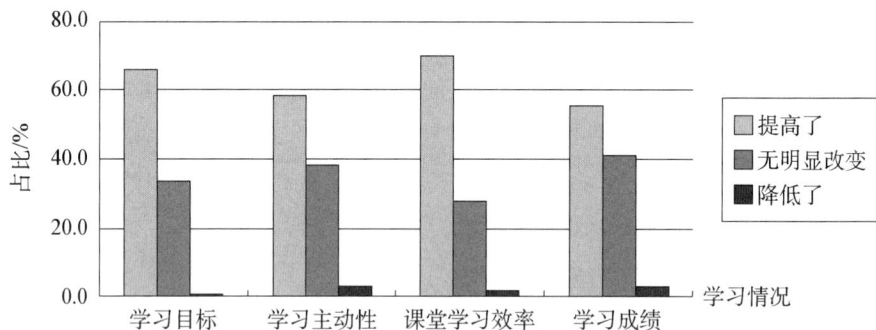

图1-4 学生使用学案后化学学习情况的变化

可见,化学学案导学关注学生,激发了学生的潜能,影响学生的学习方式向良性方向发展,学习成绩也有了一定进步。

6. 学生个性变得开朗

课堂观察发现,采用分层教学后,课堂气氛活跃,学生个性也变得开朗。学习铝的性质的时候,联系生活,笔者提出了一系列问题"铝锅为什么可以用来煮饭,却不能盛放酸性或者碱性的食物""油条能否多吃",课堂活跃起来。第二天,有个学生告诉笔者,给家里父母讲了这些道理,父母称赞他读书读得不错。后来,那个学生的家长专门打电话来,又提到了这个话题,说孩子以前回家不大和父母说话,现在会主动和父母交流,还用所学的知识和父母探讨生活细节。这只是生活化教学的一个小小的片段,但笔者知道,分层教学不仅活跃了课堂、提高了教学质效,也在无形中改变了学生的生活和做人的态度。

7. 学生的逻辑思维能力得到提升

1) 以思维导图为抓手,激发学生的创新思维

思维导图是英国著名教育家东尼·博赞于20世纪60年代初创造的。它借助颜

色、线条、符号、词汇和图像,遵循简单、基本、自然、易被大脑接受的原则,将大量枯燥的信息变成彩色的、容易记忆的、有高度组织性的图。

通过思维导图,学生结合自己的经验与想象,将所学知识以思维导图的形式进行梳理,厘清脉络和逻辑,实现了从无序到有序的过程,提高学科思维。通过让学生绘制思维导图,充分运用左右脑的机能,利用记忆、阅读、思维的规律,帮助学生在科学与艺术、逻辑与想象之间平衡发展。图1-5是学生绘制的化学学科知识思维导图,以思维导图为抓手,锻炼了学生的逻辑思维能力,激发了学生的创新思维。

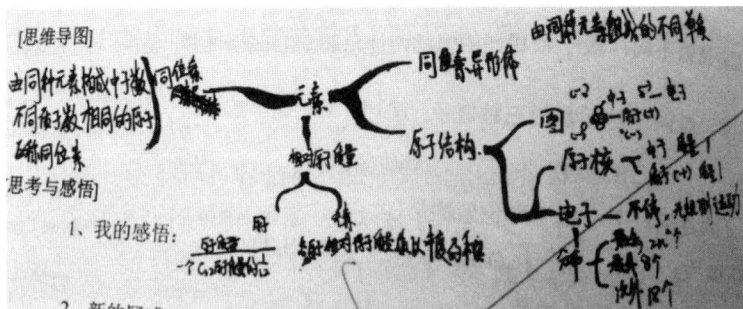

图1-5 学生绘制的化学学科知识思维导图

2) 以变式问题为导引,激发学生的创新思维

变式问题,围绕一个化学知识进行多维度的思辨和考量,由浅入深,循序渐进,开阔了学生的思路,发展了学生的求异思维能力,使化学课堂成为培养思维能力、创新能力的富矿。

总之,学案导学,关注每个学生的学习,生活化、情境化、趣味化调动学生积极性,提高学生化学学习力,学生思维活跃,促进三维目标的实现,大大提高课堂效率;同时,对学生的学习和人生态度都产生了潜移默化的影响,使他们更热爱生活、喜欢化学,学习变得主动,学习兴趣和成绩都有所提高。

(二) 促进教师专业发展,提高教科研能力

15年的学案导学研究,从初登讲台,一路伴随笔者从职初教师走向成熟教师,最终成长为正高级教师,以研促教,促进了自己的专业成长。

1. 教学能力提高

教学与科研共长,在教学中开展学案导学的研究,对笔者的专业成长有很大促进作用。通过设计学案、导学公开课磨炼,提升教学能力,教学成绩优秀,多次开设市、区、校级公开课,课堂气氛活跃,深受学生喜欢,曾获上海市中小学中青年教师教学评比中学化学二等奖,全国创新教学课例一、二等奖,区"教育先锋——青年教学能手"称号。

2. 综合能力提高

教师"传道授业解惑",不仅要教书,也要育人。教师提高学生化学学习力的意识和综合素质,有助于教师对学生潜移默化的影响。通过学案导学,笔者的综合能力得到提高,获校"崇尚科学模范"。

3. 科研能力提高

科学研究的过程是艰辛的,但一分耕耘一分收获,笔者付出了很多,也收获了很多,科研能力突飞猛进。

在前期研究中,从酝酿、成立项目研究小组到文献查阅、调查报告的编写修改、问卷的统计分析,我们体会了研究的艰辛、团结的力量和合作的愉快。

在中期教学实践研究中,从每堂课的酝酿、设计、实施、反思到项目组的研讨、修改,从素材的积累、交流、共享到教学策略的提炼、应用,我们经历了教学理念的洗礼、教学细节的考验、教学经验的积累,我们在实践中提升自己的科研能力。

在总结研究阶段,我们重新审视整个研究过程,回顾我们的经历和收获,站在更高的角度回归教学实际,又发现了很多以前没有注意的东西,在反思、总结中,我们的研究成果逐步成熟、丰满。

(三)科研成果显著

15年的学案导学研究,成效显著。笔者主持的5项市、区级课题成果获奖,在核心期刊、书籍等第一作者发表23篇论文,23篇论文获市级以上奖项,10项教学成果获国家级、市级奖项,开设多节市、区级公开课,在全国、市说课评比中获奖,获得了同行的一致好评。

第二章

化学学案的设计研究

　　基于高中化学课程标准,我们对化学学案进行了设计思路的研究,从设计原则、流程到内容进行了不断优化,从课时设计到单元整体设计,再到支架式学案的设计,注重单元结构,知识的逻辑结构,高中生的认知结构、活动结构、作业结构等方面的研究,挖掘单元整体学习价值及核心素养培育,为学生提供必要的学习支架,挖掘化学育人价值,提升学生化学学科素养。

第一节　学案的设计思路研究

学案导学把学生学习放到主体地位,其作用就是要培养学生的学习品质、改善学生思维,从根本上改变学生的学习方式。针对如何设计适合学生学情和时代需要的学案,我们进行了一系列的改进,不断优化化学学案的设计原则、流程及内容。

一、化学学案设计的原则

根据学案的作用,在研究学生的学情和学习特点的基础上,我们制定了具有奉贤中学特色的高中化学学案的设计原则,凸显学生主体地位,设计校本化学学案。

（1）系统性原则:根据高中化学的学习单元进行模块化重组,注重学案的专题和知识的系统性,注重学案设计的整体性和连续性。

（2）课时化原则:按课时设计学案,即一个课时一个学案,紧扣教学进度、学习目标、学习重点、学习难点、知识拓展、课外阅读等内容,可使学生思路清晰,还节省了学生记录课堂笔记的时间,将注意力集中到对问题的理解和深化上,增大思维容量。

（3）问题化原则:从学生的"学"出发,将知识点转变为探索性的问题点、能力点;化学学案给学生留有思维的空间,学生不断质疑、发现问题、分析问题、解决问题,调动学习积极性,促动思考提问,培养发散思维。

（4）方法化原则:强调学法指导,根据本校、本年级、本班学生的实际学情进行校本化设计和调整,能有效地提供学习支架,引导学生进行自主学习,帮助学生逐步掌握学习的内在规律,学会科学的学习方法。

（5）层次化原则:从学生实际出发,针对不同层次的学生,设计成有序的、分层的、阶梯式的、符合学生认知规律的学案。

（6）生活化原则:设计生活化的化学学案,引导学生将化学学科知识与现实生活、化工生产相联系,激发学习兴趣,改善学习方式。

（7）适切性原则:设计多种形式的学生学习活动,适宜、适切、适时、适地、适境、适人、适度、适量。根据学生的实际,循循善诱,让每个学生都能参与提问、说困惑、提建议、想对策,进行资源共享,学有所得。

学案能激发学生学习的兴趣,推动教学过程中的互动、对话;让学生积极主动、科学有效、有序地学习,有针对性、有选择性、有感悟地学习,从而改善学习方式,减负增效,提升学生的化学学科核心素养。

二、化学学案设计的流程

学案设计要以学生为本,以备课组为单位进行集体讨论、设计,设计时要充分发挥备课组的集体智慧作用,让个人设计与组内研讨相结合,充分打磨,有效融合,得到初步的学案,再根据各自班级的不同特点进行创造性的二次优化使用。

学案设计的流程如图2-1所示。

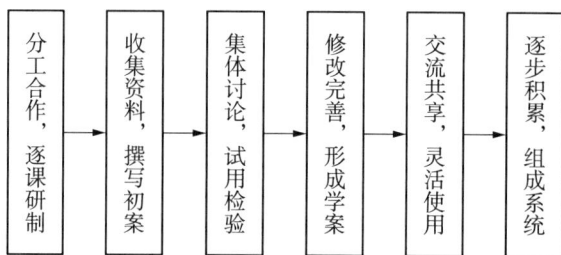

分工合作,逐课研制 → 收集资料,撰写初案 → 集体讨论,试用检验 → 修改完善,形成学案 → 交流共享,灵活使用 → 逐步积累,组成系统

图2-1 学案设计的流程

使用时,教师可以根据自己班级学生的具体情况进行调整和改编,因材施教,更符合学生的学情。经过多轮的使用,不断修订,并根据最新的教学要求和课程标准进行更新,以适应学生的发展需求。

三、化学学案设计的特点

学案是导学的学习支架,是教师"教"与学生"学"的中介。为了发挥学案的导学功能,学案的内容应具有鲜明的主题性、探索性和引导性。

(一)不同年级课程,不同学案板块设置

学生不同阶段,智力和基础不同,学案板块设置上也有所侧重,从而使学案导学层次分明,构建起化学教学的金字塔。

1. 高一学案

高一正是打基础的时候,学案板块设置上更强调基础教学,学案比较细化,更注重知识的生成。学案板块一般分为"学习目标""知识牵引""预习导引""问题探究——共同练""实践感悟——自己练""提高训练——试着做"等板块。

2. 高二学案

高二学生的理解能力和逻辑思维能力都有所提高,学案更注重知识的梳理、新旧知识的迁移和归纳,板块设计上强调体系的逻辑性。学案板块一般分为"学习目标""学习重点""学习难点""再回首""扬帆起航""乘风破浪""一展身手",其中选修班和必修班选择授课的内容有所不同。

3. 高三学案

高三选修班的学案以复习学案为主,主要是专题复习,更注重知识的对比迁移,提高学生的综合应用能力,除了知识归纳梳理外,更多的是例题和习题的筛选。学案板块一般分为"考纲要求""要点回顾""例题精讲""名题导思""头脑体操""跟踪练习"等。

4. 竞赛辅导班学案

参加竞赛辅导的学生一般对化学比较感兴趣,而且学有余力,竞赛辅导学案也应运而生。竞赛辅导没有固定教材,综合性比较强,学案可以集百家所长,创造适合学生读本的辅导资料。根据具体情况,学案的板块设置比较灵活多样,一般分为"学习目标""知识精要""例题选讲""巩固提高"等。

(二)不同课程要求,不同学案内容形式

根据不同时期的教学要求及学生情况,我们对学案的编制不断进行升级,从 1.0 版由无到有,到 2.0 版重组优化、3.0 版信息助力、4.0 版项目设计,不断优化,创新设计和使用,提升学生的化学学科核心素养。学案板块进行了优胜劣汰的整合,内容和形式更灵活多样,更符合当下学生的需求。

(三)学案优化设计,体现因材施教理念

教案即学案,教师的"教"与学生的"学"有机融为一体,这就是教学一体化、自主学习的学案导学的精髓。更重要的是,学案导学融合了现代资源共享的优势,能真正体现因材施教的教学理念。

1. 共享资源,化学学案的优化性

学案的设计集中了整个备课组甚至整个教研组的智慧,是精品中的精品。一个新的学案诞生,需要主要负责人经验的积累、精力的奉献和激情的投入,备课组讨论修改学案时,往往伴随着集体智慧火花的闪现和冲撞,而各年级资源共享的经验积累更是为学案的精品化奠定了基石。可以说,每一个学案,都凝聚着所有化学老师的心血。在不断完善、实践、再修改的过程中,学案逐步丰满、优化,更具科学性和人性化。

2. 因材施教,化学学案的差异化

不同班级学习情况有差异,学案有异有同,更符合学生实际。如实验班学生基础较好,那么平行班的学生使用学案时基础部分时可使用相同学案,但实验班在知识的难

度、深度和广度上还需要进一步拓展，所以在学案处理上需要求同存异，要么教师自我调解，要么另起炉灶单独设计学案。高二分科以后，化学选修班和必修班的学生使用学案的要求也是有差异的，学案设计尽量切合学生实际，不好高骛远。即使一个教师教学的平行班，各班之间也是存在差异的，教师还要根据班级具体情况，对个人设计、集体修改的学案进行二度创作，润色、调整，使过渡更自然，教学更符合本班实际。

3. 分层教育，化学学案的拓展性

在学案导学中，包含一个很重要的理念——人性化分层教育。学案体现了课程标准最基本的要求，但也有针对性地给学有余力的学生留有思考的空间。课堂探讨学习的"拓展探究"版块和课后的"提高训练"板块是能让学生感到快乐的学习天地，这样信手拈来地加深，慢慢积累，学生的思维训练将大大加强，避免了学生盲目看课外书的弊端。

4. 及时练习，学案导学的反馈性

上海二期课改提倡减负，要真正减负，就要让学生跳出题海，而学案导学在"课堂反馈""巩固练习"等版块精选题目，可使学生做最少的题，获得更多的收获，学会解题方法，举一反三。而学生当堂完成"课堂反馈"，既能消化巩固知识，又能为教师提供直接的反馈，及时发现问题、正确评价、给予指正，根据练习情况及时调整教学目标、教学进度、教学方法，做到有的放矢。教师用简炼、精辟的语言及时点拨、点评，然后留一点时间让学生自己思考、顿悟，从问题困惑中"突围"出来，充分发挥学生的主体性，点到为止。

学案导学是相对于传统的教案教学而提出的新型教学模式，是教育教学观念的根本变革，是由教师设计怎样教到设计学生怎样学的过程的根本变化，是培养学生自主学习、合作学习、探究学习的有力武器。学案让学生有备而来，知道教师的授课意图，享有知情权和参与权，摒弃以往学习时的被动与盲目，找到主动学习的支点，确立学生在课堂上的主体地位。

四、化学学案设计的策略

高考新政策和新课改对学生提出了新的要求，学案的内容和形式也在不断发展、完善。在学案的设计和结构重组方面，教师积极动脑改进学案，提升学案的适切性、选择性、统整性、趣味性和探究性。

（一）优化学案内容，适切学生能力要求

结合学校的办学基础和学生基础，针对差异，以学生年龄和已具备的学科知识、能力水平为基础，对学案进行优化，使之更适合学生的能力发展。从利于学生全面发展的

角度,全面规划学生学习内容,突破教材框框,适当增删教学内容,大胆重构教材。

同时,学案的载体从纸质到电子化、从导学单到学习任务单,借助智慧学习平台和平板电脑等信息化教学工具,将学案的学习任务分解为课前学习单和课中学习单,课前以微视频为学习载体配合学案检测、了解学生的自主预习情况,然后教师进行二次备课,课中答疑解惑,再进行探究拓展,激发学生兴趣,提高学生的化学学习力,不断发展创新。

(二)注重单元设计,统整学案知识体系

针对高一必修内容多、学习不适应和高二选修内容少等学习内容轻重不均、缺乏统筹的特点,对高中三年课程统整优化,使学生能够循序渐进,持续发展。坚持教学的针对性和实效性,将课程标准的要求细化在三个不同年级的学段中,甚至单元、课时教学中,以保障课程目标的实现。

(三)注重课型特点,调整学案板块设置

不同课型化学课的学案可以有所调整,凸显不同课型的特点,更好地达到导学的效果。

新授课的学案更侧重以旧引新、激发兴趣,从整体目标上认识本节课的学习,从“课前预习-课中探究-课后复习”三个学习环节引导学生学习。注重以旧引新,在复习旧知识的基础上激活新知识的建构。

复习课的学案更注重知识的系统梳理和应用,在学案板块设置上可增添“思维导图”板块,对知识进行梳理;同时,还可以添加典型例题,在例题解析中应用知识解决问题,学以致用,温故而知新。

习题课的学案更注重知识的应用,在学案板块设置上可侧重变式题组的设计和应用,引导学生学会解题方法,拓展思维训练,学会举一反三,培养学生的数据分析素养。

实验课的学案更注重实验原理、实验步骤、实验现象及结论的分析,学案设计要基于实验的几大要素进行精心设计,引导学生进行探究,培养学生模型分析和科学探究的学科核心素养。

项目化学习课的学案更注重创设驱动性问题情景、综合应用知识解决问题,在学案板块设置上可构建项目化学习要素的板块,包括小组分工、评价、成果展示等。

(四)注重学科思维,扩展学案作业探究

学案的设计更注重化学学科思维,以问题探究的方式进行学案设计,在知识呈现上适当留白,留给学生思考和探究的空间,鼓励学生自主探究。学案的作业部分也几经易稿,紧跟学科要求,注重生活化、探究性和创新性,从纷繁复杂的题海中精选出适合学生

的拓展题,让学有余力的学生有思维拓展的空间,激发他们的创新学习力。同时,从提高学生思维品质的角度,站在培养学生创新素养和实践能力的高度,创新作业设计,尤其加强探索性作业和开放式作业的研究,逐步完善创新作业设计的思路。

学案的设计集中了整个备课组甚至整个教研组的智慧。在不断完善、实践、再修改的过程中,学案逐步丰满、优化,更具科学性。通过十年三轮学案导学的变革发展,历经专家系列讲座指导、行为跟进研究、实践反思、推广辐射、理论探索五个阶段,在一轮又一轮的实践研究中,不断改进、完善,初步形成高中化学学案系列,为按年级、按课型分类实施学案导学提升学生学习力提供了校本化课程资源保障。

第二节　学案的单元设计研究

　　基于单元设计的课程教学要求,我们将学案重新整合,按照学习单元的目标设计成学习手册,更注重知识之间的整体性、关联性。基于化学学科的五点核心素养,我们尝试对高中化学教学内容进行重整,划分为八个单元,以单元设计重整课程内容。学程是学校课程实施的一个基本单位,按照每个学期的教学容量赋予不同的学程数,并根据学程数将化学学科课程划分为内容相对独立且具有内在逻辑关系的教学模块,每个模块包括若干单元,各模块根据目标不同进行分类。高中化学单元教学是依据课程标准及纲要,围绕专题、话题、问题等主题或者活动等选择学习材料,并进行结构化组织的学习单位。我们根据高中化学课程标准,将高中化学知识进行主题式学习单元划分,并进行学案的单元整体设计,有助于学生对化学知识形成整体的认识。高中化学学程模块设置如表 2 - 1 所示。

表 2 - 1　高中化学学程模块设置

学科		学科模块数	模块代号	周课时	模块在年级分布数		
					高一	高二	高三
化学	合格	4	A1～A2,A3～A4	4	2	2	0
	等级	7	A1～A2,B3～B7	4	2	2	3

　　下面以高一第一学期的 A1 模块为例,介绍一下学案模块化编写的内容。

一、单元要求及活动建议

　　高一化学第一学程 A1 模块共分为五个单元,包含"打开原子世界的大门""探索原子构建物质的奥秘""开发海水中的卤素资源""物质的量"和"氧化还原反应"。学案对每个单元的教学资源及学生活动进行了建议,教师可在此基础上开展合适的项目化学习;同时,每个单元又按照课时进行了每节课的学案的编写。单元整体要求及活动建议如表 2 - 2 所示。

表2-2 单元整体要求及活动建议

单元	课时	单元要求	单元教学资源	单元学生活动建议
打开原子世界的大门	3	要求学生能够从原子、分子层次认识物质的结构,了解科学家探索微观世界的过程,揭示化学学科的本质及其规律	高一教材(第一学期)第3~15页	(1)查阅原子结构模型 (2)了解人类认识原子结构的过程
探索原子构建物质的奥秘	5	要求学生能够从化学键、晶体结构层次认识物质的结构,理解物质结构的复杂性和多样性,培养学生科学的思想方法和探究科学真理的精神	高一教材(第一学期)教材第57~69页	(1)专题研究:写一篇小论文,阐述化学键的发现历程、规律及启示 (2)项目研究:利用牙签和泡沫小球制作常见物质的化学键模型
开发海水中的卤素资源	11	要求学生掌握氯及其化合物的性质、制备、用途等知识,通过卤素的学习将学习内容与资源和环境问题相联系,使学生初步学会学习物质性质的基本方法。通过将科学精神和人文精神的结合,培养学生热爱大自然、热爱生命,梳理可持续发展的思想	高一教材(第一学期)第23~48页	(1)如有条件参观氯碱总厂 (2)学生实验食盐的提纯和精制 (3)实验设计"卤素活泼性比较" (4)学生实验"海带中提取碘"
物质的量	10	涉及初高中知识的衔接,使学生掌握一些化学语言的表达,认识物质变化中的物质的量的关系	高一教材(第一学期)第10~20页	(1)气体摩尔体积的测定实验 (2)一定物质的量浓度溶液的配制 (3)关联阿伏伽德罗常数的测定实验
氧化还原反应	3	要求学生能够从电子转移角度来认识其反应的实质,根据化合价升降或电子转移来判断氧化剂和还原剂,对反应物中只有两种(或一种)元素的化合价发生改变的氧化还原反应方程式进行配平,并能用单线桥法标出电子转移的方向和数目	高一教材(第一学期)第44~46页	(1)观察生活中的氧化还原反应 (2)了解生活中抗氧化剂的使用原理

二、单元学习内容和目标

科学有效的单元规划是单元设计的前提,各学科首先根据课程标准,重新审视目前的教材编排,依据学科特点规划单元数量和内容,设计学习手册。单元教学不是课时教学的简单组合和切分,而是在基于标准理念下聚焦单元结构特征,挖掘学习价值的过程,包括学习过程和方式的优化。高一化学第一学程单元学习目标如表2-3所示。

表2-3　高一化学第一学程单元学习目标

学习内容		学 习 目 标	能力要求	达标示例
一级知识	二级知识			
原子结构	原子核	(1) 知道同位素及质量数 (2) 知道元素的相对原子质量	A	1-1 例3 1-1 例5
	核外电子排布规律	了解原子核外电子运动状态,理解原子核外电子排布规律	B	1-2 基础1
	核外电子排布的表示方法	学会书写1~18号元素的原子及其对应简单的离子结构示意图、电子式	B	1-2 例1
	离子	学会书写1~18号元素对应离子的结构示意图、电子式	B	1-2 例2
化学键	离子键	(1) 理解化学键、离子键的概念 (2) 认识离子键是阴、阳离子间的静电作用及其形成条件 (3) 理解离子化合物的含义	B	2-1 例1、例2 2-2 例4
	共价键	(1) 理解共价键的概念 (2) 初步学会常见共价分子的电子式和结构式,学会用电子式表示共价分子的形成过程 (3) 初步认识共价键的极性	B	2-3 例1、例2
	晶体	(1) 了解晶体的概念 (2) 了解离子晶体、分子晶体、原子晶体的结构 (3) 理解离子晶体、分子晶体、原子晶体的结构特点与性质的关系	B	2-4 例2、例3、例4
氯	氯气的物理性质	知道氯气的毒性,掌握氯气的物理性质:色、态、味、密度、熔沸点、溶解性	A	3-5 例2
	氯气的化学性质	理解氯气的化学性质:与金属、某些非金属、水、碱等反应的现象及相关化学方程式	B	3-5 例3、例4
	漂粉精	知道漂粉精的主要成分、制法及漂白原理	A	3-6 例1、例2
	海水提溴和海带提碘	(1) 理解海带中提取碘,学会萃取分液原理及操作 (2) 学会海水中提取溴 (3) 初步学会物质的分离方法	A	3-9 课堂学习部分
	氯溴碘单质活泼性比较	(1) 掌握卤素性质的相似性和递变性,学会元素非金属性强弱的比较方法 (2) 学会元素活泼性强弱的实验设计	B	3-11 课堂学习例1
化学计算	物质的量、摩尔质量	(1) 掌握物质的量、摩尔质量、质量之间的计算 (2) 了解阿伏加德罗常数的含义 (3) 理解摩尔质量的概念及摩尔质量与相对原子质量、相对分子质量之间的关系	B	4-1 例3、例4、例6

（续表）

学习内容		学习目标	能力要求	达标示例
一级知识	二级知识			
	气体摩尔体积	（1）理解气体摩尔体积的概念，辨析摩尔体积、气体摩尔体积、标准状况下的气体摩尔体积 （2）理解影响物质体积特别是气体体积的因素 （3）初步掌握标准状况下的气体摩尔体积的有关计算	B	4-2例1 课堂学习1 例2、例3
	阿伏加德罗定律	（1）理解阿伏加德罗定律的含义 （2）了解阿伏加德罗定律的推论及简单运用 （3）初步学会气体体积在化学反应中的简单计算	B	4-4课堂学习1 例1、例2、例5、例6
	物质的量浓度	（1）理解物质的量浓度的概念 （2）应用物质的量浓度的概念进行简单的计算	B	4-6例1、例2、例3
氧化还原反应	氧化还原反应基本概念	根据化合价升降或电子转移来判断氧化剂和还原剂	B	1-1例2
	氧化还原反应配平	反应物中只有两种（或一种）元素的化合价发生改变的氧化还原反应化学方程式的配平	B	1-3例1

三、单元及课时学习安排

我们进行了单元的教学整合设计，对学案等教学资源进行了开发设计，并从单元角度进行了每个课时的教学关联和调整，引导学生关注高中化学知识的整体性和系统性。本模块共五个单元，分32课时，具体学习内容及学习资源如表2-4所示。

表2-4　高一化学第一学程单元课时安排

课时次序	学习内容	学习资源	说明
1	原子结构与同位素、相对原子质量	高一教材（第一学期）	教材第3～11页
2	揭开原子核外电子运动的面纱	高一教材（第一学期）	教材第13～15页
3	复习讲评		
4	化学键与离子键	高一教材（第一学期）	教材第57～61页
5	离子键与离子化合物	高一教材（第一学期）	教材第61～64页
6	共价键与共价化合物	高一教材（第一学期）	教材第65～67页
7	晶体	高一教材（第一学期）动画	教材第68～69页
8	物质结构单元复习	高一教材（第一学期）	

（续表）

课时次序	学习内容	学习资源	说明
9	海水晒盐	高一教材（第一学期）视频	教材第 23～25 页
10	氯碱工业	高一教材（第一学期）视频	教材第 25～26 页
11	氯化氢、盐酸和氢氧化钠	高一教材（第一学期）	教材第 27～28 页
12	氯气的性质	高一教材（第一学期）演示实验、视频	教材第 31～32 页
13	氯水、次氯酸、次氯酸盐（漂粉精）	高一教材（第一学期）演示实验、视频	教材第 33～35 页
14	氯气的实验室制法	演示实验	
15	"海水中的氯"小结		
16	从海水中提取溴、碘	高一教材（第一学期）视频	教材第 39～41 页
17	"海带提碘"学生实验	学生实验	
18	卤素单质化学活泼性的探究	高一教材（第一学期）实验	教材第 42～44 页
19	卤素单质性质的变化规律及 Cl^-、Br^-、I^- 的检验	高一教材（第一学期）实验	教材第 47～48 页
20	物质的量及计算	高一教材（第一学期）	教材第 49～50 页
21	气体摩尔体积	高一教材（第一学期）	教材第 36～37 页
22	气体摩尔体积的应用	习题课	
23	阿伏加德罗定律	链接	http://baike.baidu.com/view/19871.htm? fr = aladdin
24	物质的量浓度（第一课时）	高一教材（第二学期）	第二学期教材第 10 页
25	物质的量浓度（第二课时）	高一教材（第二学期）	第二学期教材第 12 页
26	一定物质的量浓度溶液的配制（第一课时）	演示实验	第二学期教材第 12 页
27	一定物质的量浓度溶液的配制（第二课时）	学生实验	
28	物质的量浓度习题讲评	见学习指导书	
29	物质的量复习	见学习指导书	
30	氧化还原反应基本概念	高一教材（第一学期）	第 45 页
31	氧化还原反应配平	高一教材（第一学期）	第 46 页
32	单元复习	高一教材（第一学期）	第 46 页

在化学教学中,分设"一般"和"提升"两个层级,并配以不同的学程数,将原本分散在几个学期学习的课程相对集中,能够提高学习效率,培养高中生兴趣。在模块化学习模式下,学习者必须参与自主学习、同伴互助、小组合作、探索研究等活动,从而提高学生对化学知识体系的整体构建,提升学科素养。

第三节　支架式学案设计研究

新课程标准的核心理念是"以学生为本"转变学生的学习方式,突出培养学生的创新精神和实践能力,倡导学生主动参与、探究发现、合作交流的学习方式,促进学生的可持续发展。支架式学案给学生提供一种帮助他们学习的工具和材料,以逐步培养他们的自主学习能力,教师在教学中起到学法指导的作用。在高中化学学案中,能够降低学生学习困难、挖掘学生潜力的各种类型学习支架,即脚手架,就是支架式学案。根据教学任务不同,支架的目的也不同。为了适时适度地为学生提供帮助,我们尝试设计了不同类型的学习支架,以便更好地引导学生进行自主探究学习。

一、学习支架的构建原则

学习支架不仅能帮助学生提高学习效率,还可以大大提高学习兴趣。因此,如何为学生构建合适的支架就是一个很值得探讨的问题。构建合适的学习支架,要考虑到以下原则:

（1）适时性原则。根据学生与课程的要求,只有当学生与课程均有要求的时候,教师适时地设计支架才能够起到作用。在学习过程的什么时候提供支架,当学习任务完成到什么程度时可以撤除支架,都需要精心设计。

（2）适度性原则。每个学习支架都应当有阶梯性,目的是给学生留有恰当的发展空间。让学生站在支架上通过自己"跳一跳",才能"摘到桃子"。

（3）多元性原则。学习支架要以多种方式呈现,在不同课型、不同教学内容时综合多种形式的学习支架,激发学生兴趣,拓展学生思维和学科核心素养。

（4）个性化原则。学生的学习风格、学习能力不同,学习支架也要进行个性化分层,满足不同学生的需求,提高学生学习的积极性。

（5）逐退性原则。学习支架让学生站在巨人的肩膀上,经历更为有经验学习者所经历的思维过程,从而慢慢形成自己的学习经验和能力,而最终学习支架要慢慢退出,从教师给学习支架到学生自我寻找构建学习支架,内化为学生自我的能力。

二、学习支架的学案类型

根据教学任务不同,支架的目的也不同。美国圣地亚哥州立大学教育技术系的伯尼·道奇博士认为学习支架可以分为接收支架(收集向导、词汇表和时间表等)、转换支架(维恩图、SCAMPER 模板和权重累加表等)和产品支架(陈述模板和大纲、写作提示模板和多媒体模板等)。根据高中化学教学的特点和学生特点,我们尝试构建了一些具有学科特点的高中化学学案的学习支架。

(1)情境性支架。依据教材的内容和难度,在教学中创造一定生活化、趣味性的教学情境作为学习支架,作为化学课的情境导入,可帮助学生更快地唤醒生活经验,激发学生学习兴趣,适用于生活化性质的导入学习。

(2)问题性支架。把核心知识通过具有启发性的问题作为学习支架引导学生思考,或者设置一系列相关的、逐步深入的问题性支架,能够开阔学生的思路、启发学生思考,适用于探究性问题的自主学习。

(3)实验类支架。实验是化学学科的基础,设计与化学实验相关的实验类支架,如数字化实验图像、物质信息数据等,可以更好地帮助学生理解复杂的实验现象问题,适用于创新性实验的探究学习。

(4)图像类支架。在教学中,化学概念和原理比较抽象,构建图像类学习支架比较形象直观,如思维导图、概念图、模型图等,可以更好地帮助学生理解化学概念和原理等问题,适用于抽象性原理的提升学习。

(5)表格类支架。高中化学既有定性研究也有定量研究,因此,构建表格类学习支架,以表格形式呈现物质的性质数据、评价量表等,可以规范研究的量、评价的度。

除了情境性支架、问题性支架、实验类支架、图像类支架、表格类支架外,还有其他一些类型的学习支架,如信息性支架、知识性支架、程序性支架、策略性支架、训练性支架等。当然,一节课的教学中可以灵活使用各类学习支架,多角度、多层次帮助学生进行自主探究学习。

三、学习支架的学案设计

在化学学案的基础上,构建学习支架,形成支架式化学学案。

(一)性质课支架式学案的设计——激发兴趣,引导探究

性质课学习支架以提高学生学习兴趣、引导探究为主。

"乙醇的结构"学案

在学习乙醇之前,已经学习了有机烃的相关知识,对有机分子的结构的探究已有一定的认识。所以教师可提供一些学习支架,包括图像类、模型类、知识性、问题性、训练性等学习支架,引导学生自主进行探究学习。

【学习支架1】数据类学习支架,探究分析组成

学习支架1:探测小队取2.24 L甲烷气体与足量氧气充分燃烧后,将生成的气体先通过无水氯化钙,再通过氢氧化钠溶液,测定反应前后增重,前者增重3.6 g,后者增重4.4 g,经元素分析测定无其他产物,且甲烷蒸气的相对密度是相同状况下氢气的8倍。请得出甲烷的分子式_____。

设计思想:因为学生已经学习过烃的组成探究的方法,所以通过支架1既可以让学生回顾以前的知识,又可以让学生通过思考、分析,得出探究乙醇分子组成的方法,引导学生自主进行探究学习。

【学习支架2】模型类学习支架,形象化搭建结构

学习支架2:请类比乙烷的分子结构,用牙签、泡沫小球搭建乙烷的分子结构模型。

设计思想:学生已经学习过烷烃的结构与性质,所以很容易能够搭建乙烷的结构,得到乙烷的结构后,学生要思考的就是把氧元素插在哪里。氧元素只能连两个共价键,所以学生很轻松地能够想到氧元素的两种插入方式,很自然地得出乙醇可能的两种结构。

【学习支架3】知识性学习支架,定性分析结构

学习支架3:烷烃里面的C—H键不能与钠反应产生氢气,而水的结构式为H—O—H能与钠反应产生氢气,你从中得到什么启示?

设计思想:前面学生已经提出了乙醇可能的两种结构,通过观察,很容易发现两种结构的不同主要集中在C—H键与O—H键,所以通过支架3引导学生思考烷烃里面的C—H键不能与钠反应产生氢气,而水的结构式为H—O—H,能与钠反应产生氢气,学生自然能想到可以通过钠与乙醇的反应来探究乙醇的结构。

【学习支架4】问题性学习支架,定量探究结构

学习支架4:取1 mol乙醇与足量的钠发生反应,如果是C—H键断裂产生_____mol H_2,如果是O—H键断裂产生_____mol H_2。

设计思想:前面学生已经通过定性实验探究出了乙醇可能的结构,为了进一步验证乙醇的结构通过支架4引导学生思考1 mol乙醇与足量的钠发生反应,如果是C—H键断裂产生几 mol H_2,如果是O—H键断裂产生几 mol H_2,自然能想到可以通过定量实验进一步验证乙醇的结构。

　　4个学习支架相辅相成,从乙醇分子组成的数据分析到分子结构的模型猜想、定性

定量分析,逐步引导学生进行深入分析、探究,得出结论。

(二)理论课支架式学案的设计——证据推理,类比分析

性质课学习支架以提高学生学习兴趣、引导探究为主。

"气体摩尔体积的概念"学案

本节课是高一化学第一学期第二章"开发海水中的卤素资源"中"物质的量"单元的第二课时。在第一课时复习物质的量的基本概念基础上,本节课是气体摩尔体积的第一课时,初步理解气体摩尔体积的概念,并继续研究宏观与微观的联系,初步建构气体体积与质量、微粒数等之间的关系,为下节课学习阿伏加德罗定律打下基础。

本节课采用微项目引导探究的教学模式。在"环节二"宏微结合、项目探究中,分三个微项目,各设计了一个学习支架,逐步引导学生合作探究物质体积的规律和影响因素,突破教学难点。

【学习支架1】表格类学习支架,数据推理提供依据

微项目探究1:1 mol 物质的体积

【数据分析】已知物理公式 $V = m \div \rho$,请分成小组分别计算不同状态1 mol物质的体积(见表2-5)。

表2-5　1mol 物质的体积

物质	温度,压强	质量/g	密度	体积
Fe			$7.8\,g/cm^3$	
Al			$2.7\,g/cm^3$	
H_2O			$1.0\,g/cm^3$	
H_2SO_4			$1.83\,g/mL$	
H_2	0℃,101 kPa	2	$0.0899\,g/L$	
CO_2	0℃,101 kPa	44	$1.977\,g/L$	
O_2	0℃,101 kPa	32	$1.429\,g/L$	

学生通过计算后,交流得出结论,形成共识,对1 mol物质的体积有了感性认识。学生分析结果如图2-2所示。

设计说明:提供表格类学习支架,让学生通过物理公式 $V = m \div \rho$,分组计算得出1摩尔固、液、气三类不同状态下的物质的体积,并分析规律,为研究1 mol物质的体积提供依据,根据推理、分析,得出物质体积的一般规律。

物质	温度,压强	状态	质量/g	密度	体积
Fe		固态	56	$7.8\,g/cm^3$	$7.2\,cm^3$
Al		固态	27	$2.7\,g/cm^3$	$10\,cm^3$
H_2O		液态	18	$1.0\,g/cm^3$	$18.0\,mL$
H_2SO_4		液态	98	$1.83\,g/L$	$53.6\,mL$
H_2	$0℃,101\,kPa$	气态	2	$0.0899\,g/L$	$22.3\,L$
CO_2	$0℃,101\,kPa$	气态	44	$1.977\,g/L$	$22.3\,L$
O_2	$0℃,101\,kPa$	气态	32	$1.429\,g/L$	$22.4\,L$

(1) 相同条件下,1 摩尔物质的体积,固体、液体的体积较<u>小</u>,气体的体积较<u>大</u>。

(2) 相同条件下,1 摩尔不同固体或液体物质的体积是<u>不同</u>的。

(3) 相同条件下,1 摩尔不同气体的体积是<u>几乎相同</u>的。

图 2-2　学生分析结果

【学习支架 2】类比类学习支架,微观探究辩证思考

微项目探究 2:影响物质体积的因素

为了方便学生的微观探究,构建了 3 个生活类比类学习支架(见图 2-3),以生活中学生常见的米、花生米来类比不熟悉的微观原子、分子,以生活经验中水和水蒸气的体积感受为例,来对比探究影响物质体积的因素。

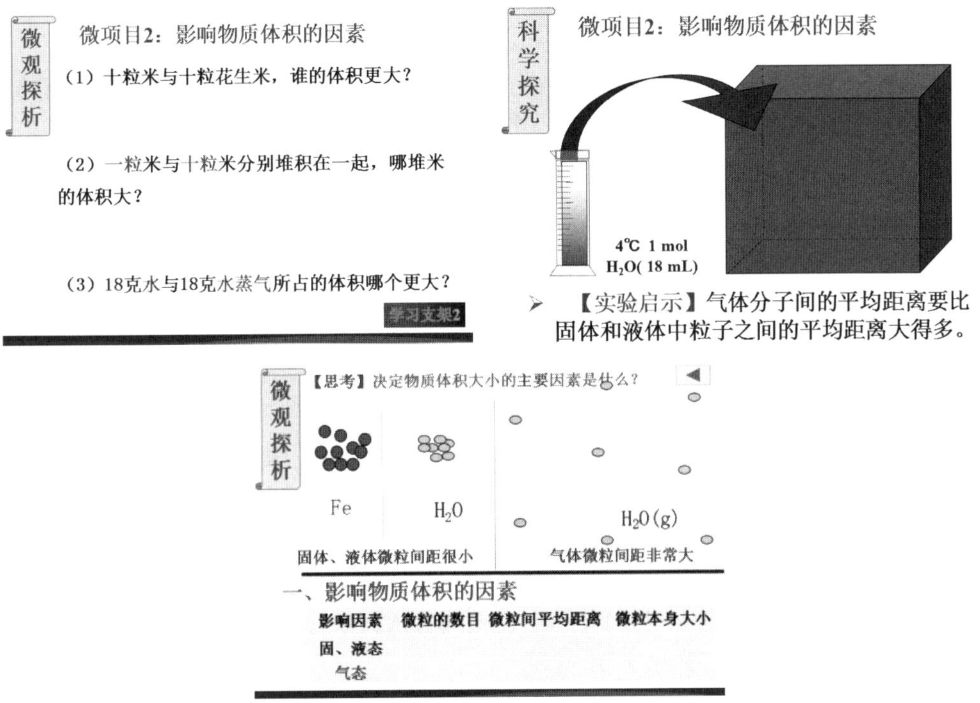

图 2-3　影响物质体积的因素的学习支架

设计说明：通过生活例子的类比分析，从微观角度分析影响物质体积的因素，并借助动画进行辩证思考，从而寻找到影响体积的主要因素。

【学习支架3】实验类学习支架，探究外因

微项目探究3：影响气体体积的条件

影响气体分子间距离的因素有哪些？是如何影响的呢？我们构建了实验类学习支架，在实验中直观感受温度、压强对气体体积的影响，图 2-4(a) 是"温度对气体体积的影响"——将针筒封闭一段气体，放入烧杯热水中，观察针筒中气体体积的变化；图 2-4(b) 是"演示实验2"压强对气体体积的影响——利用气体压强传感器和温度传感器，在温度不变的情况下，改变其他体积，观察压强的变化。同时，我们还构建了动画支架，通过动画形象分析，透视温度、压强等外界条件对微粒间距离的影响。宏微结合，从而得出结论：气体温度升高，微粒的间距增大；压强增大，微粒的间距减小。从而进一步分析得到，只要温度和压强一定，1 mol 任何气体占有的体积都大约相同。

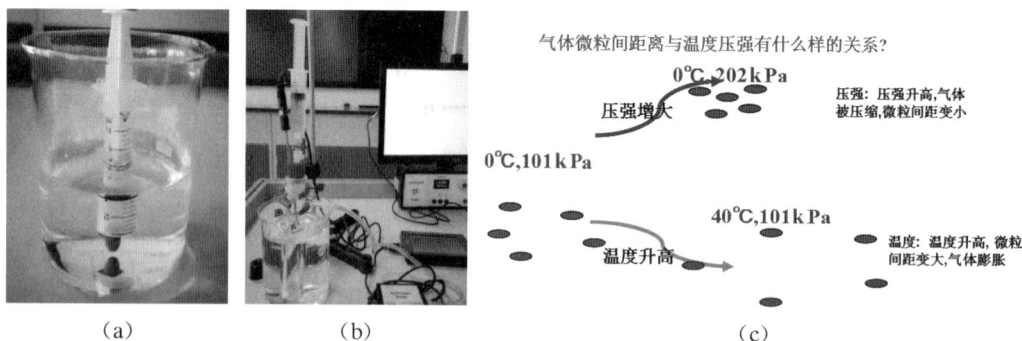

图 2-4 影响气体体积的条件的学习支架

(a) 温度对气体体积的影响实验 (b) 压强对气体体积的影响实验 (c) 动画演示温度压强对气体体积的影响

设计说明：创设实验类学习支架，通过针筒实验及数字化实验的观察、分析，探究温度、压强等外界条件对气体体积的影响；同时，通过动画，将微观气体分子受温度、压强影响的变化直观地呈现出来，帮助学生更好地理解影响气体体积的条件。

（三）实验课支架式学案的设计——剖析实验，自主探究

实验课中会出现各种实验现象，包括颜色变化、异常现象、数字化实验图像等。面对复杂多变的实验现象和实验数据，教师可提供一些实验类的学习支架，包括思维导图类、图像类、数据类等学习支架，引导学生自主进行探究学习。图 2-5~图 2-7 所示为"乙酸乙酯的制备"学案的相关支架。

"乙酸乙酯的制备"学案

班级_____　学号_____　姓名_____

【实验目的】识别实验室制乙酸乙酯的装置,理解实验步骤和产物的提纯方法。

【实验原理】

(1)化学反应:

特点:

(2)试剂:

【制备条件】

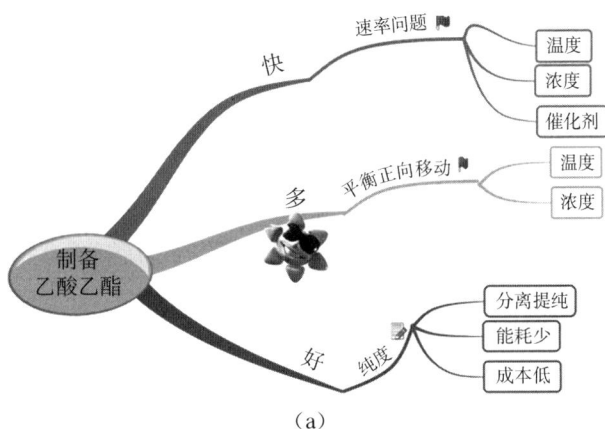

(a)

物质	沸点/℃	密度/(g/mL)	水溶性	价格/(元/吨)
乙酸	117.9	1.05	易溶	4 500
乙醇	78.5	0.79	易溶	4 200
乙酸乙酯	77	0.90	微溶	

(b)

图 2-5　"乙酸乙酯的制备"的反应条件的图表学习支架

(a)物质制备原则的思维导图学习支架　(b)物质信息的表格学习支架

【操作步骤】

【实验装置】

【实验现象】

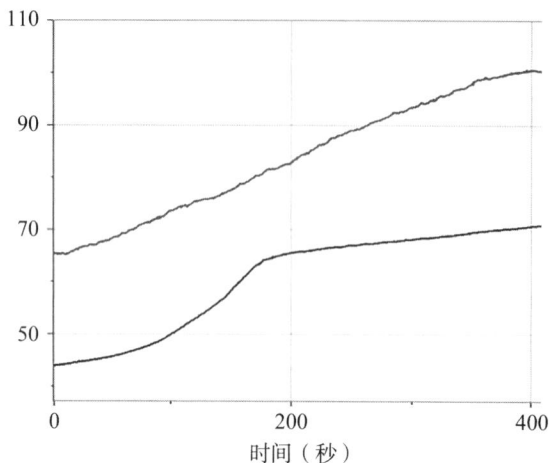

共沸物组成	共沸点/℃
（1）乙酸乙酯 91.9%，水 8.1%	70.4
（2）乙酸乙酯 69.0%，乙醇 31.0%	71.8
（3）乙酸乙酯 82.6%，乙醇 8.4%，水 9.0%	70.2

（a）   （b）

图2－6 "乙酸乙酯的制备"产物成分分析的实验类图表学习支架

（a）乙酸乙酯制备的温度曲线　（b）共沸混合物沸点信息的学习支架

【实验设计】如何提纯乙酸乙酯，并回收乙酸、乙醇。

【思考与讨论】如何提高乙酸的转化率？

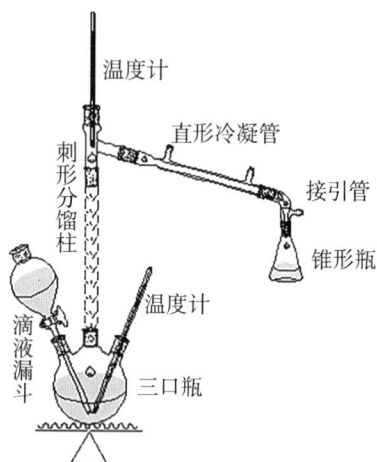

图2－7　实验信息支架——大学有机实验手册截图及装置

【课堂小结】

案例说明：本节课根据学生的学习情况，设计了三个学习支架：

【学习支架1】实验原理的学习支架

实验原理的学习支架以思维导图为主体。思维导图是一种将思维形象化的方法，是有效的思维模式，运用图文并重的技巧，把各级主题的关系用相互隶属与相关的层级图表现出来,有利于人脑的扩散思维的展开。运用思维导图呈现化学反应速率和平衡的整体知识,能更好地帮助学生从快、多、好三个角度宏观认识物质制备的一般原则。

【学习支架2】实验现象的学习支架

借助数字实验的图像和数据构建学习支架,可以对实验现象进行更直观和深入的分析。本节课通过改进后的数字化实验仪器装置来制备乙酸乙酯,构建实验图像数据的学习支架,帮助学生分析实验现象和背后的原因。

【学习支架3】实验结果的学习支架

化学实验结果并不是单一的,提供一些拓展学习的支架,可以鼓励学生课后继续探究。本节课提供了大学有机实验手册中的信息支架,鼓励学生继续深入研究、创新设计实验。

第三章

学案导学的德育实践研究

　　根据化学学科特点,充分挖掘教材中的思想品德教育内容,在学案导学中循循善诱渗透思想教育,让教育扎根于学科教学之中,注重从人文美学精神、科学方法素养、社会道德品质等方面挖掘化学学科的育人价值,注重课内、课外相互联动配合,实现学校、社会、家庭横向贯通,共同塑造学生的人格品质;通过化学教学渗透德育、开发化学学科的德育功能,让学生在热爱化学、感受化学的学科魅力的同时,热爱生活,热爱社会,把育人落到实处;让教育在教学中焕发活力,为化学学科教育提供参考。

第一节　以史为鉴,渗透人文美学精神培养

自然科学是由人的认识积累而成的,有社会的烙印。如何理解科学、运用科学、欣赏科学,具有人文色彩,所以自然科学也是思想品德教育的有效载体之一。教师在帮助学生构建化学知识体系的同时,也需要在教学实践中不断挖掘人文素养素材,渗透人文思想教育。

一、挖掘化学文化内涵,以优秀文化感染学生

德育教育面临三大难题:中西方价值观念的冲突、传统与现代价值观念的冲突、道德伦理与道德实践的冲突,使教育者和被教育者都在不同程度上处于困惑之中。挖掘化学本身的文化内涵,以优秀的化学文化感染学生,呈现传统价值观的有效价值,让学生在多元价值观中做出正确的选择。当学生品味出自然科学中人文精神的底蕴,触摸到科学人物的情感、操行、思想和精神,并与之在思想上和精神上进行交流与汇合的时候,学生的心灵和行动就会受到感召和激励。此时,学生的人文情怀也就油然而生。

(一) 在中华历史文化熏陶中,感悟中华文明,激发爱国热情

作为 21 世纪的中学生,要能"继承中华民族的优秀传统,弘扬民族精神",在化学教学中有很多中华民族的发明创造成就,是我国劳动人民智慧的结晶,是进行爱国主义教育的绝佳素材。如学习硫的性质时,介绍中国四大发明之一的黑火药,让学生感受中华文明的了不起,激发学生的民族自豪感;学习蛋白质性质时,介绍中国结晶牛胰岛素的合成过程,让学生体会中国人的聪明智慧和不懈奋斗。

酒文化诗句情境引入,用途介绍激发兴趣

【引入】酒是故乡的醇,我国的酒文化丰富多彩,请说出有关酒的诗句。

【学生回答酒文化诗句】"借问酒家何处有,牧童遥指杏花村""葡萄美酒夜光杯""明月几时有,把酒问青天""何以解忧,唯有杜康"。

【介绍用途】据记载,我国是世界上最早学会酿酒和蒸馏技术的国家,酿酒的历史已有 4000 多年。酒中精华是什么? ——酒精,化学名称为乙醇。乙醇有相当广泛的用

途,如医用酒精(体积分数<75％的乙醇水溶液)可用于杀菌、消毒等。今天我们就一起来研究一下乙醇。乙醇是一种什么样的物质呢?

挖掘化学中的文化素材,运用艺术性的教学语言,激发学生的道德情感,提高学生的道德品质,落实情感目标于无痕。

(二) 探讨化学研究的历史背景,以丰富的化学史激励学生

化学史源远流长,古代的炼金、炼丹术,成就人类追求美好生活的梦想,给人类改善生活带来希望;近代发明电以后冶炼铝等金属的发展,使得人类物质生活大大丰富;现代有机化学合成新物质,改善了人类医疗条件,给人类生活带来质的飞跃;未来,人类希望探索太空,更是离不开化学的新材料、新技术……在浩瀚的历史长河中,化学可以说是促使人类文明进步的一大功臣,挖掘化学本身的文化内涵,以优秀的化学文化感染学生,可激发学生兴趣和探索化学的欲望。以史为鉴,展开化学研究历史的画卷,人文素养培养就蕴含其中。

世界文明博大精深,在化学课堂中引导学生回顾与教学内容相关的文明、文化,在不知不觉中渗透爱国主义教育,帮助学生树立为中华之崛起而奋斗的信心和勇气。

二、发掘学科美学价值,以化学之美陶冶学生

化学学科教学中蕴含着很多的美,教师要做发现美的引领者,引导学生去发现那些美,以特有的化学美陶冶学生,学会欣赏美,感悟生活中的美,从而净化心灵。

(一) 发掘化学材料的对称美,在欣赏中认识化学

化学研究的对象是大千世界的物质,而物质有很多美妙的地方,借用多媒体图片、视频展示化学材料的对称美,在欣赏物质的同时,感悟世界的美好,激发学生对生活的热爱和激情,提升化学的魅力。

如学习晶体时,先展示各类美丽的晶体,调动学生的研究兴趣,活跃其思维,再进行晶体性质的研究,学习就不再是枯燥无味的了,而是充满了美感。学习化工生产时,先播放一些实际生产的视频,让学生身临其境感受化学用于生产、服务人类的应用,体会到化学不只是书本知识,而是活生生的社会知识,在欣赏化学应用过程中喜欢化学。

(二) 发掘化学知识的类比美,在趣味中征服化学

化学有的知识比较抽象,通过发掘化学知识与生活的类比美,在趣味化学中化简知识难度,攻克堡垒。

1. 生活实例打比方,抽象知识形象化

打比方,可将抽象知识形象化。如学习原子核外电子绕核运动的规律时,可以形象地将电子比喻为被橡皮筋拴在木桩上而想逃离木桩的狗,原子核就是木桩,狗的力气越大则离开木桩越远,那么类比可知,电子能量越高,离开原子核的距离也越远;讲解原子核与原子的大小关系时,把原子比作一幢教学楼,原子核就好像这幢大楼中的一粒粉笔尘埃。这样用生活经验来理解新知识就更容易了。

2. 体育比赛做类比,微观知识趣味化

应用体育比赛做知识的类比对象,学生兴趣浓厚。如把共用电子对偏向比作拔河,把活化分子碰撞比作投篮,增加了知识的趣味性,便于学生理解。

3. 模型法则搭积木,空间结构直观化

模型法是人们通过想象和抽象对现实世界某研究对象的一种简化的印象。在结构化学、有机化学教学中,借助模型法搭积木,可使抽象知识直观化,帮助学生进行空间思维训练,更好地理解物质的空间结构。

如学习同分异构现象时,借助分子结构模型组件,让学生自己动手搭建有机物分子的球棍模型、比例模型,形象直观,极具说服力,可大大降低学习难度。学习乙醇的结构时,知道了乙醇分子式 C_2H_6O,如何推导其结构呢? 借助分子结构模型组件,让学生搭积木,搭建出乙醇可能的结构,如图 3-1 所示,然后再去研究究竟是哪种结构。学生重温童年的乐趣,兴趣浓厚,思维活跃,也为后面的探究做出了很好的铺垫。

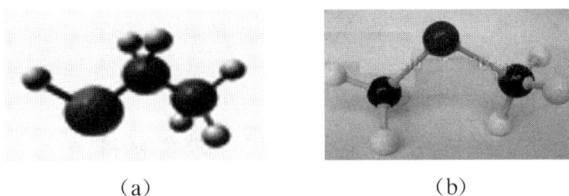

(a)　　　　　　(b)

图 3-1　C_2H_6O 分子结构探究

(a) 乙醇分子的球棍模型　(b) 甲醚的球棍模型

实践证明,在理论化学和结构研究中,借用学生的生活经验,通过运用打比方、做类比、搭积木,学生在享受美的同时,也将抽象难懂的知识直观形象化,给学生建构可触摸的模型,帮助学生理解,知识得以成倍增长,德育和学科教学相得益彰。

(三) 开发化学魔术的神秘美,激发学生探究能力

化学实验往往伴随着很多有意思的现象,挖掘其中的小魔术,用趣味实验、实验魔术导入新课,可激发学生的学习兴趣,让教学寓教于乐,整堂课变得生动活泼,教学效果好。

如学习"离子反应(第一课时)"时,笔者首先给出一些试剂和实验仪器,请学生上台表演化学魔术"清水变牛奶、牛奶变清水",课堂气氛一下就调动起来了;然后笔者乘机追问魔术的奥秘,通过学生自我剖析魔术奥秘,探讨得出离子反应的实质。在讲解碘的性质的时候,上课前当场检验学生指纹,让学生来当一回小侦探,然后引发他们思考碘具有什么样的性质而具有这样的用途,学生探究的兴趣浓厚。

实验魔术集科学性与趣味性于一身,是实验教学创新的一大亮点。通过魔术可激发学生学习化学的兴趣,引发学生去探究魔术成功的奥秘,思考魔术背后的化学知识,深化对知识的认识,并应用于实践,教学效果好。

三、梳理化学史学故事,以榜样力量激励学生

在化学教学中,介绍化学史和科学家的故事,既能增加课堂的趣味性,又能从中学习化学知识,还能培养学生对化学的情感,在榜样的影响下鼓起探索的勇气,一举多得。

(一)倾听化学发现的离奇故事,培养科学献身精神

科学发现的故事往往充满曲折离奇的情节,对学生很有吸引力。如"元素周期律"案例中介绍门捷列夫生平事迹,"工业合成氨"案例中介绍哈伯曲折的生平和事迹……以化学史为化学学科教育抓手,介绍科学名人对人类文明尤其是化学的贡献,挖掘他们成功背后的故事,让学生从科学家的经历中学习化学知识,也从榜样身上吸取动力,学习他们的科学态度,勇于探索、敢于怀疑的品质,从而培养学生的科学素养和为科学献身的精神。

(二)感悟化学发现的离奇故事,培养科学求真精神

我们不仅要教书还要育人,育人是教学活动之本。学科育人并不是在机械教条的训责中实现,而是在教师富有智慧的教学设计之中。如学习原子结构时,在人类认识原子结构的古代假想阶段,墨子提出了物质被分割是有条件的,称为"端";而德谟克利特提出了原子,从而成为古典原子论的提出者,可见探索科学要敢于提出假设,也要敢于求真,用实验事实去证明假想,才能成就科学。从这些科学家故事的教学中,不仅培养了学生怀疑和敢于创新的精神,而且培养了学生实事求是的品德、穷追不舍的探索能力和深入细致的分析与思考习惯。

(三)聆听化学家的奋斗故事,激发爱国求真情怀

在浩瀚的化学史长廊中,有很多杰出的思想家、科学家为化学学科的发展做出了巨大贡献,在他们身上有很多值得我们学习的地方。

如学习纯碱的性质和制法时,可介绍侯德榜的奋斗事迹,他少年时学习就十分刻苦,即使伏在水车上双脚不停地车水时,仍能捧着书本认真读书;后来,他到美国留学,取得博士学位,而在国外留学时,他时刻怀念祖国,惦记着处于水深火热中的苦难同胞,毅然回国,身先士卒、实干创业,冲破帝国主义国家对我国的制碱技术的封锁,使日产180吨纯碱的永利碱厂矗立在中国大地上;同时,他毫无保留地把这一制碱奥秘公布于众,把制碱法的全部技术和自己的实践经验写成专著《制碱》于1932年在美国以英文出版,让世界各国人民共享这一科技成果……一个有骨气的中国人就是这样披露了索尔维制碱法的奥秘,不仅为中国人争了光,也为世界创造了财富。侯氏制碱法充分显示了侯德榜的学识才干和悉心经营,表现出他高度的事业心和可贵的献身精神,这些都深深激励和感染了学生的爱国情怀。

化学家的故事启迪学生,学习要有肯吃苦的精神和坚忍不拔的毅力,从而确立清晰的学习目标,端正学习态度,不断探索适合自己的学习方法。

化学家的奋斗史,给学生以价值观、人生观的启示。在现代化、全球化竞争加剧的今天,如何学习、利用前人的智慧,“取其精华,弃其糟粕”,用扬弃的观点去看待和理解化学发展史,为学生树立化学家的榜样作用,激发科学探究精神。

勒沙特列晚年对学生说:“化学不是一本字典或百科全书,要学生去记忆里面的烦琐细节。化学的美,是在了解逻辑的思考与演绎。”这是学习化学的目的。作为教师,我们要引领学生去发现和拥有化学的美。

第二节　以理服人,渗透学科方法素养培养

高中学生已经具有一定的化学系统知识,应在方法上给予指导和提高,以研究化学思想方法为主线,将化学知识串联起来形成一个一个的专题,既妙趣横生,又将科学素养的培养得以贯穿落实。

一、渗透辩证唯物教育,科学原理指导学生

化学原理中蕴含着丰富的哲学思想,是方法论、辩证思维的有力教育素材。在化学原理中渗透马克思辩证唯物主义教育,以科学的化学观指导学生学习化学,往往起到出其不意的神奇效果。

(一) 在历史故事中说理,培养辩证思维能力

以学生熟悉的生活知识和经验为载体,将书本的知识生活化、立体化,可以起到事半功倍的效果。以用途导入,唤醒学生的生活积累,吸引学生兴趣。

认识事物的两面性,正确使用为生活服务

【投影】1915 年 4 月 22 日下午 5 时,在第一次世界大战两军对峙的比利时伊珀尔战场。趁着顺风,德军一声令下开启了大约 6 000 只预先埋伏的压缩钢瓶。霎时间,在长约 6 千米的战线上,黄绿色的云团飘向英军、法军阵地。毫无准备的英法士兵猝不及防,眼看着黄绿色的气体涌来,先是咳嗽,继而喘息,有的拼命挣扎,有的口吐黄液慢慢躺倒。德军共施放毒气 18 万千克,使协约国 1.5 万人中毒,5 000 人死亡。这就是战争史上的第一次化学战,从此,化学战作为最邪恶的战争写入了人类战争的史册。

【教师引入】同学们在日常生活中都有这样的经历,当你打开自来水龙头时,你会闻到一股刺激性气味,这是什么原因呢? 自来水能直接用来养鱼吗?

【学生回答】

【教师小结】氯气有毒,但量少时可用于消毒杀菌。

【教师讲解】第一次世界大战期间,氯气作为化学武器首次用于战争,造成很多士兵和无辜百姓的死伤。如果我们在战争中碰到氯气,应该如何保护自己呢?

【案例反思】以学生日常生活中的经历导入,吸引学生探究的兴趣。同时,让学生辩证思考,氯气有毒,但少量可起消毒杀菌作用,体会正确运用化学知识为人类服务的思想。这样,一开课,学生的眼球就被紧紧吸引住,带着浓厚的探究兴趣投入课堂。

在元素及其化合物知识教学中整合生活化学,提高学生的学习兴趣和主动学习的积极性,引发学生思考,将书本知识与生活实践紧密结合起来,使学生体验到"知识就是生活""知识可以改变生活"的学习乐趣,在愉快的学习中,真正学到知识,提高能力,从而有效提高教学水平和质量。

(二)研究守恒思想应用,体会付出与回报成正比

氧化还原反应原理中蕴含着大量守恒思想。利用守恒思想进行解题,可将看似复杂的题目巧妙地一步解答出来,学生惊叹不已。

2011年奉贤区期中统考试卷第22题:向一定量的Fe、FeO、Fe_2O_3、Fe_3O_4的混合物中,加入150 mL 4 mol/L的稀硝酸,恰好使混合物完全溶解,并放出标准状况下NO气体2.24 L,往所得溶液中加KSCN溶液,无红色出现。若用一定量的氢气在加热条件下还原相同质量的该混合物,所得固体的物质的量不可能的是_____。

A. 0.30 mol　　　　B. 0.28 mol　　　　C. 0.25 mol　　　　D. 0.22 mol

该题牵涉到八九个反应,非常复杂,但用守恒法寻找出蕴藏在其中的原子守恒关系——溶液中生成的是$Fe(NO_3)_2$,因此$n(Fe):n(NO_3^-)=1:2$,而其中硝酸根离子为$(0.15*4-2.24)/22.4=0.5$ mol,所以根据分子式可知铁元素为0.25 mol;而氢气的量一定,可能不足,所以铁元素的物质的量应$\leqslant 0.25$ mol,选A、B。在应用守恒思想解题时,学生体会到守恒思想的奇妙,也可趁机教育学生,事物都是守恒的,付出多少努力,就会有多少回报。

(三)感受动态平衡的美妙,待人接物要公平公正

化学平衡是化学的重要原理之一,在学习的同时,引导学生感受动态平衡的美妙,也教育学生要学会调整自我,在为人处事时要学会平衡,待人接物要公平、公正。

化学平衡原理的发现者勒沙特列,是一个矿物学家,有一天,他在实验室里研究碳酸钙矿石在水中的溶解,发现碳酸钙在水中不会一直溶解下去,是有一定的量的。他反复实验,都得到相同的结果,证明该现象背后有一个规律——化学反应趋向平衡,这就是有名的勒沙特列移动原理。他提出,化学平衡是维持大自然稳定的关键机制,任何外在环境的变动,不管是温度巨变、大洪水、地震,只不过改变大自然原来的平衡状态,但不久之后,大自然又会抵达一个新的平衡,使生物得以继续存活。旧的平衡过去,新的

平衡还会再来,这就是大自然抵抗外在变动的法则。明白了化学平衡原理的来龙去脉,再来理解平衡移动,改变外界因素,旧平衡被打破,反应向减弱外界改变的方向移动,建立新平衡,就迎刃而解了。

二、普及思想方法教育,发展眼光引导学生

化学教学蕴含着很多哲学思想,在化学教学中结合化学知识、原理进行方法论教育,让学生在知识学习的同时,学会以发展辩证的眼光看待化学、学会辩证思维方法,并运用到做人方面。

(一) 体会化学学科思想方法,建立化学一般方法

化学学科思想决定了学习的高度。化学教学中常常涉及观察、思考、理解、分析、综合、归纳、演绎、想象、抽象和推理等思维方法,如在化学计算中常会应用到分类讨论法、极端思维法、平均式量法、守恒法、观察法等解题方法,可又快又好地解决看似复杂的化学计算问题。在高一学习元素化合物性质时,就着重培养"结构决定性质,性质决定用途"的学科思想,让学生逐步建立学习元素化合物知识的一般方法,高屋建瓴,一览众山小。

(二) 剖析化学原理认识历程,全面发展看待问题

化学原理的发现是一个不断完善、不断发展认识的过程,在原理教学中挖掘这些辩证发展认识的教学素材,剖析化学原理的认识过程,不仅完善了知识的认知,还在教学同时渗透了全面发展眼光看待问题的辩证思想教育。

表 3-1 五种原子结构模型

科学家	道尔顿	汤姆孙	卢瑟福	玻尔	薛定谔
原子结构模型名称	实心球模型	葡萄干面包模型	行星模型	轨道模型	电子云模型
原子结构模型图示	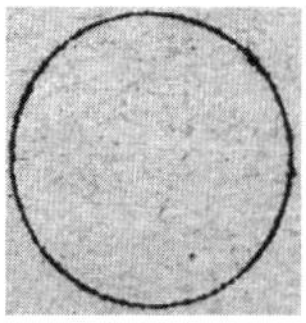	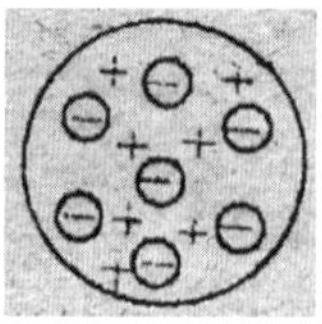	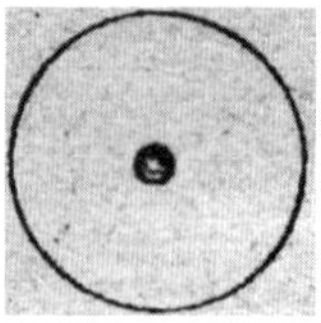	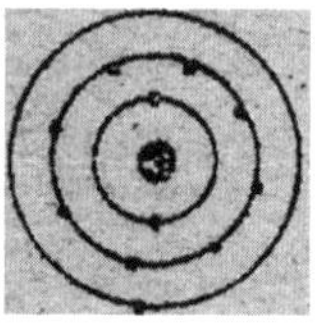	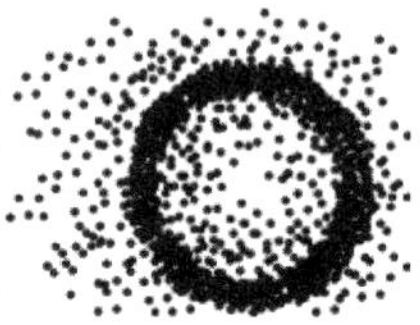

原子结构理论的发展是一个不断完善的认识过程,如表 3-1 所示,古典原子论→近代原子论:道尔顿实心球模型→汤姆孙葡萄干面包模型→卢瑟福行星模型→玻尔轨

道模型→现代原子论：薛定谔电子云模型。结合原子结构模型图，在回顾原子发现历程的同时，体会化学科学的严谨，引导学生用辩证、发展的观点分析事物，也激起了学生全面发展看待问题的意识。

氧化还原概念的认识过程也是如此，从得失氧角度分析→化合价升降角度分析→电子得失角度分析，体现了从宏观与微观、从表象到本质逐步深入的思维发展过程，对科学概念本质认识的思想方法养成起到积极的促进作用。

科学的认识总是来之不易，在化学教学中强化辩证思想的教育，既是对知识的完善认识，也是对学生科学素养的激发和培养，学科教学和育人相得益彰。

（三）挖掘完善化学基本概念，对立统一认识事物

事物都有两面性，挖掘化学中对立统一的概念，在教学中进行辩证统一的哲学教育，也教会学生如何辩证做人。如氧化还原反应中有几组对立统一的概念：氧化剂与还原剂、氧化反应与还原反应、氧化性与还原性、氧化产物与还原产物……它们既对立，又相互依存。在教学时，进行这几组概念的辨析，是氧化还原反应教学的重点和难点，抓住辩证统一的思想，可加深对知识的理解，同时，也可趁机教育学生，学会辩证统一做人处事。

三、进行创新研究教育，拓展思维感染学生

化学是一门以实验为基础的学科，以实验方法教学研究为契机，在化学实验教学中进行创新研究教育，以化学思想方法感染学生，提升研究方法、科学思维品质。

（一）控制变量科学实验，提升实验研究思维

实验方法是化学学科特有的。如学习化学反应速率的影响因素时，大量利用控制变量法进行对比研究实验，控制改变一个条件进行实验条件筛选、控制实验方法进行对比、控制样品进行对比，化学反应速率的影响因素就一一地呈现在学生面前，生动形象，学生印象深刻。学习贝克勒尔发现铀盐的放射性实验，可学习他采用空白实验方法进行研究，推广到生活中的其他对比应用。

（二）定性定量融合实验，体验科学测量应用

学习定量实验时，可对比定量研究方法和定性研究方法的特点，突出各自的优势；也可结合"测定工业纯碱样品中 Na_2CO_3 的质量分数"进行三种定量实验方法的对比分析，让学生根据滴定法、气体质量法、沉淀质量法等反应原理讨论优化实验方案，然后对比总结定量实验方案。从自行独立设计实验方案，到讨论、修改、完善实验方案，整个过

程体现了学生的合作学习,也通过三种定量方法的对比,体现了定量思想的应用。根据化学性质设计测定方案,从定性实验到定量实验的扩展延伸,让学生体会到定量实验化学方法的重要性和生活生产中的应用,在潜移默化中促进学生科学方法的逐步形成。

(三) 技术移植创新设计,提升实验创新能力

随着科学的进步和社会的发展,化学也倡导新兴的创新研究方法。如移植实验方法,可移植实验研究对象、改进实验装置、进行新的实验方法探究分析,可对实验药品进行分子重组创新设计;引进信息技术进行 DIS 实验,实现同步图像分析实验过程。实验设计是实验教学中的难点。依据学生实际水平和认知规律,将实验设计分解为多个小坡度的问题,逐步解决问题,有利于激发学生创新技能。

案例举例如下:

中和滴定中"准确测定溶液的体积"是实验的关键之一,以前学过的实验仪器显然达不到实验要求,而这个特定仪器的设计(见表 3-2)是对学生进行创新实践的好机会。

表 3-2　中和滴定中滴定管的创新设计

问题序号	教师提问	学生回答	问题设计目的
1	如何让实验精度提高(对比量筒:10 mL 与 100 mL)?	细颈的精度高——要细长的管	设计仪器的轮廓:细长的管,提高精度
2	如何提高所加液体的体积?	大肚,长管——管长一点	设计仪器的长短:长
3	如何实现一滴一滴加入?	针筒、滴管——下端采用滴管	设计仪器的下口:细小
4	如何方便控制滴加液体的速度?	活塞控制	设计仪器的开关控制:活塞
5	刻度如何设计?需要 0 刻度吗? 0 刻度在上面还是下面比较好?	1 mL 分为 10 小格,从上往下放液体,0 刻度在上方,读数由上到下逐渐增大	设计仪器的刻度:0 刻度的创新设计
6	请画出这个读数精确,能逐滴加入溶液,方便控制中和反应的定量测定溶液体积的仪器,并为它取个名字	滴定管	归纳概括,全面认识,创新仪器

案例说明:如何创新设计新的实验仪器呢? 实验目的是要尽可能减小误差,为了获得较准确的测量结果,从实验需求的角度将仪器的设计细分为几个小坡度的问题,从仪器的整体轮廓(问题 1)、长短(问题 2),到细节的端口(问题 3)、开关控制(问题 4)、刻度(问题 5),到全面认识画出仪器并命名(问题 6),在一系列系统性、层次性、相对独立又

相互关联的设计问题中,引发学生思考,集成以前学过的量筒、滴管、容量瓶等仪器的优点和特点,进行重组和改装,在智慧的思维碰撞中,自然而然地创新设计出滴定仪器——滴定管。通过分解问题、亲手设计仪器,学生对滴定管的构造和使用方法印象更深刻,也在仪器的设计中体验了科学家创新、研究的艰辛。

实验课是化学的基础,以实验设计问题为工具,循循善诱,通过对实验细节的系列问题的探究,引导学生自主设计实验仪器、方案等,让学生充分动起来,动脑、动手、动口,有利于激发学生的创新技能。

当然,化学中的思想方法远不止这些,还有许多值得我们去挖掘和探讨。如在复习时,老师也可以将相关的知识内容进行梳理形成知识网络,通过对比加深对知识的理解,通过归纳演绎的方法进行知识整理应用,在无形中对学生进行方法论教育。

第三节　学以致用,渗透社会道德品质培养

德育的首要功能是育人,是致力于培养人格完善、个性充分发展的人,是为了人的全面发展。在化学学科教学中强化学以致用,渗透社会道德品质培养,用平等、民主、探讨等方式激发学生的民主意识、社会参与意识、环保责任意识,可以打破教师"一言堂"的教育模式,让学生主动在实践中接受教育,心服口服,往往事半功倍。

一、关注时事热点应用,激发学生爱国责任

有意识地借助学生的生活经验为后期学习的内容建立"桥梁",使学习过程"平易化",实现生活常识的应用增长,利用化学知识解决实际问题,实现学生迁移能力的提高。

(一)追踪社会时事热点,激发学生爱国激情

展示生活化教学素材,激发学生求知欲望。动力可来自目标,也可来自原材料。提供一些来自生活、能够夺学生耳目的素材,可有效激发学生的求知欲望,让学生全身每一个细胞都兴奋起来,积极参与。

如学习氧化还原反应,可为学生播放嫦娥二号发射上天的视频,以壮观的场景引发学生视觉效应,引出燃烧的氧化还原反应的课题,也能引导学生关注时事,关注科学发展。学习甲烷的性质,可播放"可燃冰"的新闻报道,让学生了解最新科技。学习原电池的原理时,可播放世博会中的"燃料电池汽车"介绍视频,引导学生关注最新科技给人类社会带来的变革,激发学生用科学为人类服务的斗志,让学生体会国家荣誉的至高无上,激励学生为国家、为班级、为自己的家庭增光添彩。

民族团结教育是德育的重要组成,抓住一切机会把民族团结教育渗透在学科教育中。在新疆内高班的化学课堂上,讲到甲烷时可结合介绍"西气东输"工程,学生都深有感触,这是新疆各族人民对全国人民的大力支持;当然,内地对新疆的开发与建设也都进行对口支援,学生都能说出各自家乡近几年的巨大变化是在全国各族人民的共同努力下取得的。又如讲到新能源时,介绍新疆的风力发电,发展迅速,前景广阔。总之,学科的课堂教育是最好的民族团结的主阵地。

（二）专题研究身边化学，增强学生责任意识

除课堂学习书本知识外，也可创造条件让学生到工厂、农村参观学习，如了解自来水厂净水、化肥厂合成氨的生产流程等，参与探究和讨论，将书本知识化为实践课堂，体验生活。设计专题探究身边的各类问题，如环境污染及治理、变废为宝、新能源介绍及资源的利用、日用化学及厨房化学、营养保健化学等，让学生体验与中学化学相关的工业生产、社会生活，增加感性认识。

孔子提倡"有教无类，因材施教"等教育思想在今天仍熠熠生辉。从学生已有的生活经验和知识背景出发，搭建应用性的学习平台，提升学习兴趣，从而提高教学效果，"润物细无声"地对学生进行思想品德教育，往往事半功倍。

二、研究生活化学问题，鼓舞学生昂扬斗志

以生活教育为载体，让教育回归生活，是教育的发展趋势；民族精神教育只有回归生活，才能焕发出强大的生命活力。面向学生经历的生活世界、现实的生活世界、未来的生活世界，贴近实践、贴近生活、贴近学生，不断优化化学德育资源，探索生活化教育教学模式。

（一）研究物质用途，感受生活联系

在元素及其化合物性质教学中，常用"结构决定性质，性质决定用途"的理论来指导教学，但若改变一下思维，反其道而行之，先引出物质在生活中的用途，让学生对这种物质产生浓厚兴趣，然后引导学生思考为什么有这样的用途，既然物质这么有用，所以我们才有必要来学习、研究它，以期使化学更好地为生活生产服务。如在讲解铁及其化合物性质时，先请学生来介绍生活中铁及其化合物的用途，如建造材料、锄具、农具、补血剂等，再反过来引导学生学习铁的结构性质，这样学生的注意力会一直比较活跃和集中。

在有机化合物教学中，也可应用类似的方式。如教学乙醛的性质时，教师可请学生课前查阅资料，先介绍福尔马林及酚醛树脂在生活生产中的应用，再反思为什么具有这样的用途，让学生化被动为主动，自主、自发地投入学习，享受学习的乐趣，不再把学习看作一件枯燥的任务。

（二）结合生活现象，树立环保意识

化学与生活紧密相关，环境、健康等都离不开化学。在课堂教学中，提问生活中存在的一些社会现象和问题，引导学生认识问题背后的实质、寻求解决方案。如介绍肥料

的知识时,提问学生海水中的赤潮是怎么引起的;讲解塑料的性质时,提问学生白色垃圾的成分是什么,学生可根据生活经验和资料查阅获得答案,再进一步引发学生思考这种物质为什么不可降解。这样,从生活中的问题引发学生去探索背后的问题,学生的积极性往往比较高。

化学实验往往伴随着很多有意思的现象,挖掘其中的小魔术,让教学寓教于乐。如学习酸碱盐的性质时,可向学生表演清水变"牛奶"、"牛奶"再变清水的小魔术,引发学生去探究魔术成功的奥秘,思考魔术背后的化学知识;在讲解碘的性质的时候,当场检验学生指纹,让同学来当一回小侦探,并引发他们思考碘具有什么样的性质而具有这样的用途,这样课堂气氛一下就调动起来了。

三、关注民生生命教育,塑造学生健全人格

化学与生活紧密相关,我们要在化学教学中渗透生命教育,关注民生,家校联动,共同培养学生正确利用化学知识为生活生产服务。

(一) 批判滥用化学知识,关爱生命健康教育

当今社会有许多滥用化学知识的现象,如食品中添加过量添加剂、用甲醛浸泡毛肚、用硫黄熏白银耳、在奶粉中添加三聚氰胺……给化学学科抹上了一层阴影。在化学课堂教学中,要批判这些不法商贩滥用化学知识投机倒把、危害他人健康的现象,强化化学学科的正面价值。

事物都有两面性,化学研究对象中有不少物质有毒,但用好了就可以杀菌消毒,为人类服务。在化学教学中,加强学科对德育教育的渗透,将积极的生活观念和奋发的生活态度渗透到课堂的教学中。如在"氯气的性质"案例中介绍战争中氯气的使用,也警示学生在危机时刻如何利用化学知识保护自己,把化学的负面效应转化为正面的保护措施。长此以往,慢慢让学生产生"生命自觉",用化学知识保护生命、造福人类,共建和谐社会。

(二) 课外作业关注民生,课内课外联动培养

在化学课外作业研究中,作业布置生活化,部分习题创设生活化情境,可吸引学生对生活的关注。

如化学反应速率习题:人们用很多方法来保存食物,如在粮仓中充入氮气以降低氧气浓度,粮食可保存更长时间,这是因为充入氮气降低了氧气的浓度,使粮食腐败的速度减慢。也可在冰箱中保存食物,这是因为冰箱使温度降低,从而使粮食腐败的速度减

慢。用铁片与稀硫酸反应制取氢气时,下列措施能使氢气生成的速率变小的是( )。

A. 加热 B. 不用稀硫酸,改用98%的浓硫酸

C. 将反应体系放入冰水中 D. 铁片改用铁粉

该题巧妙地将用途嵌入题干,唤起学生对生活的关注,让学生在喜闻乐见中阅读题干做题,发现学习并不那么枯燥,从而调动学习的积极性和主动性。

另外,教师除了结合课堂教学布置一些相关的书本作业外,也可尝试布置一些软性的引发学生思考的课外兴趣作业,如让学生收集生活素材、设计一些生活小实验,提高归纳能力和动手实践能力,还能在无形中渗透民生教育。如学习了二氧化碳的知识后请学生去超市收集各种饮料的成分,归类哪些是碳酸饮料;学习了酸碱盐的知识后,请学生设计应用厨房里的东西来做些有意义的事情,如鉴别物质、清洗水垢等,将课堂知识与生活实践紧密结合,贯穿生活处处皆学问的观点,使学生养成细心观察生活的习惯;学习有机化学,可让学生自己上网收集装修环保的资料,充分调动学生积极性,关注生活,事实证明,学生提交的研究小论文质量较高,如《装修中的杀手》《甲醛二三事》《新装修的房子怎么住》等都充分展示了学生的研究能力。在观察和研究中,学生的生活态度和学习能力都产生了积极变化。

总之,学科育人要全方位渗透,在课内、课外联动过程中培养学生的人文素质、科学素养和道德品质,三维一体,相互促进;不能仅局限于校园,要将学科德育拓展到家庭、社会,三位一体,使学校、社会、家庭横向贯通,随时巩固教育的效果。

教师是人类灵魂的工程师,是全面推进民族精神教育的主导者和实施者,是学生健康成长的指导者和引路人。教师要言传身教,以高尚的人格来塑造学生人格,以高尚的品德来培育学生品德。"问渠哪得清如许,唯有源头活水来",只有不断提高教师育人的素质,才能更好地培养出德才兼备的高素质人才。教育贵在育人,德育教育不是一朝一夕的事,需要我们在长期的教学实践中,从人文美学精神、科学方法素养、社会道德品质三个维度不断挖掘德育素材和教育契机,适时渗透,课内、课外相互联动,学校、社会、家庭横向贯通,将德育融入学科教学之中,将枯燥的说教变成生动的教学,将课本的说教变成言传身教,让教育扎根于学科教学之中,焕发出灿烂的生命活力,结出累累硕果。

【教学案例1】 "氯气"教学案例研究

1. 基本信息

"氯气"是上海科学技术出版社《化学》高一第一学期第二章"开发海水中的卤素资源"第二节"海水中的氯"第一课时授课内容。

2. 德育价值

本课时是氯气的第一课时,以氯气与水、碱反应的性质为载体,蕴含"性质决定用

途"的学科思想、辩证看待物质两面性的唯物主义思想、合理利用化学知识为人类服务的思想；通过情境分析应用原理、实验探究漂白成分、自制家用漂白剂、设计工业制漂粉精方案等多种体验活动渗透学科德育，感受科学探究的乐趣，体会化学与生活生产的紧密联系。

3. 案例呈现

"氯气"教学设计如表3-3所示。

表3-3 "氯气"教学设计

教学过程	教学内容	德育教学策略
情境引入	【氯气在生活中的应用】 情境1：自来水消毒图片。 情境2：自来水养鱼处理的视频。	创设生活情境，辩证思考问题，营造德育氛围
问题启智	【问题驱动】 问题1：分析氯气消毒的原理，如何自制家用消毒剂？	设计问题驱动，寻找德育契机
实验探究	【氯气与水的反应】 演示实验1：氯气的溶解性实验。 演示实验2：氯气分别与干燥和湿润的色纸反应。 学生实验1：探究氯气与水的反应，研究漂白实验中起漂白作用的有效成分是哪个物质？	引导实验探究，尊重实验事实，细化德育历程
体验升华	【氯气与氢氧化钠的反应】小组趣味实验展示 问题2：根据氯气与水的反应推断氯气能否与氢氧化钠溶液反应？原理是什么？ 情境3：展示84消毒液的说明书。 学生实验2：利用电解饱和食盐水的装置，小组合作设计实验方案，交流分享实验方案，动手自制家用消毒剂。 	体验趣味实验，重视践行感悟
讨论应用	【氯气与氢氧化钙的反应】 问题3：氯气与氢氧化钙反应的原理是什么？ 学生体验：设计氯气与消石灰反应制取漂粉精，对比实验室反应与工业制法的区别。	融入社会实践，激发德育情怀，落实德育目标

（续表）

教学过程	教学内容	德育教学策略
小结拓展	【总结梳理】 情境4：（新闻直播间视频）2019年伊拉克发生氯气泄漏事件，假如你正巧在那边旅游，你会采取什么措施保护自己？ 问题4：氯气的主要性质及用途有哪些？请用思维导图小结。 分层作业： 必做：《学习手册》巩固练习。 选做：调查本地区自来水生产过程，撰写调研报告。	打破学科界限，实施多元评价，促进德育内化

片段1：氯气用途——创设生活应用情境，辩证思考服务生活

（情境1、情境2）观察自来水消毒的图片，观看自来水处理后才能养鱼的视频，回忆打开自来水龙头时闻到的刺激性气味，思考这些生活现象的原因。

设计意图：以学生熟悉的生活知识和经验为载体，以图片和视频形式导入氯气用途，唤醒学生生活积累。氯气有毒，但少量氯气可消毒杀菌，辩证思考，学会运用化学知识为人类服务。

片段2：氯气漂白性实验探究——对比探究猜测验证，体会科学严谨求真

（学生实验1）学生观察实验现象，氯气能使湿润的色纸褪色，但干燥色纸无变化，思考并设计方案，动手实验探究"使色纸褪色的物质究竟是什么"。

设计意图：鼓励学生大胆质疑，剖析漂白现象背后的微观原理，并学会用实验验证自己的猜测，勇于实验，探究漂白物质的成分，体验科学探究的求真思想和乐趣。

片段3：氯气与氢氧化钠反应——自制家用消毒剂，体验化学改善生活

（情境3）展示84消毒液的说明书，引导学生阅读分析家用消毒剂的成分；（学生实验2）学生小组合作设计实验方案，利用电解饱和食盐水的装置，动手自制家用消毒剂。

设计意图：引导学生分析消毒液说明书，并从氯气与水反应的原理推导氯气与氢氧化钠溶液反应的原理，体会物质化学变化规律的迁移；然后动手自制家用消毒剂，体验化学改变生活的乐趣。

片段4：氯气与氢氧化钙反应——实验室到生产实践，宏微结合，学以致用

（学生体验）引导学生类比推导氯气与氢氧化钙反应的原理，并设计氯气与消石灰反应制取漂粉精的方案，对比实验室反应与工业制法的区别。

设计意图：当通过原理分析及工业生产设计，从实验室走向生产实践，感悟理论与实践的不同，体会化学与生产的联系。

片段5：氯气泄漏的消除影响——新闻事件回溯分析，实践应用，保护自我

（情境4）观看新闻直播间视频"2019年伊拉克氯气泄漏事件"，假如你正巧在那边旅游，你会采取什么措施保护自己？

设计意图：播放氯气泄漏的新闻，让学生利用所学知识学会保护自己，珍爱生命，学以致用。

片段6：氯气的性质及用途——分层作业自主学习，社会调查，多元评价

（学生作业）用思维导图小结氯气的主要性质及用途，除必做作业外，可选做课外作业——自由组队去调查自来水厂消毒情况，激励学生继续自主研究、合作研究。

设计意图：分层布置作业满足不同层次学生的需求，引发学生思考和自主研究。学生自主组队、自主选题，去自来水厂参观调查、上网查阅自来水厂消毒情况，然后小组汇报调查成果，体验书本知识与生活实践的紧密结合。

4. 案例反思

《氯气》案例将学科德育融入生活、生产实践，寓教于乐，润物细无声。该案例注重生活情境创设，挖掘图片、视频、新闻等营造轻松愉快的德育氛围，寻找德育契机。精心设计多种学习方式，探究学习氯水漂白的成分、体验学习自制家用消毒液、小组学习设计漂粉精制造方案，细化德育历程。辩证思考氯气毒性与消毒利用，融合"性质决定用途"的学科思想，激发德育情怀。同时，还将学科德育课内外相结合，分层作业多元评价，鼓励学生课后调研，在自主、自觉、快乐学习中促进德育内化，有效落实德育目标。

第四章

分层导学的实践研究

如何才能做到关注每一个学生的发展,激发学生自主学习的潜能,从而更高效地发挥学案的导学功能呢? 笔者尝试在学案中引入分层思想,通过化学学案导学中的分层教学、分层作业设计,关注每一个学生的发展,分层导学,因材施教,激发学生自主学习、探究学习力。

第一节　学案分层导学的设计

分层教学要反映教学大众化思想,体现素质教育精神,面向全体学生,促进每个学生获得最充分的发展,必须遵循学生是教育教学的主体的教育思想,依据教学过程的最优化理论,坚持从学生的实际出发,以学定教,运用切实可行的策略,激发学生的学习兴趣,激发潜能,学会学习。

一、合分结合,全体参与

分层导学的基本要求是"合分结合,全体参与"。学生的个体差异是客观存在的,可是化学教学必须要面向班级全体学生,激发潜能,促进每个学生都能获得最优化的发展,这就是分层教学所追求的目标,也是一个总的指导思想。一堂课主要还是集体上课,重点知识面向全体,但在知识拓展或者难度较大的教学难点方面可采用分层教学,安排不同水平的学生进行不同的活动,或者在学生完成同一活动时,针对不同难度的问题提问不同水平的学生,让学生获得成功的体验,快乐学习,在原有基础上进行有效学习,学有所获。

二、以学定组,目标分层

学案导学的对象要进行分层"以学定组,目标分层"。只有了解每个学生的学习现状和学习能力,在分层教学中才能有的放矢。对导学对象进行分层,要综合考虑学生的学习基础、学习能力、学习兴趣、性格等各方面,可分成三个层次(见表4-1)。不同层次学生的教学目标可以不同,导学要求也不一样。

表4-1　学案导学对象的分层及导学目标

分组	学生情况	教学内容	导学目标
A	基础和学习能力相对落后的学生,学习不积极	学习基础知识,练习基本技能	会说会做,知道,会区分

(续表)

分组	学生情况	教学内容	导学目标
B	成绩中等、学习能力一般的学生,兴趣一般	学习基础知识,适当提高能力	会说会做,会应用、区分辨析
C	综合能力较好的学生,学习兴趣浓厚	学习知识,培养能力	会说会做,运用综合、自主探究、勇于创新

三、以学定教,板块分层

学案分层设计原则为"以学定教,板块分层",导学对象不同,学案设计也有所不同。

学案板块一般分为"学习目标""知识牵引""预习导引""问题探究——共同练""实践感悟——自己练""提高训练——试着做"等板块。在学案各板块内进行分层设计,让旧知识的复习、新知识的形成、知识的拓展应用、例题和习题巩固的设计都有层次和难度差异,让不同层次学生可根据自己的实际情况分层使用。

学案导学的根本理念是转变学生学习方式,提倡自主学习、合作学习、探究学习。因此,作为学习载体的学案,在设计时要注重分层设计,逐步深入,引导学生学习,满足不同层次学生的需求。

第二节　学案的分层导学实践

确定教学目标后,教师让学生对照各自的目标分层自学,培养学生自我发现问题和自我解决问题的能力,并通过自学诊断出各层次学生所必要的旧知识和学习新知识应具备的能力以及存在的问题,从而实施有针对性的分层次的学案导学。实施学案分层导学要坚持从学生的实际出发,以学定教,把激发学生内在的学习动力贯串教学过程的始终,一般包括确定分层目标、发现问题、合理组织教学、课堂分层训练、课后答疑解惑、及时整合评价等环节。在各教学环节中,利用学案提示的研究活动步骤和学习策略,充分认识学生个体的差异,按照不同导学目标,引导学生主动学习。选取不同的教学方法、教学策略,关注每一个层次的学生,使每个学生在每一节课上都能有所收获,有效激发学生的学习兴趣和学习能力。

一、课前分层导学,引导学生自主预习

新课程下教育的根本任务是促进学生发展,每个学生都具有发展潜力,都是可以造就的人才,因此教师要用积极乐观的态度欣赏和预见学生的天性,通过赏识激励和爱心教育,把他们培养成有用之才。课前的预习引导,对学生提高课中学习的效率有着事半功倍的作用。

(一) 课前复习学案的分层导学: 温故而知新,低起点夯实基础

将设计好的学案课前发给学生,分层独立完成"知识牵引"(个别题除外),可唤醒学生的记忆,激活原有知识,对新知识的生成起好铺垫作用。"离子反应"复习学案如表4－2所示。

表4－2 "离子反应"复习学案

学案预设	设计目标	导学使用说明
知识牵引	复习,以概念填写、习题巩固旧知识	课前发给学生,分层独立完成(个别题除外)

（续表）

学 案 预 设	设计目标	导学使用说明
1. 强弱电解质 (1) 强电解质：在水溶液里＿＿＿＿电离成离子的电解质，如强酸、强碱、多数盐。 (2) 弱电解质：在水溶液里只有＿＿＿＿分子电离成离子的电解质，如弱酸、弱碱、水。	强弱电解质的基本概念，属了解层次（A）	全部学生均完成
2. 电离方程式 (1) $Ba(OH)_2$＿＿＿＿ $NH_3 \cdot H_2O$ (2) HI＿＿＿＿ H_2CO_3 (3) NaCl＿＿＿＿ $CaCO_3$	复习电离方程式的书写，属理解层次（B）	全部学生均完成
(4) $NaHCO_3$＿＿＿＿ $NaHSO_4$ 小结：＿＿＿＿电解质在溶液中溶质全部以离子形式存在。	酸式盐的电离稍有难度（C）	A 层学生选作
3. 在 H_2S 的饱和溶液中存在如下平衡： ① $H_2S \rightleftharpoons H^+ + HS^-$，② $HS^- \rightleftharpoons H^+ + S^{2-}$，且知第一级电离的程度远大于第二级电离的程度，采取下列哪种措施后，既能增大 $c(S^{2-})$，又能提高溶液的 pH 值，还能使电离平衡逆向移动（　　） A. 加 NaOH　　　　　B. 通入 H_2S C. 降温　　　　　　　D. 加入 Na_2S 晶体	电离平衡的应用，属应用层次	A 层学生选作，鼓励 B 层学生完成，此题可相互讨论完成

案例说明：课前的"知识牵引"是对旧知识的温习，是按照不同教学目标进行分层设计的。使用时，可按照学生分层次进行选做，如第 3 题 A 层可不做。学案导学，从学案设计的预设开始，就关注学生的特点和个性差异，因材预教，提供给学生更多的自由发展空间和学习选择机会，最大限度地激发每个学生的潜能。

（二）课前预习学案的分层导学，自主预习研究，高视点培养能力

学案板块"预习导引"引导学生对新课进行预习，学生可通过自学、小组合作讨论完成。把预习学案设计成课题探究形式，分层引导学生预习教材，可以引发学生浓厚的兴趣。"氯气的性质"预习学案如表 4-3 所示。

表 4-3 "氯气的性质"预习学案

学案预设	设计目标	导学使用说明
预习导引	自主预习	学生可通过自学、小组合作讨论完成

（续表）

学案预设	设计目标	导学使用说明
（1）科学探究的一般过程如下：提出＿＿＿＿、做出＿＿＿＿、设计＿＿＿＿、实验并分析＿＿＿＿、得出结论。 （2）非金属元素间能形成稳定的物质吗？请你写出更多物质的化学式，如单质：Cl_2、＿＿＿＿；化合物：HCl、H_2O、NH_3、CH_4、CO_2、＿＿＿＿。	培养科学探究方法，激活旧知识（A）	全部独立完成
（3）【提出课题】非金属元素原子间是怎样形成稳定的物质的？ 【假设】HCl 也能形成离子键。 【实验设计】如何证明氯化氢中有离子？请设计实验验证假设。	以科学探究方法引导学生完成科学预想和实验设计（B）	A、B、C 三个层次的学生组成学习小组，讨论交流，激发合作潜能
【提出新问题】在＿＿＿＿的前提下，如何使氢和氯均能形成稳定结构？ 【重新假设】成键原子双方在既不增加电子又不减少电子的前提下，如何形成稳定结构？	以科学探究方法引导学生完成科学预想（C）	C 层次学生选做，激发创新潜能

案例说明："预习导引"是课前对新知识的预习，与教材预习不同，学案改编后的"预习导引"是根据教材进行科学探究而分层设计的，经历了从了解层次、理解层次到应用层次的过程。学案，让学生带着问题去预习，有针对性地分层引导学生学会看书，学会知识梳理和应用，学会自主学习，激发学生的自主学习潜能、探究学习潜能和合作学习潜能。

二、课中分层导学，引导学生自主探究

教师开始讲课时，运用设置悬念、引入情境、前后衔接、复习旧知等多种方法导入新课，并揭示本课的基本目标、中层目标和发展目标，引起质疑，激发学生的学习兴趣与热情，使他们产生强烈的学习动机，帮助学生树立起成功的信心。学案能通过"导读、导思、导言、导行"，全方位让学生动起来，指导他们自主学习和建构知识，培养良好的学习习惯。

（一）课堂情景导入学案的分层导学——低起点夯实基础，导读导思导言导行

学案能创造条件引发学生的问题意识，让不同的学生集中于不同层次的教学目标思考、释疑，以促成教学目标的实现；让课堂教学成为学习创造活动，培养学生的创新精神和实践能力。"硫化氢和二氧化硫复习"学案如表 4－4 所示。

表4-4 "硫化氢和二氧化硫复习"学案

学 案 预 设	设计目标	导学使用说明
【引入】阅读学案【新闻材料】2003年12月23日21时55分,重庆开县川东北气矿因为重大责任事故,发生天然气井喷恶性事件,空气中弥漫着窒息的臭鸡蛋味。最终导致周围居民疏散不及时而中毒死亡243人,方圆一千米内的家禽、家畜无法幸免。	创设生活情景,激发兴趣	全体学生阅读,或请一人导读
【思考】请阅读新闻分析 (1)在这次事件中,周围的农民和所有动物都有大量伤亡,这种有毒物质是什么?	物质分析(A)	提问A层学生
(2)该有毒气体是怎样出现在天然气里的?为什么叫"瞬间杀手"?	性质分析(A)	提问A层学生
(3)2006年11月24日凌晨1时,万州区龙八井发生井漏。化学援救队赶到现场后,采取了措施:点燃井喷气体;截至25日中午12时,"龙八井"天然气井漏事故险情已得到基本控制。这项措施能怎样缓解事故扩大?能不能从根本上解决有毒气体对空气的危害? (4)消防队队员采取了另一项措施,点燃井喷气体后,在燃烧的火焰周围用大型机械形成20～30米高的"水雾"防护墙。这项措施能怎样缓解事故扩大?	应用知识解决问题(B),逐层深入	提问B层学生
(5)当"水雾"中的水凝结到周围的地面、水体(如土壤、河流、湖泊)后,将对土壤、水体带来什么样的影响?环境监测人员将这种"水"收集起来后,测定pH值为4.85。第三天再测定时发现pH值变化为4.75,这是为什么?	定性定量分析(C)	提问C层学生

案例说明:学案通过情境材料的展示导入,创设了5个问题,分层引导学生分析材料、激活旧知识,从物质分析(问题1,A)→性质分析(问题2,A)→应用解决(问题3、4,B)→定性定量分析(问题5,C),一段情境材料将硫的多种化合物的性质有机串联起来。整堂复习课,通过生活中的"井喷事故"创设生活情境引入硫化氢,层层引发学生思考生活中的化学知识,然后通过共同探讨利用化学知识解决事故的方案,逐步回忆硫化氢、二氧化硫、亚硫酸的性质,学生积极性很高,知识复习得以融会贯通。

在化学学案中引入情境材料,让学生了解学习内容的背景、与生活的联系、与解决有关社会问题的联系、与完善学科认知结构的关系,以及有关问题产生的原因、解决的大致过程等,帮助学生了解学习的意义,在生活化情境中探究化学问题,可激发学生兴趣和探究欲望,学有所用,融会贯通。

(二)课内探究学案的分层导学——动手动脑动嘴,自我激活潜能

学案是辅佐学生学习的"支架",能帮助学生学会学习,最终摒弃"支架"真正成为学

习的主人。对不同层次学生,采用不同的教学方法和关注点,让学生在不同层面受益。如对 A 层学生,采用联系生活的问题、趣味故事、魔术实验等导入新课,创设情境激发学生学习兴趣,使好奇心变为求知欲,激发学习主动性;对 B 层学生,注重学习方法引导和知识的生成;对 C 层学生,多创设拓展、研究性情境,激发他们的创新思维能力……在引导学生自主探索时,设计的自学提纲要有层次性,并根据不同层次学生的反应,及时调整进度和内容;对个别困难学生要多关心,并鼓励学生向高一层次挑战。"乙醇分子的组成和结构探究"学案如表 4-5 所示。

表 4-5　"乙醇分子的组成和结构探究"学案

学 案 预 设	设计目标	导学使用说明
问题探究——共同练	课内一起探究,让学生动起来	充分调动学生积极性,激活学生潜能
(1) 乙醇的分子组成_____ 【设计实验】类比甲烷的分子组成,设计实验证明乙醇的组成。	从烃分子组成设计探究乙醇的分子组成(B)	合作设计,相互补充完善
【定量计算】将 4.6 g 乙醇,完全燃烧后生成 0.2 mol 二氧化碳和 5.4 g 水,且乙醇蒸气的相对密度是相同状况下氢气的 23 倍,求乙醇的分子式。	定量计算(A)	抽 A、B 层各一学生板演
(2) 乙醇的分子结构 【推测】从分子式推测乙醇的分子结构。	大胆推测,动手动脑	学生动手搭建分子球棍模型
【设计定性实验】设计定性实验,大胆验证你的猜想。	设计定性实验	学生动脑,提问 A 层学生
【设计定量实验】设计定量实验,测定 1 mol 乙醇中的活泼氢原子的物质的量。	定性→定量,逐步深入	提问 C 层学生
【定量计算】教材第 51 页:探究与实践。		提问 B 层学生
【结论】乙醇的分子结构式为_____结构简式_____电子式_____。	学会总结、表达	提问 A 层学生
【思考】 (1) 醇为什么能与水互溶? (2) Na 为什么能保存在煤油中? 能否保存在乙醇中?	学有所用	提问 A、B 层学生

案例说明:上科版高二第二学期教材第 51 页"探究与实践",从乙醇分子式进行推测→实验测定结果→实验数据分析→推测结论,分四步探究乙醇的分子结构,更注重实验验证、结论分析,实验过程被详细呈现,但对学生的科学素养、探究能力培养不够,C

层学生的思维活动调动不够。因此,本着分层教学思想,学案"问题探究——共同练"板块进行了重组、整合和完善,分层设计了一组小坡度、高密度的探究思考题。这是课堂上集体探究的教学重点,从乙醇分子组成到分子结构探究,设计了一组逐步递进的探究问题,从鼓励学生大胆推测进行科学前瞻(A)到设计实验进行探究,从定性实验设计到定量实验设计(B、C),逐步渗透化学学科思想方法,提升学生的实验设计和动手能力;最后进行定量计算,归纳得出结论(C),并学有所用,思考应用……有预有立,分层引导,层层深入,学生的潜能在一个个小坡度的台阶中被激发,通过合作学习和交流探讨,不同层次学生的学习能力、探究能力都获得提升。

从教材与学案的比较分析可见:两种学习载体在实现以实验探究乙醇分子结构的学习目标时,秉持了不同的教学设计思想,采取了不同的教学方法和实验表征,学生的收获迥异。学案导学的分层设计,更注重对不同层次学生的学习能力和兴趣关注,能更大限度地激发每个学生的潜能。

(三) 课堂巩固学案导学——题组变式题练习,高密度思维训练

不同层次学生,在课堂练习部分可通过小组合作学习、交流讨论,完成不同层次的巩固练习。"离子反应图像"课堂巩固学案如表 4-6 所示。

表 4-6 "离子反应图像"课堂巩固学案

学 案 预 设	设 计 目 标	导学使用说明
【例题精讲】【例2】向含 1 mol HCl 和 1 mol $MgSO_4$ 的混合溶液中加入 1 mol/L $Ba(OH)_2$ 溶液,以产生的沉淀质量 m 为纵坐标、加入 $Ba(OH)_2$ 溶液体积 V 为横坐标画图。	$n(HCl):n(MgSO_4)$ $=1:1$ 画图(B)	抽 A、B 层各一学生板演
【变式1】在含有 2 mol HCl 和 1 mol $MgSO_4$ 的混合溶液中逐滴加入 $Ba(OH)_2$ 溶液,以产生的沉淀质量 m 为纵坐标、加入 $Ba(OH)_2$ 溶液体积 V 为横坐标画图。	改变 HCl 用量,画图(A)	提问 A 层学生板演
【变式2】在含有 4 mol HCl 和 1 mol $MgSO_4$ 的混合溶液中逐滴加入 $Ba(OH)_2$ 溶液,产生的沉淀质量 m 与加入 $Ba(OH)_2$ 物质的量 n 之间的关系如下图,下列说法正确的是(　　) A. $a \rightarrow b$ 时的沉淀的成分为 $BaSO_4$ 与 $Mg(OH)_2$ B. $b \rightarrow c$ 时发生的离子反应为 $H^+ + OH^- \longrightarrow H_2O$ C. $c \rightarrow d$ 时离子的物质的量:Ba^{2+} 可能大于 Cl^- D. $d \rightarrow e$ 时离子的物质的量:Ba^{2+} 一定大于 OH^-	改变 HCl 用量,识图(B)	提问 B 层学生

（续表）

学　案　预　设	设计目标	导学使用说明
【变式3】向盐酸酸化的 $MgSO_4$ 溶液中加入 $Ba(OH)_2$ 溶液,产生沉淀量 m 与加入体积 V 的关系不可能是下图中的(　　) 	总体分析,用图(C)	提问 C 层学生

案例说明:"例题精讲"体现了教师对教学重点和难点的预设处理,包括"A 组(基础巩固)""B 组(拓展提高)"和"C 组(挑战自我)"三个层次的变式训练。以"不同量的 HCl、$MgSO_4$ 的混合溶液与 $Ba(OH)_2$ 反应"为变式题组训练,逐渐改变 HCl 用量,从 n(HCl)∶n($MgSO_4$) = 1∶1(A/B)、2∶1(B)、4∶1 到不设范围(C),设置小坡度,从识图、画图到用图,从定性分析到定量分析,让 A 组学生学有所获,同时,创设的逐步上升的阶梯,让 B、C 组学生体验研究方法和乐趣,并提升归纳、演绎能力。这种题组训练形式的作业也可推广到课后分层作业的学习中。

三、课后分层导学,引导学生自主作业

课后,学生自我检测"实践感悟——自己练""提高训练——试着做"板块,可以根据自己的实际情况,分层选择巩固练习,使教学更人性化,"人人有饭吃,学有余力的学生还可以跳一跳去摘苹果"。

在化学学案导学中引入分层教学,进行分层设计和使用学案导学,充分调动了学生积极性,增强了各层学生的自信心,最大程度地激发了学生的求知欲,提高了学生的学习自觉性,从而变被动学习为主动学习,变"苦学"为"乐学",让学生挑战自我,尝试成功,成为学习的主人,促进每个学生都在进步。

总之,在分层教学中,教师要善于挖掘不同学生的学习力,使人人学习有价值的教学,人人都能获得必要的教学,不同的人得到不同的发展,从而有效提高教学质量和效率。

【教学案例2】　"离子反应"分层导学案例研究

以"离子反应"学案为例,在分层设计与使用学案导学中,进行学案作业的有效性设计,不断激发学生学习的潜能,改善学习方式,提高学生的思维能力,对学案导学研究提

供参考。

1. 复习学案设计——温故而知新,低起点夯实基础

学案导学的根本理念是转变学生学习方式,提倡自主学习、合作学习、探究学习。因此,作为学习载体的学案,在设计时要注重分层设计,逐步深入,引导学生学习,满足不同层次学生的需求。"离子反应"复习学案设计如表4-7所示。

表4-7 "离子反应"复习学案设计

学 案 预 设	设计目标	导学使用说明
知识牵引	复习,以概念填写、习题巩固旧知识	课前发给学生,分层独立完成(个别题除外)
1. 强弱电解质 (1) 强电解质:在水溶液里_____电离成离子的电解质,如强酸、强碱、多数盐。 (2) 弱电解质:在水溶液里只有_____分子电离成离子的电解质,如弱酸、弱碱、水。	强弱电解质的基本概念,属了解层次(A)	全部学生均完成
2. 电离方程式 (1) $Ba(OH)_2$_____ $NH_3 \cdot H_2O$_____ (2) HI_____ H_2CO_3_____ (3) NaCl_____ $CaCO_3$_____	复习电离方程式的书写,属理解层次(B)	全部学生均完成
(4) $NaHCO_3$_____ $NaHSO_4$_____ 小结:_____电解质在溶液中溶质全部以离子形式存在。	酸式盐的电离稍有难度(C)	A层学生选做
3. 在H_2S的饱和溶液中存在如下平衡: ①$H_2S \rightleftharpoons H^+ + HS^-$,②$HS^- \rightleftharpoons H^+ + S^{2-}$,且知第一级电离的程度远大于第二级电离的程度,采取下列哪种措施后,既能增大$c(S^{2-})$,又能提高溶液的pH值,还能使电离平衡逆向移动( ) A. 加 NaOH B. 通入 H_2S C. 降温 D. 加入 Na_2S 晶体	电离平衡的应用,属应用层次	A层学生选做,鼓励B层学生完成,此题可相互讨论完成

案例说明:课前的"知识牵引"是对旧知识的温习,是按照不同教学目标进行分层设计的。使用时,可按照学生分层次进行选做,如第3题A层可不做。学案导学,从学案设计的预设开始,就关注学生的特点和个性差异,因材预教,提供给学生更多的自由发展空间和学习选择机会,最大限度地激发每个学生的潜能。

2. 预习学案设计——自主预习研究,高视点培养能力

学案导学,从学案设计的预设开始,关注学生的特点和个性差异,因材预教,提供给学生更多的自由发展空间和学习选择机会,最大限度地激发每个学生的潜能。"离子反应"预习学案设计如表4-8所示。

表4-8 "离子反应"预习学案设计

学案预设	设计目标	导学使用说明
预习导引	自主预习	学生可通过自学、小组合作讨论完成
1. 复分解反应的条件是有_____、_____或者_____产生。	了解层次,培养自主学习能力	全部独立完成
2. 电解质的强弱只与_____有关,与溶解性_____。	理解层次,培养归纳能力	C层次学生选做,激发学习潜能

案例说明:"预习导引"是课前对新知识的预习,与教材预习不同,学案改编后的"预习导引"是根据教材进行科学探究而分层设计的,经历了从了解层次、理解层次到应用层次的过程。学案,让学生带着问题去预习,有针对性地分层引导学生学会看书,学会知识梳理和应用,学会自主学习,激发学生的自主学习潜能、探究学习潜能和合作学习潜能。

3. 课内共同探究学案分层设计——低起点夯实基础,三动四导激发潜能

"问题探究——共同练"板块是课堂导学中的重要部分。如何进行学案作业分层设计、因材施教、分层导学呢?教师要注重对学生的启发和引导,让学生充分"动手、动脑、动嘴"(三动),注重对学生的"导读、导思、导言、导行"(四导),全方位激发学生潜能。"离子反应"课内共同探究学案设计如表4-9所示。

表4-9 "离子反应"课内共同探究学案设计

学案预设			设计目标	导学使用说明
问题探究——共同练			课堂内共同探究	教师引导,让学生充分动起来
【探究一 创新性实验】 【兴趣实践】表演化学小魔术——清水变牛奶、牛奶变清水			创设情境导入,激发学生兴趣	提供药品,请一个学生上台表演(A或B),动手实验,导行
	清水变牛奶	牛奶变清水		
药品				
反应方程式				
反应的本质				
1. 探究电解质溶液反应的本质			从现象到本质,解释反应的实质(B)	提问B层学生,动嘴,动脑,导思,导言
溶液	HCl溶液	NaOH溶液	反应后溶液	
溶液中主要存在的离子				
反应的本质				

(续表)

学案预设	设计目标	导学使用说明
【探究二 离子反应概念】 2. 离子反应 (1) 概念：＿＿＿＿＿＿＿＿＿＿＿。 **【练习1】**判断下列反应属于离子反应的是(　　) A. 实验室用氯酸钾制取氧气 B. 实验室用大理石和稀 HCl 制 CO_2 C. 浓硫酸与 Cu 反应 D. 浓盐酸与 MnO_2 反应制取 Cl_2	阅读概念(A)并辨析(B)，培养分析、应用能力	导读，提问 A 层学生，并通过练习及时巩固，导思，动脑
(2) 离子反应的条件(复分解反应)：有＿＿＿＿＿、＿＿＿＿＿或者＿＿＿＿＿生成，这类反应就能发生，速率一般较快。 (3) 离子反应的本质：向着＿＿＿＿＿某些离子的浓度或数目的方向进行。	基本概念(A)	提问 A 层学生，动嘴，动脑
【思考】 (1) 氨水和醋酸能否发生反应？＿＿＿＿＿为什么？＿＿＿＿＿ (2) 在 NaCl、NaBr 混合溶液中滴加 $AgNO_3$ 溶液，有＿＿＿＿＿现象，并予以解释＿＿＿＿＿。	应用概念知识解决问题(B)	提问 B 层学生，导思
【探究三 离子方程式书写】 3. 离子方程式 (1) 定义：用实际参加反应的＿＿＿＿＿来表示反应的式子，叫离子方程式。	基本知识(A、B)，逐层深入	提问 A、B 层学生，动嘴，导行
(2) 离子方程式的书写步骤：四步 "一写"：首先以客观事实为依据写出反应的化学方程式。 "二拆"：把易＿＿＿＿＿、易＿＿＿＿＿物质拆写成＿＿＿＿＿形式——"两易"(关键)＿＿＿＿＿，＿＿＿＿＿和＿＿＿＿＿仍用化学式表示。 "三删"：删去方程式两边＿＿＿＿＿参加反应的离子。 "四查"：检查离子方程式两边各元素的＿＿＿＿＿和＿＿＿＿＿是否相等(两等)，检查各项是否都有公约数，是否漏写必要的反应条件(两查)。		
【练习2】写出下列反应的离子方程式 ① 醋酸溶液中滴加 NaOH 溶液＿＿＿＿＿ ② $HCl + CH_3COONa \longrightarrow$ ＿＿＿＿＿ ③ CO_2 通入澄清石灰水中＿＿＿＿＿	知识应用(B)	请 A、B、C 层各一个学生到黑板书写，其他学生下面完成，动手，动脑

（续表）

学 案 预 设	设计目标	导学使用说明
【探究四　拓展应用】 【拓展探究】$NaNO_3$ 溶液和 KCl 溶液混合能发生离子互换反应吗？_____为什么？_____ 如能发生反应，请写出离子方程式_____。 （见下表）	知识拓展，深化	提问 C 层学生，激发学生思维能力，动脑，导行

溶解度/℃	$NaNO_3$	KCl	KNO_3	NaCl
20	87.6	34.2	31.6	35.9
100	180	56.3	245	39.2

　　案例说明：概念辨析是整节课的主线，利用学案探究，贯穿归纳与演绎的科学方法，不断开发学生思维，用实验、魔术、讨论来激发学生的学习兴趣，整堂概念教学课变得生动活泼，教学效果良好。【探究一　创新性实验】A 层学生进行创新实验设计、分析原理揭秘；B 层学生鼓励参与；C 层学生观看，激发兴趣。【探究二　离子反应概念】进行概念归纳和辨析。【探究三　离子方程式书写】及时巩固概念并进行应用，在层层深入的课堂作业提问中不断加深对知识的理解和应用。【探究四　拓展应用】难度较大，主要让学有余力的学生启发思维，激发思维潜能。

　　根据教学内容可采用灵活多变的教法，如用联系生活的问题、趣味故事、魔术实验等导入新课，创设情境，激发学生学习兴趣，使好奇心变为求知欲，从而积极主动学习。针对 A、B、C 层学生分别提出不同层次的问题，并请学生回答，引导每一个层次的学生参与到教学过程中去，让基础薄弱的学生掌握不低于教学大纲要求的基础内容，一般的学生能够真正理解、掌握所讲内容，学有余力的学生要能灵活地运用知识，并在一定程度上培养学生的创造能力。同时，教师要注意不同层次学生的反应，适时调整进度和内容。

　　4. 课后学案分层设计——长短期作业相辅相成，及时巩固分层练习

　　"离子反应"课后学案作业设计如表 4－10 所示。

表 4－10　"离子反应"课后学案作业设计

学 案 预 设	设计目标	导学使用说明
实践感悟——自己练	课后及时练习巩固，分层练习	学生自主完成，教师检查、讲评
1. 下列不能发生离子反应的是（　　） A. 澄清石灰水通入二氧化碳　B. 碳酸钡与稀硝酸 C. 氯化镁溶液和硫酸铜溶液　D. 硝酸钡溶液与稀硫酸	离子反应概念（A）	全做

学 案 预 设	设计目标	导学使用说明
2. 下列化学反应能用离子方程式 $H^+ + OH^- \longrightarrow H_2O$ 来表示的有(　　) A. 盐酸和氢氧化钠溶液 B. 氢氧化镁和盐酸 C. 醋酸和氢氧化钾 D. 硫酸氢钾溶液和氢氧化钾溶液 3. 下列各组反应不能用同一个离子方程式表示的是(　　) A. 盐酸分别与 NaOH 溶液、$Ca(OH)_2$ 溶液反应 B. 硫酸分别与 NaOH 溶液、$Ba(OH)_2$ 溶液反应 C. 硝酸分别与 Na_2CO_3 溶液、K_2CO_3 溶液反应 D. 锌分别与稀盐酸、稀硫酸反应	离子方程式的书写及意义(B)	全做
4. 下列离子方程式正确的是(　　) A. 澄清的石灰水与稀盐酸反应 $Ca(OH)_2 + 2H^+ \longrightarrow Ca^{2+} + 2H_2O$ B. 钠与水的反应 $Na + 2H_2O \longrightarrow Na^+ + 2OH^- + H_2\uparrow$ C. 铜片插入硝酸银溶液中 $Cu + 2Ag^+ \longrightarrow Cu^{2+} + 2Ag$ D. 大理石溶于盐酸的反应 $CaCO_3 + 2HCl \longrightarrow Ca^{2+} + 2Cl^- + CO_2\uparrow + H_2O$ 5. 判断下列离子方程式是否正确(在括号内画"√"或"×"): (　　)(1) 铁跟盐酸反应:$2Fe + 6H^+ \longrightarrow 2Fe^{3+} + 3H_2\uparrow$ (　　)(2) 将金属钠加入水中:$Na + 2H_2O \longrightarrow Na^+ + 2OH^- + H_2\uparrow$ (　　)(3) 氯气与水反应:$Cl_2 + H_2O \longrightarrow 2H^+ + Cl^- + ClO^-$ (　　)(4) 硫酸铵溶液与氢氧化钡溶液反应:$Ba^{2+} + SO_4^{2-} \longrightarrow BaSO_4\downarrow$ (　　)(5) 氢氧化铜中加入盐酸:$OH^- + H^+ \longrightarrow H_2O$	离子方程式判断(B)	全做
6. 写出下列反应的离子方程式 (1) Cl_2 与烧碱反应 _____ (2) 氯化铵溶液中滴加氢氧化钠(加热) _____ (3) 氯化铵溶液中滴加氢氧化钠(未加热) _____ (4) 氢氧化镁与稀硫酸 _____ (5) 过量 CO_2 与 NaOH 反应 _____ (6) 少量 CO_2 与 NaOH 反应 _____	离子方程式书写(B)	(1)～(4)全做,(5)～(6)A层学生可选做

（续表）

学案预设	设计目标	导学使用说明
提高训练——试着做 1. 已知 4℃ 时，四种化合物在水中和液氨中溶解度（克/100 克溶剂）如下： 表见下方 (1) 上述四种物质在液氨中发生反应的化学方程式为＿＿＿＿＿＿＿＿＿＿＿＿＿＿＿＿＿。 (2) 在水中发生反应的离子方程式为＿＿＿＿＿＿＿＿＿。 2. 已知，常温下，氢硫酸饱和溶液中，$c(S^{2-}) = 1.1 \times 10^{-12}$ mol/L，FeS 悬浊液中 $c(S^{2-}) = 6.08 \times 10^{-10}$ mol/L，CuS 悬浊液中 $c(S^{2-}) = 9.2 \times 10^{-23}$ mol/L。 (1) 把 H_2S 气体通入硫酸铜溶液，能发生如下反应：$CuSO_4 + H_2S \longrightarrow CuS\downarrow + H_2SO_4$，该反应是否属于离子互换反应？＿＿＿＿＿它符合离子互换反应发生的条件吗？＿＿＿＿＿ (2) 若 H_2S 气体通入硫酸亚铁溶液，能发生类似的反应吗？＿＿＿＿＿＿＿＿＿＿。	离子反应概念(C)	拓展思维
3. 研究性作业：利用离子反应设计魔术实验。	中长期作业，研究性作业(B)	激发创新能力

溶剂	$AgNO_3$	$Ba(NO_3)_2$	$AgCl$	$BaCl_2$
水	170	9.2	1.5×10^{-4}	33.3
液氨	86	97.2	0.8	0

案例说明：为切实减轻学生课业负担，应精心设计课后练习，使各层次学生通过练习均能有所发展。"实践感悟——自己练"为基础性题目，A、B、C 层学生均做；而"提高训练——试着做"是对基础知识的拓展，适合 C 层学生进行挑战练习，提高能力，也可鼓励 B 层学生尝试，在中、短期作业的思维碰撞中启迪智慧。当然，在第二天作业讲评时，也可提供机会让不同层次学生的作业相互交流展示，激励学生向高一层次学生学习。

学案设计时将分层思想融汇在其中，按照教学"课前、课中、课后"三环节设计学案，在板块内进行教学内容的分层设计、分层使用，提高教学质效。笔者任教的 2012 届高三化学选修班 21 人高考平均成绩为 112.24 分，比上海市高考平均分超出 10 分。实践证明，学案导学的分层教学，对教学起到了很大的促进作用。

第五章

生活化导学的实践研究

在传统化学教学中,很多教师往往比较重视学生解答试题能力的培养,而忽视化学知识的产生过程的教学和解决具体生活实际问题能力的培养,课堂教学枯燥沉闷。改革中学化学教学,引入生活化教学模式,迫在眉睫。化学是一门源于对生活的总结和升华,并以实验为基础的自然科学,与生活密切相关。高中化学生活化导学创设生活化教学的氛围,激发学生的学习兴趣,改善学生的学习方式,使学生变被动为主动,使学案导学成为学生创造能力培养的桥梁、火种与催化剂,提升学生化学学习动力。

第一节　生活化导学的原则

生活化教学是一种教学模式,目的是为了提高学生学习兴趣,改善学生学习方式,其原则是追求真正的好课,提高教学质量。中国著名教育家叶澜教授说:"好课要求应是扎实的课、充实的课、丰实的课、平实的课、真实的课。"扎实的课即有意义的课,让学生学到知识,锻炼能力,有良好的情感体验,越来越主动地学习;充实的课即有效率的课,要追求对尽可能多的学生有效,效率要尽可能的高;丰实的课即有生成的课,内容丰富,给人知识启迪的课;平实的课即常态的课,不管什么人听课,教师目中只应有学生;真实的课即有待完善的课,是值得反思可以重建的课(真实的总有缺憾)。要提高课堂教学效益,我们需要更新教育理念,追求真正的好课,提高教学质效,这也是开展生活化教学的原则。

一、关注学生发展原则,更新教育观念

如今,"以学生发展为本"的教育理念日益深入人心,其基本内涵表现在三个方面:一是面向全体学生,促进学生的全面发展——一个不能少;二是促进每个学生个性的健康发展——差异教育,因材施教;三是促进学生在原有的基础上可持续发展——终身教育。

高中化学教育的终结目标是为了提高学生的基本素质,而不是培养未来的化学专家。所以,绝大多数学生学习高中化学的目的不是将来去"研究化学",而是去"用化学"。即用学过的化学知识和技能去理解身边的化学现象,去解决与化学有关的社会、生活问题,并通过学习化学课程来提升自己的科学素养和基本素质。高中化学课程应当把满足学习者的这种需求视作教育的根本目的。

化学教学的现状并不尽如人意:学生经过高中化学学习,堆积起大量知识与材料,却并没有建立起化学理念,所学知识与技能只是用于解题应试而已。例如,有的学生早就学过大气组成,却没有地球大气是个氧化性氛围的理念,不知道强还原性物质需要密闭保存,或者虽然知道,却不能用它指导自己的生活行为。高中化学课程理应引导学生观察自然,观察化学变化,通过动手实践培养他们参与探索的兴趣,善于发现问题、尝试解决问题的创新精神,并掌握解决问题的一般途径与方法,而不是按培养化学专家的模

式去学习化学专业发展需要的理论,进行化学专门技能的训练,更不能让他们整天陷入题海,在应试的怪圈中疲于奔命。

在知识经济时代,教学遇到了新的矛盾,即有限的时间和无限的知识,而学过的知识又很快被更新,所以我们的教学应在教文化知识的同时,还要教会学生"学会学习"的知识,为学生的发展奠定终身学习的基础知识和基础本领。在高中化学课程改革中,要适应学生发展的多元需求,精心选择和组织的、相对宽泛的、与学生面对的社会生活问题联系相对紧密的化学知识和理念,真正落实"以学生发展为本"的理念,既可以为进一步深造奠定基础,更能适应学生面对生活的要求,使学生可以终身受用。

二、立足现实生活原则,开发生活资源

学生的生活经验和既有知识是课堂教学得以进行的根基和源泉,是学生学习活动的起点和基础。科学教材的内容既源于生活,又高于生活。生活化教学必须以学生的现实生活和教材为载体,结合学生的生活经验,利用与开发多种多样的课程资源,以现实的体验来丰富、拓展和提升个体的认知,把生活世界中的教学资源和书本知识融会贯通,从而发挥现实生活世界、生活经验对于学生身心发展的积极、直观的作用。教师可以从日常生活中挖掘出具有科学教育价值的素材,把那些与学生生活世界紧密联系的事物、现象等引入课堂,让他们去探寻、感悟、理解和想象,从而大大提高学生学习的积极性,取得更好的学习效果。

三、彰显师生主体原则,营造和谐氛围

课堂教学的理念是什么?什么样的价值观、学生观、教师观能激发师生的生命活力、焕发课堂教学的异彩呢?化学课堂有效教学应彰显师生主体性,这也是生活化教学应遵循的原则。在课堂教学过程中,一方面,教师应该引领学生根据自己的兴趣和理解,主动地认识和改造知识,赋予知识以个性化的意义,使学生的生命活动在积极、主动地参与过程中充分表现出来,体现学生在课堂学习过程中的生命价值;另一方面,课堂有效教学通过学生学习过程的体现,也会直接影响教师对自身职业的感受与态度,也应该是教师自身生命价值体现和人生完美的达成过程。

营造和谐的生活化教学氛围对于生活化教学的实施至关重要。轻松愉快、健康积极的课堂气氛可以使课堂充满生命活力,呈现出生机勃勃的精神状态。教师在角色定位上要摆正位置,由居高临下的权威转向"平等中的首席",成为学生"自主、合作、探究"的组织者、参与者和指导者。在语言表达上不用命令式,多用商讨、对话式,循循善诱,因势利导,以平等的姿态、平易近人的风格来感染人、引导人、教育人。在课堂教学中发

扬民主作风,允许学生发表不同意见,鼓励学生间的辩论,也鼓励师生间的辩论,使学生在民主、和谐的气氛中获取知识。

四、改善学习方式原则,激发学习兴趣

教学追求的目标是使学生能将所学运用于生活,尤其是创造性地运用,而实践是达到这一目标的基本途径。在生活化教学模式中,坚持改善学生的学习方式的原则,在教学中大量实施实践活动,加强课程内容与现实生活的有机联系,加强知识与技能、过程与方法、情感态度与价值观三维的有机联系,加强学生、社会和学科发展三者的有机联系,提高学生对科学学习的兴趣,也使学生在获得基础知识和基本技能的同时逐步学会学习、形成正确的价值观;激发学生参与活动的强烈愿望,将教学的目的要求转化为学生内在需要,从而改善学生的学习方式,综合应用接受性学习和探究性学习等多种学习方式,使他们在生活中学习,在学习中学会更好地生活,从而得到全面发展。

为了提高课堂效益,我们需要使用最恰当的内容、最恰当的方法、最恰当的手段,追求自主、合作、接受、探究等多种学习方式的协调、融合,激发每个学生形成共鸣,注重学生知识、能力、人格的和谐发展,追求各类学生的进步。兴趣是最好的老师,生活化教学是唤醒学生经验、激发学生兴趣的有效途径。

在课堂教学活动中,教师是一种资源,学生也是一种资源,共同处于课堂双向互动的流变状态之中,教与学是统一的,师生共同参与、互相合作,通过多种渠道实现知识信息的共享和互动,共同努力实现课堂教学目标。

第二节　生活化导学的策略研究

如何才能将"生活化"与"化学化"相统一,实现在新课程背景下的有效教学呢?生活化教学的模式应尊重学生的建构过程,从课前的准备、课堂的组织、课后的练习等各个教学环节来提高实效,调动学生生活经验,激发学习兴趣,并依据新经验对原有经验本身做出某种调整和改造,有效改善学生的学习方式,使其主动、自觉投入化学学习和探究。生活化导学的策略要抓好教学各环节,改善学生学习方式。

一、课前的有效准备,教学设计实现形象化

大凡成功的课必定是准备充分的课,备好课是上好课的前提。有效的备课必须目标清晰简明、内容适量适度、教法灵活恰当。课堂效率很大程度上依赖于教学的设计,教师应该深入思考教学设计中生活化知识与教学内容结合的切入点。新颖的生活化教学设计能够更好地加深对知识的理解和掌握。

(一)生活化教学目标的确定

目标的有效:清晰、简明。目标是方向,方向正确才能保证有的放矢,教学目标的"高、多、空"只能使教学任务难以在有限的时间内完成。备课时制定明确、具体、科学的生活化教学目标,围绕目标确立重点、优化教法,这样的课堂教学才会收到良好的效果。

(二)生活化教学内容的渗透

内容的有效:适量、适度。一节课教师讲多少内容,并没有明确的规定,讲多了学生"嚼不烂",讲少了学生又不够"吃"。教师要遵循教育规律和教学原则,科学地安排与搭配教材内容;注重生活化素材的穿插、渗透和应用;合理地组织各部分的练习,不能"贪多忽效",也不能"求少图便"。

(三)生活化教学方法的应用

教法的有效:灵活、恰当。同样的内容,不同的教法会收到不同的效果,教必须致力于"导",服务于"学"。优化教学方法要从实际的教学内容、教材特点、学生情况出发,扬

长避短选用教法。教法贴切,教学方有效。生活化教学方法适用于与生活相关的知识内容。

在元素化学、有机化学教学中,结合生活问题研究元素知识是常用的教学方法。如在学习二氧化碳时,对于目标、内容、教法,可设计如下生活情景:用石灰浆抹过的墙壁开始很湿,过一段时间,墙面会逐渐变硬、变白。但在墙面干燥过程中,常发现墙壁"出汗"。假如用炭火烤一烤,墙面会干、硬得更快一些。从以上现象引出二氧化碳气体,并运用二氧化碳与氢氧化钙反应的性质深入分析,解释上述现象。通过设计这个生活化教学片段,将元素化学知识与日常生活及工农业生产关系密切联系,学以致用,同时巩固和深化所学知识。

理论化学具有系统性和逻辑性,在理论化学教学中,如何能让枯燥的理论课堂活起来?调查实践表明,教学设计在注重知识体系的系统学习过程中,注意生活化策略与知识模块相结合,能更好地促进学生的学习。如在"甲烷空间结构"的教学设计中,用埃菲尔铁塔的结构图与甲烷的空间结构进行对比,将文学、建筑与化学有机结合,整个课堂气氛马上就可以活跃起来。再如在"元素周期律"的教学设计中,很多教师通过介绍人物史实来吸引学生,但理论部分往往陷入枯燥的气氛中,笔者认为可尝试用动画卡通呈现实验数据,用扑克牌等游戏的形式鼓励学生找出规律,使学生动起来的同时运用生活常识解决深奥的理论知识。

在教学设计环节中突出生活化教学的设计至关重要。教师可以教材和学习内容为出发点,对课程内容深入思考并进行精加工,思考教学设计中生活化知识与教学内容结合的切入点。

二、课堂的有效导入,教学引入实现生活化

化学来源于生活,生活中很多问题也是靠化学知识去解决和解释的,学习者学习的新知识结构是在旧知识的反复作用下形成的。教师应结合学生的生活体验、教学内容、教学环境等特点,营造贴近生活的教学引入情境,激发学生的学习动机。

(一) 元素化学结合生活事件导入,增强真实感

在元素化学教学中,结合生活事件导入,真实感强,学生兴趣浓厚。如在讲 CO_2 时,采用美国的一个生活案例"杀人的邮包"来引入:一个富婆晚上在房间里睡觉,第二天发现已经死了。侦查员发现她家完整无损,无歹徒闯入的迹象,法医鉴定她没中毒,侦查员百思不得其解。终于有人发现她的桌上有个当天晚上取回来的邮包,但邮包是空的。经过侦查,邮包曾装有干冰,干冰升华变成气体,充满整个房间。学生从这个生活案例出发,产生很多质疑和好奇,猜测是什么物质这么神秘。有学生猜到了 CO_2,于是顺应

他们的猜测,引出新课。学生学习轻松且不易忘记。

(二)理论化学结合生活情境导入,引起共鸣

理论化学是高中知识体系的支架和基础,是化学水平提高的源泉和脚手架,同时它也来源于生活。如在讲解原电池相关理论的时候,可以提出问题:"钢铁为什么很容易生锈? 如何防治?"在讲解化学平衡移动的问题时,可以给学生导入"水往低处流"的生活情境。这样的导入方式不仅能够引发学生的生活共鸣,还能培养学生利用化学知识解决问题的热情,让生活化教学更好地帮助学生去理解理论知识并加以应用。

(三)有机化学结合生活用途导入,吸引探究

有机化学与生活联系特别紧密,在学习这部分内容时,先介绍有机物在生活中的用途,学生了解到物有所用,自然乐意去学习这种物质的性质,以便更好地利用化学为人类服务。如学习石油时,以观看"石油在生活中的用途"的视频导入,让学生感受石油的奥妙,学生兴趣浓厚,一堂课学习就有了良好的开端。

三、课堂的有效组织,教学过程实现互动化

课堂教学各环节的安排要尽可能以全体学生的参与为基础,以个别提问、小组交流、课堂检测等多种形式来了解大多数学生学习的情况,语言组织准确简练,时间组织恰到好处,面向全体学生,使所有学生都受益。

(一)展示生活化教学素材,激发学生求知欲望

日常生活中蕴含了大量的化学学科知识和情境,展示实物、提供生活中的案例素材、生活常识,可以激发学生的求知欲望,探究蕴含在其中的化学知识,从而使他们感到课堂活力,进而对化学课堂产生亲切感、眷恋感。

例如,在"金属和金属材料"教学中,有的教师课前让学生每人都准备一些金属材料,如铁钉、铜线等。在课堂教学中让学生仔细观察它们的颜色、状态,用手弯一弯,在直观上感受这些金属的一些性质,并让学生积极发言,举出生活中其他金属的实例。引导学生回顾在以前章节的学习中关于一些金属的实验,如铁、铝的燃烧等。这样,既复习了以前的旧课,又利用学生的已有知识体验导入了新课。

(二)利用生活情境比喻,帮助学生理解记忆

在生活的情境中,学生能够深切地感到了解事实、观念、原则和问题的重要意义。用学生熟悉的事物来比喻学生难以理解的知识,可以浅显生动地揭示化学过程的本质,

启发学生的思维,激发学生的学习兴趣。

例如,在讲物质的物理性质时,可这样比喻:蛋(淡)黄色的过氧化钠、酱油色(红棕色)的液溴、血红色的氰化铁溶液、蜡状有蒜味的白磷、具有臭鸡蛋气味的硫化氢;在讲浓硫酸的性质时,可这样描述:浓硫酸虽然高寿九十八(浓度98%),但是脾气很暴躁,喝水就发高烧,切记要小心对待……拟人的描述可以使课堂教学跳出枯燥乏味的简单讲解,使学生在生动的小故事中去体味、理解复杂化学过程的实质。当然,比喻、拟人等修辞手法在实际运用中要注意科学性、合理性和优美性,不恰当的比喻和拟人不但不能说明问题,还会误导学生。

在社会生活中,化学物质、化学现象、化学变化无时不在、无处不在。从学生已有的经验出发,让他们在熟悉的生活情境中感悟化学的魅力,逐步学会用化学知识解决与化学有关的生活与生命问题,可培养学生的化学思维能力,帮助学生理解和记忆化学知识。

通过这些生活问题、生活经验创造生活课堂,即关注学生的主体和活生生的经验与体验,贴近学生的生活,关注学生的学习过程,把知识技能的教育与学生的日常生活联系起来,促进学生经验的改组,促进学生书本知识向实践能力的转化,促进每一个学生的发展。

(三)以生活情境问题为抓手,在性质课中唤醒体验解惑

皮亚杰关于建构主义的基本观点是,儿童是在与周围环境相互作用的过程中,逐步建构起关于外部世界的知识,从而使自身认知结构得到发展的。化学与生活密不可分,教师要善于挖掘生活中的化学素材,精心创设生活情境问题,通过物质的用途启发学生,层层设疑,引导探究性质。新授课可用问题导引,激活学生原有生活经验,从而逐步揭开未知事物的神秘面纱。

铁生锈的因素探究

研究影响铁生锈的因素,如果教师直接让学生猜测有哪些因素会让铁生锈,学生可能会感到有些困难,但如果教师从生活经验出发,设计一系列生活情境问题引导学生探究(见表5-1),就变得容易许多。

表5-1　探究铁生锈的因素问题设计

序号	教师提问	学生回答	问题设计目的
1	妈妈的烦恼:菜刀、铁锅易生锈,你能帮助妈妈解决这个问题吗?菜刀、铁锅在什么情况下最容易生锈呢?	未洗的时候,未擦干的时候,天气潮湿的情况下……	以生活问题激发研究动机,调动生活经验回忆

（续表）

序号	教师提问	学生回答	问题设计目的
2	猜测一下铁生锈与什么因素有关呢？	水	由具体情境分析原因
3	还有其他因素吗？（启发）从生成物、质量守恒定律分析	……（答不上来）氧气	用化学规律进行科学分析
4	对，还有什么因素？（启发）铁锅易生锈，不锈钢锅不易生锈	还有与材料有关，家里不锈钢器具不易生锈	由表及里，逐步深入
5	很好，归纳一下影响铁生锈的因素可能有哪些？	空气、水、材料（即内部结构）	总结归纳
6	根据铁生锈的因素，你能帮助妈妈解决生锈问题了吗？	（讨论）选不锈钢锅、刀，及时清洗擦干，避免暴露空气中	学以致用讨论合作学习，集思广益，激发创新思维

案例说明：生活中铁生锈的现象非常普遍，几乎每个学生都能观察到，通过问题引导，鼓励学生从生活情境问题中进行分析，归纳总结影响铁生锈的因素，并用于解决实际问题，培养学生从生活中观察思考、科学猜测、分析提炼的科学研究精神，学以致用，激发创新意识，更有利于学生元素化合物知识的建构。

创造生活化情境引发学生的问题意识，让学生思考表面现象背后的本质原因、思考隐含的知识、创造性应用知识解决问题，让课堂教学成为学习创造活动，培养学生的创新精神和实践能力，融会贯通。

（四）开发实验教学，增强化学学科魅力

在学情调查中，学生提出增加实验环节的建议，说明教师在教学中应更加重视实验教学。

1. 学生讨论参与课堂实验

化学是一门以实验为基础的自然学科，理论知识离不开实验，教师可在教学中通过实验创设问题情境，使学生参加整个实验过程，增强主体意识，激发灵感，培养能力。例如，在"化学反应速率的影响因素"教学过程中，可以鼓励学生提出假设，进行实验验证，得出实验结论。让学生参与整个教学过程，教师的角色也从知识的传播者转变为学生主动学习的指导者，而学生则从被动接受知识转变为主动参与教学活动。例如，在"工业合成氨条件"教学过程中，可以采用生生互动的方式，以小组形式相互质疑、讨论，并在教师指导下，探索出合成氨的适宜条件，将生活化策略融入轻松互动的教学过程，激

发学生的思维火花。

2. 揭秘生活中的欺骗现象

在现实的社会生活中,时常听到一些人受骗上当的事件,对于一些利用化学实验现象、化学知识的骗术我们如何去识别呢? 如何让我们的学生从化学的视角看待这些不良行为,去揭示他们的骗术呢? 社会现象的生活化实验设计给我们提供了这种情境再现的可能。

"神奇的药品"

【设计背景】源于生活中的欺骗现象——不法分子声称他们新开发的"神奇的药品"具有排毒作用。

【实验用品】方便面、碘酒、维生素 C。

【实验过程】把小块方便面放入烧杯中,加入一定量的热水,然后滴加碘酒,方便面会很快变成蓝黑色,然后加入维生素 C 药片粉末并振荡,方便面在半分钟后恢复为原来的颜色,烧杯中的碘酒也变澄清了。

【教学用途】该实验承载的化学知识是碘遇淀粉变蓝色的性质、卤素单质碘的氧化性(反应方程式为 $C_6H_8O_6 + I_2 \longrightarrow C_6H_6O_6 + 2H^+ + 2I^-$)和维生素 C 的还原性。它可以适合于卤素或淀粉教学,也适合于氧化还原的教学,同时从维生素 C 角度出发,还能发现一种定量测定维生素 C 的方法;从褪色现象思考,可以反常规地把淀粉作为指示剂,对指示剂的作用可以有较全面的认识。

"降压的戒指"

【设计背景】来源于生活中的欺骗现象——声称生产的"神奇的戒指"具有降血压作用。

【实验用品】酒精、铜质戒指等。

【实验过程】把铜质戒指放在酒精灯上灼烧至颜色变黑,然后将戒指快速放入酒精中蘸一下,铜戒指很快恢复原状。

【教学用途】该实验承载的化学知识是铜被氧气氧化成氧化铜,氧化铜氧化乙醇变为乙醛,铜是催化剂。它适合乙醇的性质教学,可以作为知识教学生活化的实验情景。

以上两个实验的意义:从揭露生活中的不良现象出发,把化学知识的教学融入其中,不仅激发了学生的学习兴趣,使学生学到相关的化学知识,而且还可以使学生体会到科学知识的实用性及在生活中的实际意义,并树立起对社会不良现象的正确认识。

3. 开展生活中产品的实验制作

在化学教学中,可指点学生开展生活中某些日用品的实验制作,如制作叶脉书签、固体酒精、耐火纸张、便携式化学冰袋、热袋等;蔬菜水果中维生素 C 的系列实验及含量测定;纳米粉的溶胶-凝胶法制备;煤灰、牙膏、洗衣粉的分析,并说明可能有哪些化学成分;冰雪消融剂的研究等生活小实验,将化学实验与生活相联系,学有所用。

化学是以实验为基础的学科,调查显示,学生对化学实验认同度非常高,实验的魅力无穷。教师应尽量设计趣味性、实用性、开放性的实验,促进学生自主性和合作性的实践,使课堂回归生活,超越生活。

四、课后的有效练习,作业设计实现生活化

"师傅领进门,修行在个人",学生学习的巩固和收获更多的是在课堂之外,所以课外学生的自主学习和课后习题的练习都至关重要。

课堂教学是否有效,需要通过课后练习来检验。作业是学生学习基本材料后的实践材料,是学生巩固知识、形成能力的前提与基础。课后练习不在多,贵在精。现在有的教师在应试教育思想的影响下,大搞题海战,使学生的大部分时间都用在反复的抄写上,思维与能力得不到有效提升。提高练习的有效性就是要充分了解学情,因课设计练习,让学生在训练中思考问题、解决问题。

如何设计生活化教学的课后习题、巩固生活化教学的效果呢?教师可尝试布置一些课外兴趣作业。如在学生已经掌握了空气的相关知识后,可以巧妙设置问题并作为课外探究作业:"为什么有的时候天空是灰蒙蒙的呢? 空气里的物质发生了什么变化?"引导学生在课外主动探究空气污染的相关知识。在学习了金属的一些性质之后,可以让学生在课外积极实践,注意观察现实生活中关于金属的现象。为什么有的金属容易生锈而有的金属不生锈、如何防止金属生锈……激起学生运用已知化学知识和查阅未知知识去解释这些现象的探究欲望,培养学生主动探究的积极性。又如,给学生布置一些实践性的家庭作业,让学生走进厨房,观察厨房中的各种食物,比如食盐、醋酸、白砂糖、纯碱等。让学生从化学的角度进行思考,探究这些物质的结构及性质,培养学生自学的能力。

"生活即教育",学生的学习内容从根本上是与生活密切相关的,作业作为课堂教学的外延,也应该是生活的外延。把作业封闭在教材内,仅仅围绕着教材学习,切断学生与社会、家庭的联系是不可取的。因此,"生活化"的化学作业应密切联系学生的现实生活,引导学生探究身边生活中的化学知识,让作业成为联结各科教学与社会生活的纽带,让作业生活化、社会化。让学生学会在生活中学习,在学习中学会更好地生活,从而得以全面发展。

总之,将生活化教学贯穿于教学引入、课堂教学、课后练习等各个环节中,可以使枯燥的课堂生动形象起来,使学生在轻松愉悦的环境中体会运用知识解决实际问题的思想,着力提高学生研究性能力、逻辑思维能力和解决问题的能力。

【教学案例3】 "生活化学研究"教学案例研究

随着生产力的发展、科学技术的进步,化学与人们生活中衣、食、住、行、用越来越密切。我们尝试开发了"生活化学研究"的微型课程,激发学生学习化学的兴趣,探究生活中的化学现象,学会用化学思维解决生活中的问题。

1. 课程目标

通过小组合作研究化学在生活中衣、食、住、行、用等方面的应用,拓展学生视野,提高学生的学习兴趣。通过讨论学习,认识到身边处处有化学,培养正确使用生活化学知识为生活服务的思想。

2. 课程内容

"生活化学研究"微型课程共八节课(见表5-2),分为三部分:

第一部分是方法指导,即前两节课由教师指导如何进行研究的方法,学生自主组成研究小组、自主选择研究专题,做好研究准备。

第二部分是实践研究和汇报展示,即后五节课分五个专题进行研究展示和交流汇报。每节课一个专题,学生在课下合作收集资料,分工制作电子小报、思维导图、PPT、撰写小论文,上课时分专题介绍研究成果,分享交流,提问互动。

第三部分是总结提升,即最后一节课对整个微型课程进行总结,评选优秀研究小组;组员交流研究体会,同时,制作化学专题研究思维导图,提升化学思维能力。

表5-2 "生活化学研究"课时安排

主题	课时	课 程 内 容	作业
方法指导	1	研究方法介绍1——如何查阅资料,制作电子小报、PPT	组队,选研究专题,收集资料
	2	研究方法介绍2——如何整理资料、撰写研究论文	整理资料,合作研究
实践研究	3	化学在生活中的应用1——衣 学生展示"衣"方面的相关研究成果(衣服材料、洗涤、装饰)	完善主题研究,分工制作汇报材料,撰写研究体会
	4	化学在生活中的应用2——食 学生展示"食"方面的相关研究成果(厨具、调味品、炒菜、水果等)	
	5	化学在生活中的应用3——住 学生展示"住"方面的相关研究成果(装修材料)	
	6	化学在生活中的应用4——行 学生展示"行"方面的相关研究成果(汽车)	
	7	化学在生活中的应用5——用 学生展示"用"方面的相关研究成果(环境保护)	

（续表）

主题	课时	课 程 内 容	作业
总结提升	8	课程总结,投票评选优秀研究小组,交流研究体会,制作化学专题研究思维导图	完善思维导图

3. 课程资源

3.1 自主学习资料库

教师为学生提供必要的自主学习资料库,帮助学生进行自主学习研究,包括网络资源、图书资料和教师能提供的其他资源。

网络资源:教师为学生提供中国知网账号和密码,开放网络,让学生自主查阅网络资源。

图书资源:提供一些参考书目,开放图书馆,学生可自主查阅各类书籍。

3.2 研究工具

教师提供一些研究和汇报工具,如电子小报、思维导图软件、PPT、论文模板等。

3.3 学习支架——学习任务单

教师为学生的自主研究学习提供学习任务单,引导学生组建研究小组,进行合作学习及小组交流展示。通过学习任务单的引导,学生的学习研究任务明确、分工更为合理,对小组合作、自主学习有促进作用。

3.4 研究方法指导及管理

教师进行集体授课与单独辅导相结合的方法指导和帮助,如专题讲解"如何查阅资料""如何归类研究处理信息""如何制作汇报材料""如何撰写论文"。在小组研究过程中,关注学生的研究进程情况,定期进行学生见面指导,对每周将进行的小组展示材料进行审核、针对性辅导改进,让每个小组成员都有所收获,能呈现最佳的研究成果。

4. 特色创新

4.1 无痕教育,增强学生社会责任

从生活现象出发,关注环保、能源等社会问题,了解化学物质与人体健康、环境的关系,从化学视角认识能源和资源的利用,增强社会责任意识。

4.2 合作研究,提高解决问题能力

学生根据研究兴趣自发组队,通过专题研究,加深、扩展对化学知识的理解,学会综合应用知识,合作探究解决问题的方法,应用科学方法开展研究,提高应用化学知识分析、解决生活中的问题的能力。

4.3 多样学习,全程参与体验研究

从查阅文献、收集资料,到制作电子小报、思维导图、PPT,到撰写小论文,到分享汇

报,学生体验了科学研究的整个过程,分工进行不同环节的材料组织、制作或者汇报,相互出谋划策,每个人都在动手实践中学习、综合应用多种研究方法,在多样化的学习中获得成功的体验。

5. 实施效果

学生通过化学微课的学习,分主题、分团队进行学习研究、展示研讨,学习兴趣浓厚,学习思维活跃,提升了研究能力,培养了团队合作意识和化学学科素养,增强了环保意识。

5.1　体会化学与生活的密切关系,激发学生学习兴趣

专题研究的内容都是与生活密切相关的,学生在自发研究的过程中,应用到了课堂书本上学到的化学知识,也将微型课上的研究方法学以致用,激发了学生的学习兴趣,培养了学生的胆量。

专题研究"衣"中的化学,激发学习兴趣

人类的衣、食、住、行中蕴含着很多的化学知识。学生第一个专题研究是关于"衣"中的化学,包括研究衣服的材料、洗涤用品等方面的化学知识,学生兴趣浓厚,自主查阅资料、汇总整理、制作 PPT 和电子小报,进行展示和互动交流,取得了较好的学习效果。

【学生体会】顾×:化学与我们的生活息息相关。通过这次生活化学之洗涤用品的探究,我负责搜集资料,在搜集资料的过程中,我了解到了生活中的一瓶小小的洗涤精也蕴含着大大的道理,也了解到了哪些成分是用来除菌,哪些成分是用来漂白的,这个课题让我学到了很多。

何××:在这次的课题研究中我负责的是制作电子小报,这也是我第一次制作小报,在制作小报的时候我不仅了解了很多关于生活中洗涤用品的知识,也掌握了很多制作小报的方法,受益良多。

李××:在这个课题研究中,我负责制作 PPT 及上台介绍,这个任务不仅让我了解了洗涤用品,也锻炼了我的演讲能力,学到了很多。

5.2　小组合作体验科学探究过程,提高合作研究能力

课程中的第二部分实践研究,让学生自主选择一个感兴趣的研究专题,然后通过成员之间的分工合作,共同去探讨、研究、解决问题,并和其他组成员一起分享、互动、研讨,共同提高合作研究能力、表达能力、信息处理能力。

"食"中的化学研究竞赛,拓展学生视野

在"透视厨房中的化学"的微课上(见图 5-1),学生一起组队,兴致勃勃地研究了生活中的化学,从燃料、厨具、调味品、污垢清洗到炒菜中的化学知识,通过小组汇报展示、其他组成员聆听学习、互动提问,最后进行知识竞赛,多种形式拓展学生的视野,从化学角度研究生活问题,获得了良好的效果。

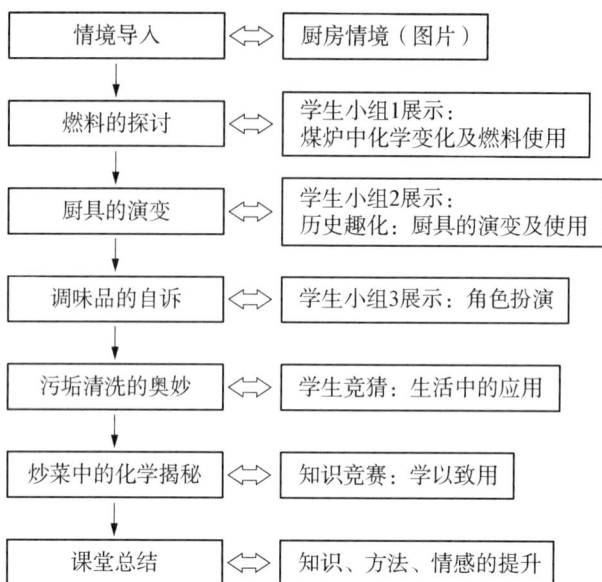

图 5-1 "'食'中的化学研究"教学活动设计

【学生体会】袁××：其实我一直很对生活中的化学比较感兴趣,像调味料等,虽然它们一直在我们身边,我们却并不知道它们反应的实质。自己做研究,不仅可以了解得更加清楚,也可以更加提起兴趣,这次是一个非常好的机会,在这次微课学习中,我收获了很多。

张××：生活化学研究,让我们对身边的化学有了更进一步的了解。通过微课的探讨,我们查找了一些有关的资料,了解了一些常用调味品的作用,就在简单的厨房中都有不少的化学知识。从身边的小事入手,关注化学,拓展知识面。

5.3 专题研究接触社会热点问题,树立保护环境意识

在专题研究生活中的化学问题的过程中,学生主动接触社会,去关注环保、能源等社会热点问题,探寻生活中的发展规律、存在问题和解决方法,自然而然地产生了与自然和谐相处的想法,树立保护环境意识,以确保社会的可持续发展。

学生制作电子小报,从化学角度梳理展示社会热点

通过专题研究生活中的化学热点问题,学生从化学角度梳理研究成果,用研究论文阐述自己的观点,也用电子小报(见图 5-2)宣传环保、展示专题研究生活中的化学问题,更好地唤醒大家的环保意识,在潜移默化中关注社会问题。

【学生体会】夏××：这次的微课与众不同,非常强调我们本身的能力,从全程均由同学来寻找资料,制作展示就可见一斑。我们可以选择自己的爱好来进行发挥,有了更多的自由空间。课程的得分也需要我们抛却羞涩,主动争取。我们负责的是"环境化学",通过自己的查阅,认为环境化学对自然保护、生物生存意义深远。在我们小组内,我负责制作小报,虽然是两人小组,我们依旧附加了小报,以期更高得分。

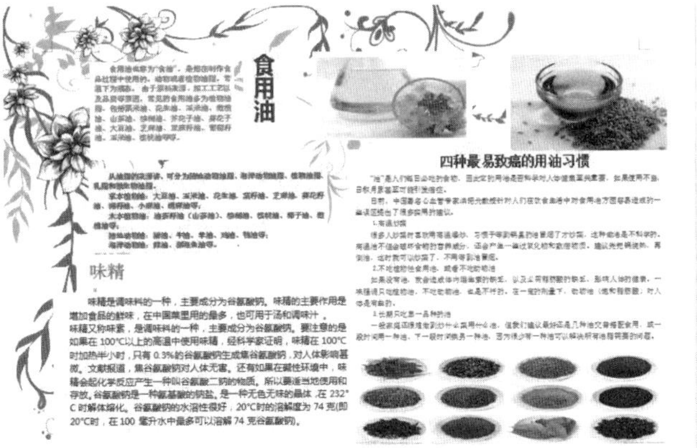

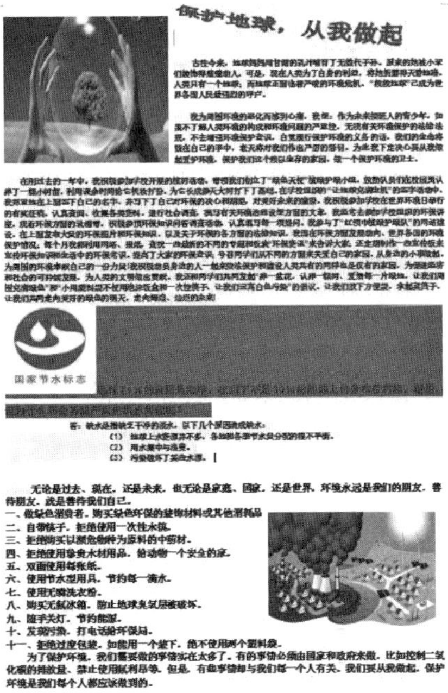

图 5-2　学生制作的电子小报

王××：通过这次的微课研究，我了解了各种污染的来源、分类及危害。我更深入一步地了解到人的生存一刻也离不开环境。环境是大家的，保护环境是每一个人的责任。或许我们做不出轰轰烈烈、立竿见影的行动，但是我们一定能做到少扔一节电池、多捡一次垃圾等细微小事。因为脚下的这一寸土地会在乎，身边这一条小溪流会在乎，头顶这一方天空也会在乎。

经过三轮微课教学的实践研究，课程内容设置、资源建设和研究内容安排更趋于完善。教学相长，教师的教学能力也得到提升，其中"透视厨房中的化学"获区拓展课教学评比三等奖。当然，微课课程的开发还需要与时俱进，在实践研究中不断完善，根据学生的情况调整教学活动和设计，真正成为学生乐学、爱学、好学的课程。

第六章

"二二三四"导学的实践研究

　　我国《学记》提出了"学思结合、因材施教、启发诱导"的教学思想,国外有发展性教学、发现教学、有意义的接受性学习、建构主义、多元智能等理论。《国家教育改革和发展规划纲要》提出"注重学思结合、知行统一、因材施教"。因此,在改革学校课堂教育、优化学案导学过程中,我们尝试开展了"二二三四"教学范式实践研究,以课堂为主渠道,探索适宜的课堂教学范式,提高学生化学学习素养。

第一节　"二二三四"导学的内涵

　　为了更有效地激发学生学习潜能,满足不同学生发展需要,针对学生学习过程中出现的问题,在优化学案导学的基础上,经过几年的实践研究,逐渐形成了"二二三四"导学范式,提炼了基本内涵、要素结构和操作策略,激发了学生化学学习潜能。

一、"二二三四"导学的基本内涵

　　"二二三四"导学范式,即"两点、两度、三动、四导"。

　　"两点"是从低起点夯实基础,高视点培养能力。基础知识和能力最有生命力和迁移性;低起点,即面向全体但又兼具针对学生差异,激发学生学习潜能。而教学的落脚点在高视点培养学科素养和能力,发展学生优势潜能,落实课程目标,提升学生化学学习品质。

　　"两度"是指小坡度设置台阶,高密度训练思维。小坡度,即在难点教学中帮助学生搭建学习支架,减少学习的难度,帮助学生获得成功。高密度,即提高化学思维训练的密度,设置系列化的问题链,变式思考,优化思维过程,有效训练思维。前者遵循认知规律的需要,也是后者得以实现的前提。

　　"三动"是指学生动手实践、动脑思考、动嘴表达,相辅相成,激发学生化学学习潜能。

　　"四导"是指教师"导读、导思、导研、导行",核心是通过教师导教,使学生潜能得到激发,"善读、善思、善研、善行",实现学生学习由被动接受到主动探究、由机械操练到意义建构的转变。

　　"两点"是教学的起点和目的,"两度"是教学设计的策略,"三动"是组织教学的要求,"四导"是改善学习方式的途径。"二二三四"导学的结构示意图如图6-1所示。

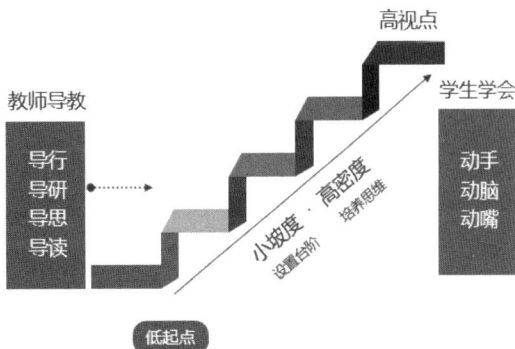

图6-1　"二二三四"导学的结构示意图

二、"二二三四"导学的操作要点

"二二三四"导学注重"课前-课中-课后"三个环节的导学。

（一）发挥集体优势备课，结合学情个人优化

注重集体备课与个人备课相结合。借助集体力量，以教研组或者备课组为单位，超前备学案，轮流主备，集体研讨，优化学案，合作共享。在此基础上，根据班级和学生的学情，教师再各自进行二次备课，分析学生知识基础从而确定导学起点，分析学生思维特点从而确定小坡度的设置，备课程"三维目标"从而确定低视点，备课程执行纲要从而确定高密度的细化，并修正学案，备研结合，将教案和学案相匹配、两案合一。

（二）课前指导预习学案，及时反馈调整教学

提前发放学案导读，指导学生预习教材，多方收集反馈信息，帮助学生课前预习。同时，针对学生预习中存在的问题，及时进行教学调整。

（三）课中优化"三动""四导"，积极建构化学体系

在课堂导入中，积极创设生活化情境，低起点起步面向全体，情景化导入激发动机，调动学生学习积极性。教学中，善于综合运用"四导"，学思结合，让学生充分动嘴、动手、动脑，面广、量多、质好，注重生活化导学联系实际，高视点落实教学目标，小坡度阶梯减少难度，高密度递进优化过程，问题化导思激发潜能，操作化导行迁移应用，结构化认知意义建构，挑战性导研探究创新，信息化技术有机整合，精致化教学提高质效，开发教学亮点，凸显学生个性特色。"二二三四"导学过程及操作要点如图6-2所示。

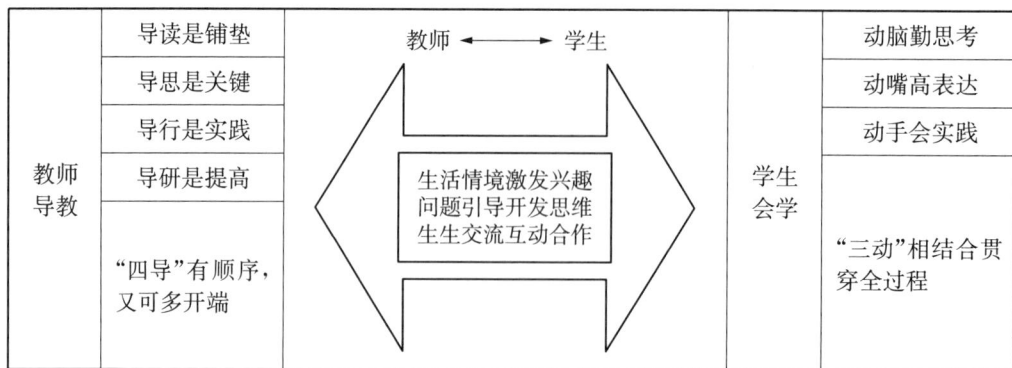

图6-2 "二二三四"导学过程及操作要点

(四) 课后强化巩固拓展,分层作业辅优补差

深化学案导学功能,精致化设计和布置适合学生学情的作业练习,贯彻"质优减负"理念,分层布置作业,及时诊断学生学习情况,提高学生训练的有效性,达成教学目标。针对学生不同层次进行辅优补差,适度延伸探究实践。

在化学教学中构建"两点、两度、三动、四导"的导学模式,以学生为主体,以学案为教学载体,引导学生自主学习,改善学习方式,提高学生化学学习素养,以实现课堂教学效率最大化,让课堂成为提高学生化学学习素养的主渠道。

第二节 "二二三四"导学的策略

在先进理念和课题研究的引领下,鼓励教师在基础型课程校本化中探索基于导学制的"二二三四"课堂教学范式,开展基于数字化课程环境下的教学实践研究。在操作应用教学范式过程中,解决如何激发学生动力潜能促使学生"要学",激发学生志趣潜能促使学生"乐学",激发学生学习潜能促使学生"学会",激发学生创新潜能促使学生"会学"等问题。

一、低起点夯实基础,高视点培养能力

注重导学中的知识生成过程,低起点夯实基础,高视点培养能力。

(一) 低起点:倡导生活化教学,贴近学生实际

1. 教学设计——分析学生情况,设计课堂教学

备课要备学生、备教材,只有认真分析教材、了解学情,才能从低起点展开教学,夯实基础。在课前导学中,通过导读、导研,引导学生阅读课本相关内容并完成学案"预习导引"中的习题,根据自身情况查漏补缺,激活基础知识的储备;通过批阅学生预习学案,了解学生现有基础,从而设计、调整课堂教学。

如在"离子反应图像"课前导学中,通过学案"经典高考题透析"中的习题,学生激活了基础知识的储备,暴露了一轮复习中存在的问题;教师批阅学生作业,了解学生现有基础,从而由浅入深设计、调整课堂教学。

<h4 style="text-align:center">"进一步认识氧化还原反应"学情分析</h4>

"进一步认识氧化还原反应"根据学生课前学案导学的反馈,在组织本节课教学之前,我们首先分析了学生具备的知识和能力及掌握的情况,然后从刚学习的氯气及其化合物的一些典型反应和四大基本反应类型入手,让学生讨论四种基本反应类型的分类方法有什么缺陷,从而引出氧化还原反应的分类方法,这样操作符合学生的认知规律。氧化还原反应教学前学情分析如表6-1所示。

表6-1 氧化还原反应教学前学情分析

序号	学生已具备的知识和能力	掌握情况
1	四类基本反应类型	多数掌握
2	得氧、失氧角度的氧化反应和还原反应	多数掌握
3	常见元素化合价	多数学生了解
4	离子与原子团的化合价	少数学生了解
5	常见原子的结构示意图	多数学生了解
6	氯化钠的形成示意图	多数学生知道
7	离子反应及本质	多数掌握
8	分类的思想	部分学生掌握

2. 情境导入——生活化情境导入,激发学生兴趣

通过将一些生活中的实例引入课题,既能吸引学生,又能让学生体会到学有所用。

如"物质的分离和提纯"从两个生活中的问题情境导入——家中破碎的体温计处理、实验室碘中泥沙的分离处理,请学生帮忙处理,学生兴趣一下就被调动起来,旧有知识在生活化情境中自然而然地被激活。"离子反应图像"采用一幅图片导入,生动形象,充分调动学生学习的兴趣和积极性。从生活中的看图说话,请学生归纳如何读图,从而引入化学中的反应图像,类比迁移,学生感觉容易上手。

(二)高视点:全面认识知识,在知识生成中培养能力

1. 对比分类,全面认识知识

高中化学课不仅要进行知识梳理,还要进行能力培养。教师要引导学生学会站在学科高度,全面认识每节课的知识地位和生成过程,准确、清晰把握概念和方法。

如"进一步认识氧化还原反应"让学生形成物质分类、反应分类学习研究的能力,让学生在认知能力上能够得到提高。"物质的分离和提纯"复习物质的分离和提纯的方法时,先总体认识,有物理方法和化学方法,然后通过表格对比,分成"固态混合物、液态混合物、气态混合物"三类进行知识梳理,最后从大量的事实中提炼分离和提纯的方法,通过对比和分类,将知识梳理清晰,串联起来建立系统。

2. 定性到定量,培养学科思想

定性、定量是化学学科中重要的思想方法,"离子反应图像"在知识题组训练的选择和设计上始终贯穿定性、定量的思想,从多个角度培养学生的能力。从单一反应、连续反应到竞争反应,从定性分析到定量计算,从识图、画图到用图,逐渐深入,慢慢渗透学科思想。

3. 自主学习,激发学习力

教师要勇于把课堂主动权还给学生,引导学生自主学习、合作学习,创造条件培养学生的自主学习能力、合作学习能力、研究能力。

如"物质的分离和提纯"设计了很多学生活动,如学生归纳方法、学生设计实验方案、学生质疑、学生解答、学生总结等,搭建平台,让学生的自主学习能力得到充分锻炼,激发学生的学习力。

二、小坡度设置台阶,高密度培养思维

导学中注重学生思维的培养,提高思维密度,拓展学生的思考空间、思维训练量,突出重点,充分利用课堂提高效率和学生能力;设置小坡度台阶突破难点,解决学生遇到的思维瓶颈,让学生迅速转起来,做好衔接,平稳过渡。

(一) 高密度:组题训练,突破重点

关注学生思维能力的培养,对教学重点进行高密度思维训练,巩固知识。

如"物质的分离和提纯"复习的重点是物质分离提纯的方法,但方法太多,如何从杂乱的知识中抽丝剥茧,寻找解决问题的方法呢? 笔者精选了几组题并放置在表格中,将重点知识题型化,整合不同状态、不同性质的物质的分离提纯,让学生分析组分特点、选择相应的分离提纯方法,思维容量大;设置的题组相关性强,通过对比分析物质状态、物理化学性质、组分含量,选择相应方法,思路清晰;配以变式训练,及时巩固辨析,效果好。

"离子反应图像"对教学重点进行高密度思维训练,巩固知识。将重点知识习题化,以"CO_2 与碱液反应""不同量的盐酸和 $MgSO_4$ 的混合溶液与 $Ba(OH)_2$ 反应"的变式题组训练为载体,层层深入,突破重点。

(二) 小坡度:问题引导,突破难点

关注学生思维能力的培养,对教学难点设置台阶,逐个突破。

"物质的分离和提纯"中的小坡度设置

"物质的分离和提纯"难点是物质分离和提纯的方法选择和实验设计。为了使学生对方法有一个清晰的认识,笔者在高密度思维训练的同时,设计了一个个相关的坡度问题,层层引导,逐步深入,从而突破难点。

坡度一:物质分离提纯的物理方法

知识太杂,所以分类设置了几个坡度分解难点:①按照固态、液态、气态分类认识;

②从两种组分分离到三种组分分离;③两种组分不同量的分离提纯:KNO_3中混有少量 $NaCl$,$NaCl$ 中混有少量 KNO_3,$NaCl$ 与 KNO_3 1∶1 混合,由易到难,由局部到全局,全面认识物质分离提纯的物理方法。

坡度二:给出实验流程,分析实验原理和操作

实验流程分析是难点,在例题一的练习中,设置几个坡度分解实验流程分析步骤:实验仪器选择、实验操作步骤、化学反应分析、方法选择依据、检验设计,让学生明白实验的构造和分析目标,从而更进一步理解实验设计,也为实验方法的设计应用打下基础。

坡度三:类比巩固,自行设计实验方案及流程图

实验设计在高中化学中也是难点,对学生能力要求较高,靠一节课很难一下提高学生能力,但通过坡度铺垫,由例题一的流程图分析给出了一个规范的实验方案及流程图,再依葫芦画瓢,让学生来设计例题二的实验方案和流程图就容易多了。在学生合作学习、讨论过程中,根据学生实际情况,对设计的几个关键点提示了几个坡度问题,由原有知识拓展到更深层次的知识:①杂质成分分析;②除杂试剂选择;③除杂试剂顺序;④除杂方法选择;⑤除杂操作步骤设计;⑥整体优化,让学生自行设计、展示设计方案。然后学生质疑、设计者答疑,难点在互助学习中得以攻克。最后,再回归教材(第 198 页)【课堂实验】氯化钠的提纯实验分析,类比巩固,更深入理解提纯实验设计及操作。

三个坡度逐层递进,从而突破难点。

"离子反应图像"中的小坡度设置

"离子反应图像"一课的难点是混合物离子反应图像及定量分析。为了使学生对实验方法有一个清晰的认识,笔者在高密度思维训练的同时,设计了一个个相关的坡度问题层层引导、逐步深入,从而突破难点。

坡度一:单一反应到混合反应,逐步加深难度

【探究一】是"CO_2 与碱液反应"变式题组训练,从 CO_2 与单一组分 $Ba(OH)_2$ 反应到 $NaOH$、$Ca(OH)_2$ 的混合溶液,KOH、$Ca(OH)_2$、$KAlO_2$ 的混合溶液,从单一反应、连续反应到竞争反应,逐渐深入,进行定性分析、画图;然后再选择具体反应进行定量分析,把难度进行分解,水到渠成。

坡度二:少量到过量,逐步完善图像

【探究二】是"不同量的 HCl、$MgSO_4$ 的混合溶液与 $Ba(OH)_2$ 反应"变式题组训练,设置了几个坡度分解难点:固定 $MgSO_4$ 的量,逐步改变 HCl 的用量,从少量、适量到过量,进行定量分析,改变多个反应之间量的关系,从而改变反应图像;最后再总体分析,将各种不同的量的反应图像进行汇总,先分后总,突破教学难点。

坡度三：点面结合到综合应用，整合图像与反应原理

课堂【巩固练习】以一道综合图形题应用分析，数形结合，从宏观反应过程对比、反应物计算分析到微观分析，由点及面，从局部到整体，进行图形的定性、定量分析，将图像与化学反应原理进行整合，提升思维和解题能力。

总之，坡度要根据学生的具体情况分解学习难度，可在教学过程中进行调整，引导学生分析关键点，逐步突破重难点，实现教学目标。

小坡度教学和高密度提高是相辅相成的，不能只看中知识面的广度，却忘了学生一节课能接受的知识容量是一定的，"广"必然导致"稀"。应该思考学生需要什么、本课学到什么对学生是最有用的，所以高密度应该放在思维力度上，而不是容量大，所以内容不必做到面面俱到，而应当让学生发现问题后自己来解决问题。

三、动手、动脑、动口，改善学生学习方式

课堂教学关键是要让学生动起来，要关注学生主体地位，充分创设平台，让学生动手实践、动脑思考、动口表达，激发学生主动学习。如何让学生动起来，需要教师积极调动和配合。例如，教师在讲课时，可以站在学生的视角看问题，拉近与学生的距离，实现师生间平等交流、真情互动，切忌高高在上，把课堂当成展示自己学问的舞台，把自己当成主角而滔滔不绝。学生只有积极参与教学活动，充分地动手、动口、动脑，经历观察、分析、推理、综合等过程，才能完整地理解概念的内涵及其外延，全面掌握规律的实质，由此思维得到真正的锻炼，体现其学习的主体角色。

如"离子反应图像"通过"读图-画图-用图"方式，让学生动起来。本节课思维容量大，采用电子交互白板，将教学思路、重点知识"读图-画图-用图"主线及综合例题用白板形式呈现，并及时在白板上进行画图、图像分析训练、书写方程式，学生的手、脑、口、眼获得多方位训练，有效加深学生的理解和训练，课堂容量增大，事半功倍，教学效果好。

课中可设计知识应用的问题，让学生逐一回答；知识方法先让学生归纳、相互补充，教师适当提示完善；实验设计让学生展示、学生质疑、学生回答，教师只是观看，在学生求助时提供帮助，真正让学生成为课堂的主角。

"进一步认识氧化还原反应"中的学生活动设计

"进一步认识氧化还原反应"设计了一系列学生活动，以帮助、指导学生从初中对氧化还原反应的肤浅认识提升到构建氧化还原反应的知识结构，引导学生自主构建以氧化剂、还原剂为核心，以电子得失、化合价升降为判断依据的氧化还原反应的知识网络。

从而使学生在已有的氧化还原反应概念的基础上,经过扩展、延伸和渗透,形成"电子发生转移"的本质概念。

【学生活动一】运用该分类标准对这些化学反应进行分类整理时遇到了怎样的困难? 如果你是一位科学家,试图从哪些方面解决这样的困惑?

【学生活动二】元素化合价的变化与氧化反应还原反应有什么关系呢? 请同学们阅读教材第 45 页(从第三段开始)。

【学生活动三】你认为是否存在仅有化合价升高的化学反应或仅有化合价降低的化学反应?

【学生活动四】化合价的升降与电子的转移有什么关系呢?

【学生活动五】氧化还原反应在生产生活中有哪些应用? 如何保存苹果汁?

在课堂教学中教师应该改变以往那种讲解知识为主的传授者的角色,应努力成为一个善于倾听学生想法的聆听者。凡是学生能够探索出来的,教师绝不替代,凡是学生能够独立发现的绝不暗示,让学生从生活、活动、思索、合作交流中学习;尽可能多给一点思考的时间,多给一点活动的空间,多给学生一点表现自己的机会,让学生多一点创造的信心,多一点成功的体验、自由和权利,可以独立思考、自由表达。这些自由和权利大大地释放了学生的个性和潜能,使学生的主观能动性和创造性得到充分发挥,学生也因此变得活泼、敏捷和富有朝气。

四、导读、导思、导研、导行,改善教学方式

学生的认知需要过程,教师要随时获取学生反馈的信息,调整教学方式和思路,准确流畅地让学生自主构建知识。新课程要求以学生发展为本,关注教学方式改善,导读、导思、导言、导行,提高学生化学学习素养,已刻不容缓。

(一) 导读:回归教材,温故知新

教材是一切知识的基础,回归教材,唤醒已有知识储备,才能打牢基础,并有温故知新的奇效,在圈圈点点中使学生注重细节,恍然大悟。在预习时让学生先读教材,在课内导学中碰到学生遗忘的知识,又回归教材,进行知识回炉,学生豁然开朗,原来学习并不难,只怕有心人。

(二) 导思:遵循认知规律,归纳演绎并重

如"物质的分离和提纯"通过精心设计的一系列相关问题引导学生思考,从易到难,分类对比,坡度设置,模仿实验到合作设计,严格遵循学生的认知规律,归纳演绎并重,

先发散后总结,对物质的分离和提纯方法进行了深入探讨,学生的思路紧紧围绕分离提纯课题进行全方位思考,从基础知识到实验设计能力都获得很大提升。

(三)导研:实验设计,拓展应用

化学是以实验为基础的学科,抓住性质实验、定性实验、制备实验、流程实验等教学契机,引导学生进行研究,可大大提高学生的研究能力、设计能力、动手能力和思维能力。

如"物质的分离和提纯"大胆创新,让学生合作进行分离提纯实验方案和流程图的设计,引导学生研究实际问题,拓展知识的应用。该课题虽然有一定难度,但对学生研究能力的培养会起到潜移默化的作用,日积月累,对学生的终身发展是大有裨益的。

(四)导行:鼓励学生质疑,支持学生答疑

在化学学案导学教学中,教师要将课堂主动权交给学生,引导学生行动起来,鼓励学生质疑,支持学生自主答疑,将行动研究进行到底。学生通过提问和回答,思维真正活跃,口和手都真正动起来,学习素养在问答之间和思维碰撞中得以激发。

总之,化学学案导学要充分调动学生积极性,高度训练学生思维,使学生能力得以激发和提升。导学课堂教学范式,使课堂教学从静到动,大大激发了学生的自主学习力。

【教学案例4】 "物质的分离和提纯"教学案例研究

高三化学第一轮复习,一是让学生对已学过的零散的化学知识进行归纳、梳理,使之条理化、系统化,形成知识网络;二是培养学生应用知识解决实际问题的能力。一轮复习既要照顾基础差的学生进行双基训练,又要考虑基础好的学生进行提高训练。在"二二三四"课堂教学范式的背景下,本课从化学学科特色出发,从物质的分离和提纯方法的知识归纳到综合应用知识解决实际问题、实验方案设计能力培养,对"二二三四"导学进行了实践与反思,以学生为主体,利用学案,引导学生参与、研讨、共同提升,让基础差的学生掌握基本知识,同时提高解题能力,让基础好的学生也有事可做,拓展能力,实现了课堂教学效率的最大化。

1. 教学目标

1.1 知识与技能

掌握常见物质的分离和提纯的物理方法、化学方法。

1.2 过程与方法

通过知识梳理和例题分析,巩固掌握常见物质的分离和提纯的物理方法、化学方法;通过实验方案设计,提高知识应用能力。

1.3 情感态度与价值观

通过对物质的分离和提纯方法的归纳整理和应用,激发学习兴趣,感悟科学魅力,培养严谨求实的科学品质。

2. 教学重点

物质分离和提纯的方法。

3. 教学难点

物质分离和提纯的方法选择和实验设计。

4. 教学过程

4.1 课前导学

导 学 活 动	设计意图	教学实效
(1) 阅读教材第195~197页:复习物质提纯分离的基本操作	复习巩固旧知识	导读:知识梳理
(2)完成"学案47 物质的分离与提纯"的预习导引 对课本出现过的分离提纯的基本方法和基本操作,学生根据自身情况查漏补缺,激活基础知识的储备	查漏补缺 定位未知	导研:实践体验,诊断质疑

4.2 课内导学

导 学 活 动	设计意图	教学实效
环节一 情境引入,激发兴趣 【引入情境】昨天老师碰到几个问题,你有什么好办法吗? (1) 家里的体温计不小心打碎了,怎么办? (2) 实验室老师装碘时不小心掉到地上,和泥沙混在一起了,怎么办?	创设情境,激活旧知,激发学生的兴趣	低起点:知识用于解决实际问题,巩固预习效果
环节二 物理方法归纳,知识整理 【过渡】在日常生活和工业生产中经常需要使用比较纯净的物质,物质的分离和提纯的方法有哪些? 【学生归纳】 【学生填表】一、物质分离和提纯的物理方法 | 混合物	组分特点	分离法	仪器	实例 | 固态混合物: 一种组分可溶于某溶剂,另一组分不溶; 各组分均溶于某溶剂,但溶解度随温度变化差别较大; 一种组分可升华,另一组分不升华	整体认识,分类分析,结合实例进行知识的梳理和应用	高视点培养能力:①整体认识的能力;②归纳能力;③应用能力 坡度一:物理方法①按照固态、液态、气态分类认识;②两种组分分离;③两种组分不同量的分离提纯(变式训练)

(续表)

导 学 活 动	设计意图	教学实效

(续表)

混合物	组分特点	分离法	仪器	实例
液态混合物	各组分在不同的溶剂中溶解度不同			
	各组分能互溶,但各自的沸点不同			
气态混合物	各组分气体在溶液中溶解度不同			
	各组分气体沸点不同			

【练习1】提纯、分离下列物质
(1) KNO_3 中混有少量 $NaCl$
(2) $NaCl$ 中混有少量 KNO_3
(3) $NaCl$ 与 KNO_3 1 : 1 混合

设计意图: 重点知识题型化:温故知新,对比应用,发散思维

教学实效: 高密度训练,发散思维能力培养,定性到定量分析

环节三　化学方法分析,应用归纳
【学生填表】二、物质分离提纯的化学方法

	组分特点	分离法	实例(括号内为杂质)
固态混合物			MnO_2 与 KCl 的分离、C(CuO)、Cu(Zn)
			CuO(C)、MnO_2(C)、Na_2CO_3(NaHCO$_3$)
			$BaSO_4$(AgCl)
			粗铜 Cu(Zn、Ag)
液态混合物			NaCl 溶液(Na_2CO_3)
			NaCl 溶液($CaCl_2$)
			$FeCl_3$ 溶液($FeCl_2$)
			$FeCl_2$ 溶液($FeCl_3$)
			$NaHCO_3$ 液(Na_2CO_3)
气态混合物			NO(NO_2)、H_2(H_2S)、CO_2(HCl)、SO_2(HCl)
			N_2(O_2)、CO_2(CO)
			H_2(H_2O)、NH_3(H_2O)

设计意图: 方法归纳:从实例出发,根据性质选择合适的分离方法,归类整理

教学实效: 高密度:整合不同状态、不同性质的物质的分离提纯,思维容量大
四导:引导学生动脑思考,动口说,动手记

(续表)

导 学 活 动	设计意图	教学实效
【练习2】提纯、分离下列物质： (1) 苯酚中混有硝基苯时，先加入_____溶液后分液，再向苯酚钠溶液中通入_____重新生成苯酚等。 (2) 苯中混有少量甲苯，可以直接加入适量_____溶液，再加_____溶液后分液可得到苯。 (3) 除去 $(NH_4)_2CO_3$ 用加热好还是加强碱后再进行加热好？	习题巩固	导研：方法的综合应用，对比
环节四 综合应用，实践体验 【过渡】在工业生产过程中，生成的产品往往混有多种杂质，这就需要我们将上述这些方法综合运用才能解决问题。 **三、综合法** 【练习】学案【例题1】海带中含有丰富的碘。为了从海带中提取碘，某研究性学习小组设计并进行了以下实验： 海带 ①灼烧→ 海带灰 ②浸泡→ 海带灰悬浊液 ③→ 含碘离子溶液 ④MnO_2+H_2SO_4(稀) 单质碘 ⑥← 含碘苯溶液 ⑤提取碘← 含碘水溶液 (1) 步骤①灼烧海带时，除需要三脚架外，还需要用到的实验仪器是_____(填字母)。 　A. 烧杯　　B. 坩埚　　C. 表面皿　　D. 泥三角 　E. 酒精灯　F. 干燥器 (2) 步骤③的实验操作名称是_____；步骤⑥的目的是从含碘苯溶液中分离出单质碘和回收苯，该步骤的实验操作名称是_____。 (3) 步骤④反应的离子方程式是_____。 (4) 步骤⑤中，某学生选择用苯来提取碘的理由是_____。 (5) 请设计一种检验提取碘后的水溶液中是否还含有单质碘的简单方法_____。	综合习题学以致用知识强化	高视点：从知识到实际生产应用，培养综合应用能力 坡度二：给出实验流程，分析实验原理和操作： (1) 实验仪器选择； (2) 实验操作步骤； (3) 化学反应分析； (4) 方法选择依据； (5) 检验设计
环节五 实验设计，知识拓展 【学生讨论设计实验方案】【例题2】为了将混有 K_2SO_4 和 $MgSO_4$ 的 KNO_3 固体提纯，并制得纯净的 KNO_3 溶液，请设计实验方案及流程图。 【学生交流】 【展示学生设计的实验方案】 固体混和物 ①→ A 加入____溶液②→ B 加入____溶液③→ C 加入____溶液④→ 悬浊液 过滤→ 滤液 加入适量盐酸调节pH值→ D 加热煮沸→ E	难点突破：通过讨论，合作学习，实验设计，知识运用能力提升：物质分离与提纯的实验设计及表达。	坡度三：自行设计实验方案及流程图(从粗盐提纯后的化学精制演变)。

（续表）

导 学 活 动	设计意图	教学实效
【学生质疑】为什么这样设计？实验细节如何考虑的？①杂质成分分析；②除杂试剂选择；③除杂试剂顺序；④除杂方法选择；⑤除杂操作步骤设计；⑥整体优化。 【设计者回答】 【学生优化实验方案】 【巩固练习】教材第198页【课堂实验】氯化钠的提纯 【学生小结】用化学方法分离和提纯物质的注意事项：①最好不引入新的杂质；②不能损耗或减少被提纯物质的质量；③实验操作要简便，不能烦杂；④加入的分离试剂要稍过量，后加的试剂要能够把前面所加入的无关物质或离子除去	方案优化：学生提问并自主讨论回答，在题组思考中，呈现实验设计思路，优化实验方案。 总结规律，提升方法	学生主动发展，导思、导研：展示方案，学生说明，自主提问，自主回答。 三动：分组讨论设计（动手实践、动脑思考、动口表达） 导行
环节六　小结提升，体验归纳 【课堂小结】 （1）通过这节课，你学到了哪些知识？ （2）通过这节课，你学到了哪些方法？有哪些体验？ 【巩固练习】学案练习	学生小结：谈学习体验和收获	高视点：方法提升，主动发展 导思，动口

4.3　课后导学

导 学 活 动	设计意图	教学实效
环节七　作业布置，课后探究 （1）必做：完成学案的实践感悟 （2）选做：拓展应用：设计合理实验方案进行粗盐的分离和提纯	巩固知识应用知识	分层训练 合理提高

5. 教学说明

5.1　教学设计思路

本节课课题是高三第一轮实验复习第三节"物质的分离和提纯"。《化学学科教学基本要求》提出"物质的分离"的探究内容是"固固分离、固液分离、液液分离"，学习要求是"能运用对实验设备的认识，设计相应实验步骤进行分离、加工等综合性实验"；《中学化学课程标准》指出"物质的分离"要掌握"海带中提取碘、粗盐提纯、萃取原理及操作"（均为B级）。学情分析：大部分学生了解过滤、萃取、蒸发、蒸馏等基本物理分离方法的原理和操作，但对化学分离方法，以及多组分混合物的分离原理和操作概念模糊，不会用严谨的化学语言对分离提纯的过程加以表述。所以本节课重点是物质分离和提纯的方法，难点是物质分离和提纯的方法选择和实验设计。

本节课尝试进行"两点、两度、三动、四导"教学范式设计和实践。首先，通过生活情境解决问题引入，激发学生兴趣，导入"物质的分离和提纯"这个课题；其次以表格形式分三类分别对物质分离提纯的物理方法、化学方法进行实例分析、方法归纳、操作要点提炼,高密度进行知识整理和应用,并通过习题对重点知识及时巩固;再次,通过海带提碘的例题分析,综合应用,实践体验;又次,组织学生讨论设计提纯 KNO_3(K_2SO_4、$MgSO_4$)固体的实验方案及流程图,并让学生展示实验方案,学生质疑,设计者解答,进一步提升能力,拓展知识,锻炼实验、设计、表达能力;最后,让学生进行课堂小结,提升方法,体验归纳。作业布置也分层设计,引导学生继续探究。整个教学设计注重引导、层层深入、逐步提高,学生参与积极性高,思维训练好。

5.2 "二二三四"课堂教学范式的体会和理解

5.2.1 "两点"解读——注重知识生成过程,低起点夯实基础,高视点培养能力

5.2.1.1 低起点:倡导生活化教学,贴近学生实际

(1)分析学生情况,设计课堂教学。备课要备学生、备教材,只有认真分析教材、了解学情,才能从低起点展开教学,夯实基础。在课前导学中,通过导读、导研,笔者引导学生阅读教材相关内容并完成学案"预习导引"中的习题,根据自身情况查漏补缺,激活基础知识的储备;通过批阅学生预习学案,了解学生现有基础,从而设计、调整课堂教学。

(2)生活化情境导入,激发学生兴趣。本课从两个生活中的问题情境导入——家中破碎的体温计处理、实验室碘中泥沙的分离处理,请学生帮忙处理,学生兴趣一下就被调动起来,旧有知识在生活化情境中自然而然地被激活。

5.2.1.2 高视点:全面认识知识,在知识生成中培养能力

(1)对比分类,全面认识知识。高三复习课,不仅要进行知识梳理,还要进行能力培养。教师要引导学生学会站在学科高度,全面认识每节课的知识地位和生成过程,准确、清晰把握概念和方法。本节课在复习物质的分离和提纯的方法时,先总体认识,有物理方法和化学方法,然后通过表格对比,分"固态混合物、液态混合物、气态混合物"三类进行知识梳理,然后从大量的事实中提炼分离和提纯的方法,通过对比和分类,将知识梳理清晰,串联起来建立系统。

(2)自主学习,激发学习潜能。教师要勇于把课堂主动权还给学生,引导学生自主学习、合作学习,创造条件培养学生的自主学习能力、合作学习能力、研究能力。本节课设计了很多学生活动,如学生归纳方法、学生设计实验方案、学生质疑、学生解答、学生总结等,搭建平台,让学生的自主学习能力得到充分锻炼,激发学生的学习潜能。

5.2.2 "两度"解读——关注学生思维能力,小坡度设置台阶,高密度培养思维

5.2.2.1 高密度:组题训练,突破重点

关注学生思维能力的培养,对教学重点进行高密度思维训练,巩固知识。本节课复习的重点是物质分离和提纯的方法,但方法太多,如何从杂乱的知识中抽丝剥茧,寻找解决问题的方法呢?笔者精选了几组题并放置在表格中,将重点知识题型化,整合不同

状态、不同性质的物质的分离提纯,让学生分析组分特点、选择相应的分离提纯方法,思维容量大;因为设置的题组相关性强,通过对比分析物质状态、物理化学性质、组分含量,选择相应方法,思路清晰;同时,配以变式训练,及时巩固辨析,效果好。

5.2.2.2 小坡度:问题引导,突破难点

关注学生思维能力的培养,对教学难点设置台阶,逐个突破。本节课的难点是物质分离和提纯的方法选择和实验设计。为了使学生对方法有一个清晰的认识,笔者在高密度思维训练的同时,设计了一个个相关的坡度问题层层引导、逐步深入,从而突破难点。

坡度一:物质分离提纯的物理方法

知识太杂,所以分类设置了几个坡度分解难点:①按照固态、液态、气态分类认识;②从两种组分分离到三种组分分离;③两种组分不同量的分离提纯:KNO_3 中混有少量 $NaCl$;$NaCl$ 中混有少量 KNO_3;$NaCl$ 与 KNO_3 1:1 混合,由易到难,由局部到全局,全面认识物质分离提纯的物理方法。

坡度二:给出实验流程,分析实验原理和操作

实验流程分析是难点,在例题一的练习中,设置几个坡度分解实验流程分析步骤:①实验仪器选择;②实验操作步骤;③化学反应分析;④方法选择依据;⑤检验设计,让学生明白实验的构造和分析目标,从而更进一步理解实验设计,也为实验方法的设计应用打下基础。

坡度三:类比巩固,自行设计实验方案及流程图

实验设计在高中化学中也是难点,对学生能力要求较高,靠一节课很难一下提高学生能力,但通过坡度铺垫,由例题一的流程图分析给出了一个规范的实验方案及流程图,再依葫芦画瓢,让学生来设计例题二的实验方案和流程图就容易多了。在学生合作学习、讨论过程中,根据学生实际情况,对设计的几个关键点提示了几个坡度问题,由原有知识拓展到更深层次的知识:①杂质成分分析;②除杂试剂选择;③除杂试剂顺序;④除杂方法选择;⑤除杂操作步骤设计;⑥整体优化,让学生自行设计、展示设计方案。然后学生质疑、设计者答疑,难点在互助学习中得以攻克。然后,再回归教材第198页【课堂实验】氯化钠的提纯实验分析,类比巩固,更深入理解提纯实验设计及操作。

总之,坡度要根据学生的具体情况,分解学习难度,可在教学过程中进行调整,引导学生分析关键点,逐步突破重难点,实现教学目标。

5.2.3 "三动"解读——关注学生主体地位,动手、动脑、动口,改善学习方式

本节课关注学生主体地位,充分创设平台,让学生动手实践、动脑思考、动口表达,激发学生主动学习。本节复习课,设计了很多知识应用的问题,让学生逐一回答;知识方法先让学生归纳、相互补充,老师适当提示完善;实验设计让学生展示、学生质疑、学生回答,老师只是观看,在学生求助时提供帮助,真正让学生成为课堂的主角。

5.2.4 "四导"解读——关注教学方式改善,导读、导思、导研、导行,激发学生潜能

新课程要求以学生发展为本,关注教学方式改善,导读、导思、导言、导行,激发学生潜能,已刻不容缓。

(1)导读:回归教材,温故知新。教材是一切知识的基础,回归教材,唤醒已有知识储备,才能打牢基础,并有温故知新的奇效,在圈圈点点中使学生注重细节,恍然大悟。本节课在预习时让学生先读教材,在课内导学中碰到学生遗忘的知识,又回归教材,进行知识回炉,学生豁然开朗,原来学习并不难,只怕有心人。

(2)导思:遵循认知规律,归纳演绎并重。本节课通过精心设计的一系列相关问题引导学生思考,从易到难,分类对比,坡度设置,模仿实验到合作设计,严格遵循学生的认知规律,归纳演绎并重,先发散后总结,对物质的分离和提纯方法进行了深入探讨,学生的思路紧紧围绕分离提纯课题进行全方位思考,从基础知识到实验设计能力都获得很大提升。

(3)导研:实验设计,拓展应用。本节课大胆创新,让学生合作进行分离提纯实验方案和流程图的设计,引导学生研究实际问题,拓展知识的应用。该课题虽然有一定难度,但对学生研究能力的培养会起到潜移默化的作用,日积月累,对学生的终身发展是大有裨益的。

(4)导行:鼓励学生质疑,支持学生答疑。本节课老师将课堂主动权交给学生,引导学生行动起来,讨论设计好实验方案后,鼓励学生质疑,支持设计者答疑,将行动研究进行到底。学生通过提问和回答,思维真正活跃,口和手都真正动起来,学习潜能在问答之间和思维碰撞中得以激发。

"二二三四"导学,关注全体学生,因材施教,课堂气氛活跃,学生参与积极性高,思维得到高度训练,使不同认知水平的学生都有收获,知识与能力都得到提升。探索学案导学的课堂教学方式,仍需不断改进、循级而上,激发学生潜能。

第七章

信息化导学的实践研究

现代媒体技术为学案导学注入了新的活力,如何融合信息技术为学案导学助力呢?笔者尝试开展了信息班的实验教学,借助动画软件、交互式电子白板、平板电脑、智慧学习平台等媒体技术,让学案导学更趣味性、个性化、自主化。

第一节　信息技术融合导学的实践研究

上海市二期课改强调学生学习方式的改变,如何有效提高教学效率引起了教育者的思考。传统的"板书＋粉笔＋嘴"的教学方式,早已满足不了二期课改的需要。现代媒体技术,如动画软件,让抽象知识变得生动有趣;交互式电子白板,融合了交互式技术,让中学化学课堂变得互动高效;平板电脑的使用让个性化学习成为现实;翻转课堂,给学生的自主学习注入了新的活力……信息技术对教育的变革正在进行。

一、巧用动画模拟软件,激发学生创新意识

电脑软件为我们提供了视、听、触等多方位感官的模拟和再现。教师通过动画软件将教学资料制作成精美的 PPT、Flash 等课件,配以图片、音乐等,使学生在学习化学知识的同时,得到艺术的享受,激发学生创新意识。

(一) 利用 Flash 动画,帮助学生形象理解抽象问题

利用 Flash 等动画软件,将抽象知识形象化,可帮助学生更好地理解抽象问题。

如学习氧化还原反应的原理时,还原剂失去电子化合价升高,氧化剂得到电子化合价降低,比较抽象,学生往往容易记混淆。如何让学生更生动理解这个原理呢? 利用 Flash 动画,将氧化剂和还原剂设计成两个坐跷跷板的动画人物(见图 7 - 1),还原剂抛

图 7 - 1　氧化剂和还原剂 Flash 动画截图

(a) 图未失电子　(b) 图为还原剂失去电子后的情况

出电子给氧化剂后,跷跷板向上翘起,生动形象,便于学生理解。

(二) 建立动画立体模型,攻克学生空间思维难点

Microsoft Office PowerPoint 软件制作的演示文稿 PPT 可图文混排,通过动画呈现图文内容,已广泛应用于教学中。晶体结构教学是学生学习的难点,利用 PPT 中的动画功能,可以构建晶体模型,将空间结构直观化。通过学生观看氯化钠、金刚石、二氧化硅、二氧化碳、C_{60}、石墨等典型晶体的结构模型,充分利用模型帮助学生理解、想象来分析晶体的结构特点,知识的难度就大大下降了。

为了研究二氧化硅晶体的构成、成键情况、键角、原子之间的比例关系,利用 PPT 突出设计了相关结构[见图 7-2(a)]。图 7-2(b)是二氧化碳晶体结构示意图,分三个维度突显了每个 CO_2 分子周围最近的 CO_2 分子情况,从而生动、容易地解决了每个 CO_2 分子周围有 12 个最近的 CO_2 分子的空间结构难题。

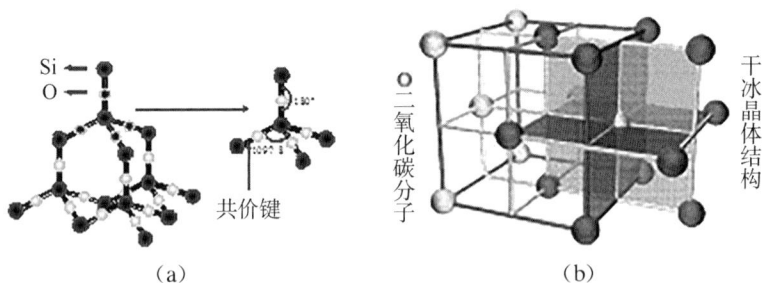

图 7-2 二氧化硅和二氧化碳晶体结构示意图

(a) 二氧化硅晶体结构示意 (b) 二氧化碳晶体结构示意

空间化学往往较抽象,学生难以理解,通过动画模型法,给学生建构相对熟悉的模型,能促进学生的理解,激发学生的空间想象能力。

(三) 利用动画轨迹,加深抽象原理理解

PPT 软件的动画轨迹功能可实现简易的动画效果,借助此功能可以帮助学生加深对抽象知识的理解,达到事半功倍的效果。

如学习"纸上层析法"时,纸上层析的原理比较抽象,为加深学生对宏观现象背后的实验原理的理解,笔者选择了 PPT 动画轨迹辅助教学,利用 PPT 中几个小球运动的动画轨迹,直观展示不同微粒在同一起点、同一溶剂中以不同速度进行运动,从而达到分离的目的。借助动画,学生对微观现象的理解更为直观、生动,空间想象能力得到提升,对培养学生的创新思维很有帮助。

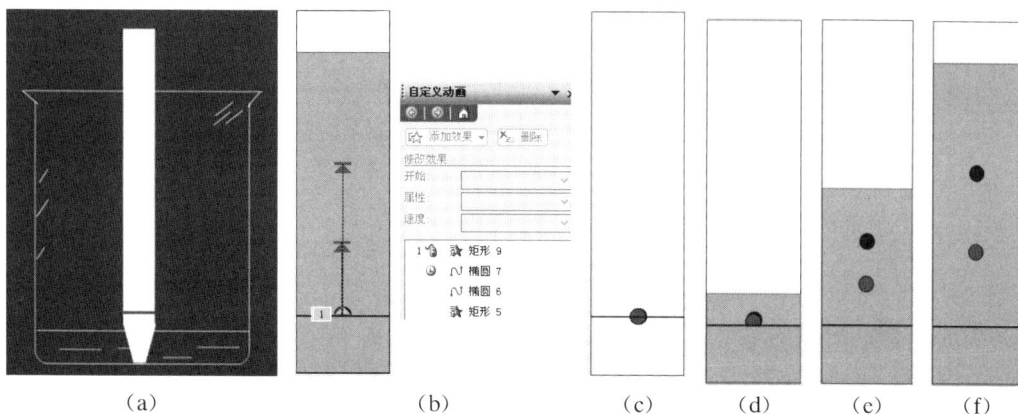

图7-3 "纸上层析法"动画原理

（a）纸上层析装置图 （b）层析原理的动画轨迹设计 （c）～（f）动画效果截图

动画分为2D动画、3D动画和网页动画等,在高中化学教学中的应用还不够深入和广泛,但它对教学特别是微观、原理教学的促进作用是有目共睹的,我们还需要继续开发、使用,让动画成为激发学生创新意识的有力工具。

二、巧用交互式电子白板,激发学生创新思维

传统的投影只能呈现教师准备好的资料,缺乏交互功能,使用起来比较生硬。交互式电子白板是近年来国际上推出的一款全新的、功能强大的高科技教学工具。交互式电子白板改良了传统黑板,同时又融合了交互式技术,为中学化学课堂教学增色不少。在高中化学课堂中利用交互式电子白板的强大技术支持功能,可以拓展教学空间,让学生在趣味教学中体验化学学习的乐趣,激发学生创新思维。

（一）新授课呈现形象资料,激发学生创新意识

交互式电子白板除了具有传统的投影、PPT等功能,可以生动活泼地呈现事先准备好的各类图片、动画、视频等资料,将资料立体化、趣味化、丰满化;还具有很多资源开发的功能,利用电子白板资源库和 Flash 模板,可以很方便地生成教学需要的资源。

新授课"甲烷的结构探究和实验室制法"的知识呈现

"甲烷的结构探究和实验室制法"是高二新授课,学生第一次接触有机物的学习,有点畏惧,但使用交互式电子白板呈现甲烷多样化材料(见表7-1)后,学生在电子白板上进行分子式计算、拖拉组装实验装置、书写思考答案,结合动手搭建模型探究甲烷的结构,充分动手、动脑,课堂气氛活跃,学生的探究潜能获得激发。

表 7-1　使用交互式电子白板呈现甲烷多样化材料

编号	材料呈现	白板功能使用	教学效果
1	图片	展示	生动、美观,激发兴趣、美的享受和情感教育
2	甲烷分子式的计算例题、变式题	拖拉	根据学生在课堂上的反应情况,及时调整教学
3	甲烷的几种模型	聚光灯功能	将需要引起学生注意的部分逐一凸显,而遮挡住其他部分的内容,一次讲解一个模型;学生注意力高度集中
4	将科学探究的一般方法逐一呈现归纳	幕布遮挡	一步一步分析,学生的思维完全被调动起来
5	单一的仪器装置图,进行甲烷制备及收集装置的选择、组装	无限克隆功能、拖拉	学生在白板上拖拉仪器,进行实验装置的组装
6	Flash	动画附件调用	微观可视化,生动形象,更好理解制备原理,攻克难点
7	甲烷制备的实验视频	实验视频链接	形象直观,有真实体验,印象深刻
8	随机抽取学生回答问题	点名器功能	学生的注意力更集中
9	设问和答案	翻板	及时释疑

案例说明: 使用交互式电子白板,资料的呈现方式更多样、更生动、更有生成性。利用拖拉计算、模型聚焦、仪器组装、克隆拼接等多种资源,全方位探究甲烷的立体结构,学生对有机物结构的研究方法有了感性而深刻的认识,很好地迈出了有机物结构学习的第一步。

(二) 复习课扩充思维容量,激发学生思维潜能

交互式电子白板能在教学过程中随时填涂、删改、移动,对复习课扩充思维容量有很大的促进作用,通过组装构建仪器,可提高学生的化学实验设计和分析能力,在高密度的思维训练中激发学生的思维潜能。

复习课"定量实验的综合应用"的组装建构

复习定量实验时,为提高学生对气体体积法、重量法、滴定法的综合理解和应用,可通过对比梳理实验方法、设计实验方案、组装实验装置、探讨实验细节等交互教学方式加深理解(见表 7-2 和图 7-4)。

表7-2 使用交互式电子白板进行"定量实验的综合应用"教学

编号	教学内容	白板功能使用	教学效果
1	对比梳理三种定量实验方法	表格遮挡	根据学生上课反应情况灵活点击表格遮挡、呈现知识内容
2	设计混合物中碳酸钠含量测定的实验方案	拖拉	根据学生在课堂上的反应情况,及时调整教学,灵活呈现化学反应方程式,分析到位
3	拖拉组装实验装置	无限克隆功能、拖拉	两位学生在白板上拖拉仪器,进行实验装置的组装,可对比分析,锻炼学生的全面思维和创新能力
4	分析探讨实验方案细节	聚光灯功能	将需要引起学生注意的部分逐一凸显,而遮挡住其他部分的内容,让学生逐一分析某一实验细节,学生注意力高度集中

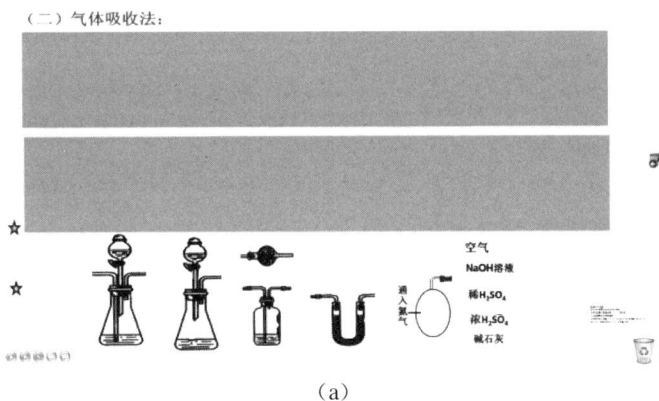

（a）

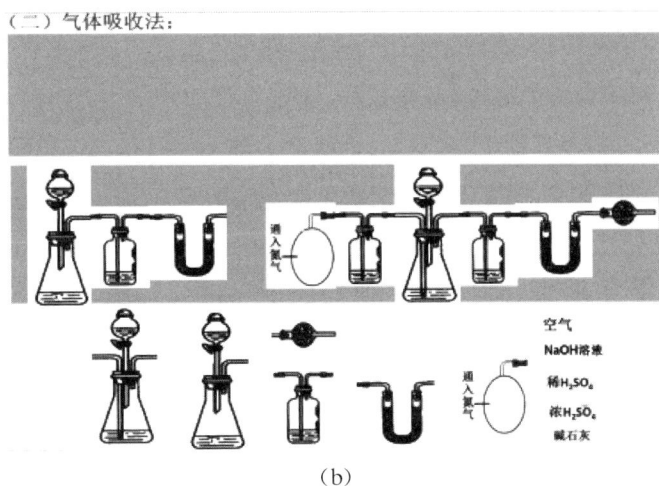

（b）

图7-4 使用交互式电子白板拖拉组装实验装置

（a）未组装的仪器图 （b）学生组装的仪器装置图

案例说明：通过交互式电子白板的无限克隆和拖拉功能，可将单个的实验仪器进行自由组装，组合成"发生装置-除杂装置-检测装置-尾气处理装置"一整套实验装置，并可根据需要方便地移除、插入、修订，让学生在拖拉-组装中提升实验设计能力，在装置组装中碰撞思维，激发学生创新实验的能力。

（三）习题课使用交互技术，激发学生研究潜能

通过交互式电子白板这一现代媒体的应用，架起了师生互动、共同学习提高的桥梁。在习题课中使用交互技术，原本枯燥的课堂活跃起来，各类变式训练的应用，及时巩固知识，并调动课堂气氛，在情境交融的人机交互、生生交互、师生交互中，学习变得快乐，思维变得更活跃，从而激发学生的研究潜能。

习题课"离子反应图像"的交互应用

"离子反应图像"是高三化学第二轮复习课，在教学设计中，笔者大胆把课堂交还给学生，充分利用交互式电子白板的交互功能，让学生从"识图-画图-用图"的人机交互、生生交互、师生交互中体验学习的乐趣；学生能想到的让他们自己想，学生能做的事情让他们自己做，教师只是起引导和启发的作用；在教学媒体方面，选择交互式电子白板辅助教学，教师从黑板和鼠标中解脱出来，借助电子笔，自如地在电脑、白板与学生之间进行切换，师生关系变得更亲近、融洽。

案例说明：交互式电子白板，让学生也能走上讲台，在电子白板上自如地展示自己的所思所想，学生自己操控、发展和演绎知识的生成……课堂不再只是教师预设好的课堂，而是一部真正由师引导、学生为主体的课堂，课堂气氛融洽而活跃。

通过交互式电子白板的拖拉、幕布遮挡、无限克隆等功能，根据课堂上学生的反应情况及时调整教学，师生互动、生生互动、人机互动都大大提高，学生的思维完全被调动起来，突破难点，突出重点，提高学生的创新思维。

三、巧用网络信息平台，激发学生创新技能

创新能力的突出特征是创造和新颖，在现有事物中找突破，在未来设想中求发展。现代教育技术信息量大，特别是与计算机网络技术相融合，可有效实现知识共享和新知识的快速传播。网络技术在家庭、学校、社会越来越普及，指导学生正确使用网络技术，搜索资料，查阅课堂上要讨论的课题，拓宽知识视野，为学生的自主学习和创新提供平台，并及时更新和发展。

（一）网络空间讨论，激发思维碰撞的火花

计算机网络，将地理位置不同并具有独立功能的多个计算机系统通过通信设备和线路连接起来，且以功能完善的网络软件实现网络资源共享和通信。借助网络，可以构建讨论的空间，拉近时间、地点、人与人的距离，在随时、随地的讨论中产生思维碰撞的火花，激发学生的创新思维。

1. 利用聊天工具，加强师生交流

学生碰到个人问题，不好意思与老师当面交流，借助聊天工具如 QQ，可降低学生的腼腆心理，及时请教老师，加强师生交流。学生在寒暑假和双休日最苦闷的是在自主学习时遇到问题不能及时地请教老师，利用网络平台正好为学生提供了一个自主探讨、交流学习的平台。

2. 利用论坛留言，加强学生学习情况交流

构建留言板或者学习论坛讨论，你一言我一语，平时在课堂上不爱发言的学生有时候也来凑凑热闹，慢慢就激发出了自信，从而在现实课堂中开始找回自信，踊跃发言了。学生针对自己学习、作业中遇到的问题，提问并讨论，通过与老师和同学之间的相互解答和激烈讨论，让更多学生在思辨中有所收益，学习热情高涨。

如学习中和滴定时，有两点关键——实验终点的判定、液体体积的准确测定。笔者把定量仪器的学习放在课前预习中，让学生在网络空间讨论、设计定量仪器，笔者采用层层设问、步步为营的策略，让学生思考该定量实验需要达到的目的，并进行充分讨论、完善，然后让学生自主设计并画出定量仪器的图稿，再拍照上传、交流讨论、自我完善。第二天上课时，教师再引导学生分析完善，共同总结探讨定量仪器的要点和使用，水到渠成，在这一探讨、设计、交流中，提升学生的创新能力。

（二）提供资源拓展视野，激发学生创新思维

网络上的资源丰富、更新快，教师可为学生提供上网查资料、拓展视野的机会，同时也可以建立班级学习网站，链接各学科教师个人网页、学科网站等形式，为学生提问和老师答疑提供方便，在老师的个人网站上也可建立试卷、课件库的下载链接，作为师生互动和交流的平台。通过这些课件、试卷资料的浏览，学生可以预习新的内容和复习已学的内容，也可以在下面发表自己的意见，与制作课件的老师进行交流。实践发现，学生对网络平台的辅助教学比较感兴趣，课余时间被有效利用起来，大大提高了学生学习的有效性和针对性。在资源的自主学习和交流探讨中，激发学生的创新思维。

课外，教师可选定研究课题，让学生利用网络查阅资料，拓展视野，学生不仅锻炼了查资料分析问题和解决问题的能力，而且培养了自主阅读和表达能力。

巧用知网查文献,催产学生创新项目
——"一种新型自发热鞋垫"的诞生

2012 学年,我组织学生参加了第二十八届上海市青少年科技创新大赛。学生按照兴趣爱好自发组队,然后我指导学生一起查阅文献资料,搜索当前相关领域的研究近况和成果。通过文献,学生了解了前人的创意,否定了自己原来一些比较稚嫩的想法,也重新开始审视自己的创意,从而进一步完善创新,后来从众多的学生创意中确定了最终的创意方向,并通过文献的启发,不断完善研究方案;然后,在此基础上,学生进行团队合作,查阅资料、设计方案、制作模型、撰写论文,有两个比较优秀的项目"一种新型自发热鞋垫""汽车尾气处理装置"获得了区参赛资格,最终"一种新型自发热鞋垫"获市三等奖。"一种新型自发热鞋垫"利用所学化学反应、放热反应、材料等知识,设计了一种新型发热鞋垫,无需电路,可在静止时自行放热;使用方便,造价低廉;集除汗、保温、除臭于一身,适用于多种人群。学生通过课题研究,获得成功的体验,也激发了创新潜能。

案例说明:创新来源于生活实践,教师需要指导学生将日常生活中的问题转化为一个个小的课题作为学科研究的起点,在文献检索的基础上针对学生自己感兴趣的学科问题展开课题、实验研究。阅读文献资料,与时俱进,是教科研的好帮手。引导学生学会查阅文献并分析资料,是笔者在辅导学生参加化学竞赛和创新项目研究中得心应手的法宝。引导学生阅读文献,帮助和指导他们开展课题研究,将问题转化为课题进行研究化,可激发学生的创新潜能。

授之以鱼不如授之以渔,网络技术为激发学生的创新技能提供了有力支撑。多媒体、网络条件下的互动活动更具有针对性,构建一个以学生为主体的师、生、机立体交叉式的互动学习环境,从而使学生在积极参与、主动探索和大胆创新过程中提高学习的自主性和能动性,开发自主学习的潜能,还可以使学生之间通过分享与交流对问题的不同认识,形成对事物更加全面、丰富、深刻的理解。

第二节　平板电脑导学实践研究

综合应用平板电脑、交互式电子白板、智慧学习平台等信息化技术、工具,融合进行信息化导学,可以提供导学的趣味性、生动性和有效性。笔者尝试开展了多节信息化导学的创新实践课,获得了较好的效果。

平板电脑以其小巧方便的优势,逐步走进课堂,借助智慧课堂学习平台,将基于互联网的移动学习引入课堂,为学生打造了全新的自主学习的环境、资源和氛围,利用平板电脑在"课前-课中-课后"三环节中促进学生自主学习化学。

一、课前平板支架学习,及时检测、精准分析学情

借助平板电脑,教师提前将文字、图片、语音、视频等自主学习材料放在智慧学习平台,或者制作成10分钟左右的"微型化主题研究"教学微视频放在学习平台上,形成多种形式的学习资源。学生可以根据个人兴趣,自主选择学习时间和学习资源进行课前预习,并通过平板电脑上的检测题及时进行过关,激发自主学习力。教师可以通过教师端,看到每个学生观看微视频的时间、频率、检测情况,及时、精准地得到学生学习后的收获和疑问,构建了教与学的沟通桥梁。

二、课中自主分组研究,动态思维探究解决问题

课中以学生为主体,教师借助平板电脑积极引导学生动手、动口、动脑,学生进行分组讨论、交流学习,积极提出问题、分析问题、解决问题。

自主分析电解混合溶液的原理

在"电解池"教学中,从电解氯化钠、电解氯化铜溶液的原理的对比分析,师生共同总结了电解原理,接着从单一溶液分析转到混合溶液分析,进行变式思维训练。图7-5(a)所示是学生利用平板电脑在自主选择研究课题、分析电解混合溶液的原理,每个学生都充分动起来,在平板电脑上自主分析电解原理。而教师在教室的白板大屏幕上投影一个学生的平板电脑页面[见图7-5(b)]进行示范,动态显示学生的思维和答题过

程,暴露学生的思考过程,更便于进行针对性讲评。

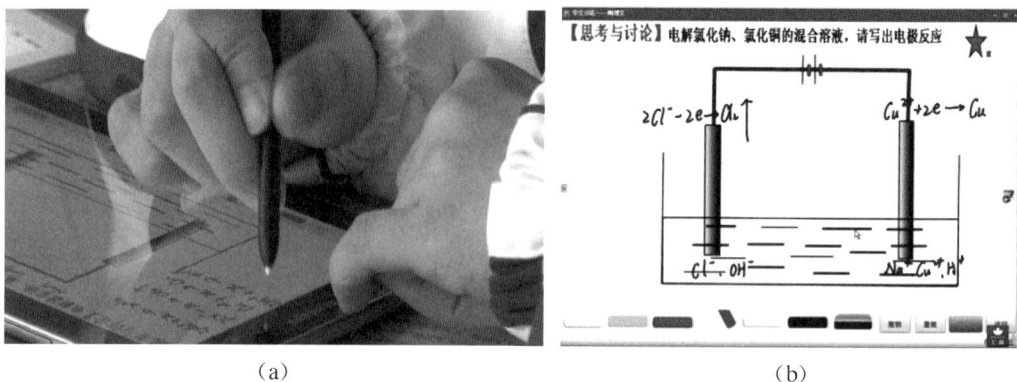

（a）   （b）

图 7‒5   学生利用平板电脑自主分析电解混合溶液的原理

（a）学生在平板电脑上自主分析电解原理　（b）教室白板投影学生示范

在平板电脑的技术辅助下,每个学生的学习轨迹和学习成果都被真实地记录下来,课后教师可以随时调用分析,对学生进行针对性指导。学生也可以在每周回家复习时,回放自己的一周学习情况,进行有效的反思复习。

三、及时统计反馈作业,构建个性化学习档案袋

平板电脑应用于智慧教学平台,方便实现作业统计功能,及时反馈学生的作业情况,统计每个学生的选项、正确率以及班级的得分情况,便于教师进行作业讲评及调整教学进度和难度。同时,系统可以自主生成每个学生的错题集,快速构建学生的个性化学习档案袋,方便学生打印错题进行复习巩固,并选择性听取录课宝的习题辅导讲解。这样,学生的作业辅导更具有个性化、针对性。

图 7‒6 所示是学生利用平板电脑进行学习讨论及作业的记录。学生可以利用平板电脑进行课中学习[见图 7‒6(a)],及时反馈,并留下课堂记录。课后进阶作业也可以在平板电脑上进行[见图 7‒6(b)],方便教师快速、准确统计正误。学生也可根据需要听取某一道题目的录课宝解析,进行自主答疑,可多次、反复听讲解直到听懂为止,如果还有问题可再与老师、同学交流讨论。

平板电脑对上课笔记、答题痕迹的保留,对于学生课后巩固复习也有很大帮助,可帮助他们回忆上课时知识的生成过程,保留学习笔记,更好地唤醒记忆。

（a）

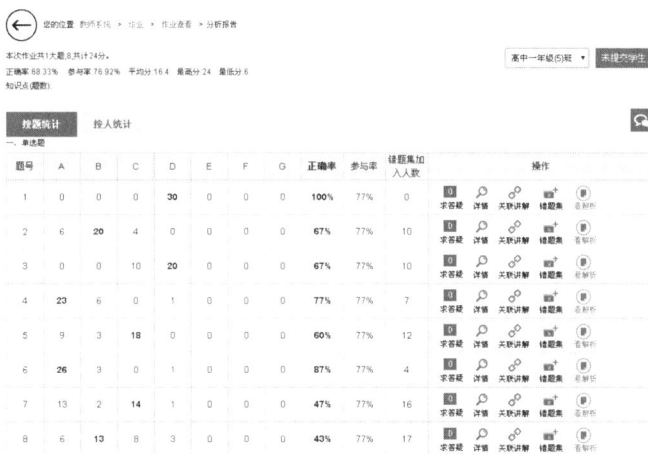

（b）

图 7‑6　学生利用平板电脑进行学习讨论及作业

（a）学生平板电脑的课堂记录　（b）学生在平板电脑上进行课后进阶作业及时反馈

四、平板拍摄学习过程，课后创新研究落地有声

利用平板电脑的拍照录像功能，学生可以进行随时拍摄学习笔记、记录学习疑问、回放学习、多次反复研究，将学习的过程有效记录，个性化学习更真实有效、资源更丰富完善。

平板电脑进行"乙醇"周末探究学习

学习乙醇时，以兴趣为导向，自由组建学习小组，利用周末进行探究性学习，设计一个探究乙醇历史和性质的小实验，讨论研究的问题、设计方案、进行实验、结果分析，并用手机或者数码相机中的视频软件拍摄研究过程和现象，上传到云盘，相互可以观看交流。上课时,再让大家相互交流评论,请得票较高的学生展示自己研究的思路和想法,相互切磋,在无形中提高了学生的课题创新研究能力。

创新是一个民族进步的灵魂。树立"以学生为本"的教学理念,巧用平板电脑进行移动学习,帮助学生课前视频支架有效预习、课中辅助课堂生动教学、课后作业及时反馈精准定位、协助创新研究等,在课前、课中、课后三个学习环节中拓展教学空间,提供了一个很好的自主学习、合作学习、师生交流互动的平台,有效激发学生兴趣、思维、研究潜能,激发学生学习兴趣和自主学习能力,为化学教学打开一扇新的窗。技术创新给高中课堂中教师和学生都带来了全新体验和新的挑战,给化学教学注入了新的活力。

【教学案例5】 "乙醇分子的组成和结构"教学案例研究①

1. 教学目标

1.1 知识与技能

(1)知道乙醇的分子组成。

(2)理解乙醇的结构。

(3)理解乙醇的可燃性、与活泼金属反应等性质。

1.2 方法与过程

(1)通过设计定性、定量实验探究乙醇的分子组成,学会研究有机物分子组成的方法。

(2)通过分子式推测乙醇结构及 Na 与乙醇反应的定性定量实验研究,理解乙醇的结构。

1.3 情感、态度、价值观

(1)感受化学与生活的紧密联系,激发学习兴趣。

(2)培养严谨的科学态度和定性定量分析思想,渗透结构决定性质的思想。

2. 教学重点

乙醇分子的组成和结构。

3. 教学难点

乙醇分子的结构及探究能力培养。

4. 教学媒体

采用 PPT、板书、实验。

---

① 本节课教学录像获"2016 年新媒体新技术教学应用研讨会暨第九届全国中小学创新(互动)课堂教学实践观摩活动"教学课评比二等奖。

5. 教学流程

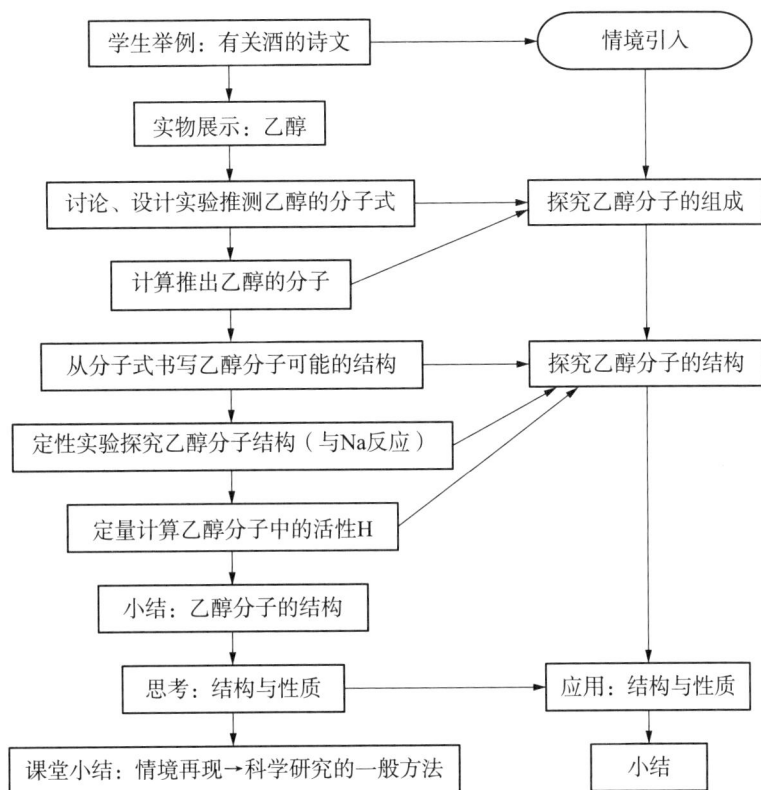

6. 教学过程

教学环节	教学设计	设计说明	媒体使用
环节一：情景激趣	【引入】酒是故乡的醇,我国的酒文化丰富多彩,请说出有关酒的诗句 【学生回答酒文化诗句】"借问酒家何处有,牧童遥指杏花村""葡萄美酒夜光杯""明月几时有,把酒问青天""何以解忧,唯有杜康"…… 【介绍用途】据记载,我国是世界上最早学会酿酒和蒸馏技术的国家,酿酒的历史已有4 000多年。酒中精华是什么?——酒精,化学名称为乙醇。乙醇有相当广泛的用途,如医用酒精(体积分数为75%的乙醇水溶液)可用于杀菌、消毒等。今天我们就一起来研究乙醇。乙醇是一种什么样的物质呢? 【展示乙醇】展示酒精灯	情景引入,激发兴趣展示实物,感性认识。	图片表格放大显示,生动美观,美的享受和情感教育。

（续表）

教学环节	教 学 设 计	设计说明	媒体使用
环节二：分子组成探究	【启思】性质由结构决定，首先让我们来探究一下乙醇分子的结构。组成乙醇分子的元素有哪些呢？请设计实验来证明。 【学生讨论设计】设计实验证明乙醇分子的组成： （1）定性实验：燃烧——分别用干燥的烧杯和内壁蘸有澄清石灰水的烧杯罩在火焰上，验证反应产物——水、CO_2→有 C、H，可能有 O （2）定量实验——确定是否含 O 元素 取 V mL 乙醇，燃烧，将气体产物分别通过无水 $CaCl_2$ 和碱石灰，分别测出增重 $m(H_2O)$、$m(CO_2)$，计算 【定量计算】将 4.6 g 乙醇完全燃烧后，生成 0.2 mol 二氧化碳和 5.4 g 水，测量乙醇蒸汽的相对密度是相同状况下氢气的 23 倍，求乙醇的分子式。 【板书小结】1. 乙醇的分子式：C_2H_6O	设计实验，探究组成	单元格阴影，点击出现隐藏的实验设计方案。 无限克隆功能、拖拉组装仪器，人机互动。 学生平板投影示范；书写，保留解题痕迹。
环节三：乙醇结构探究	【推测】学生从分子式推测乙醇的分子结构，可能有以下两种结构式： （A）CH_3CH_2—OH：有 1 个氢原子与其他 5 个氢原子不一样 （B）CH_3—O—CH_3：6 个氢完全相同 【定量实验】无水乙醇与钠反应 【设计定量实验】定量测定足量的钠与乙醇反应产生的氢气的体积。 【启发】 （1）原料、原理是什么？控制乙醇过量，还是 Na 过量？——Na 过量 （2）采用何种实验装置？——气体摩尔体积测定装置 （3）实验的关键是什么？——确保乙醇完全反应；准确测定乙醇的体积、产生氢气的体积；气体发生器要干燥。 （4）操作步骤如何？气体发生器能否加水？ 110~130 mL A　　　　B　　　　C 气体发生器　储液瓶　液体量瓶 **实验装置**	定性定量，探究结构	移动，拼插乙醇可能的结构，同屏投影实验现象。 图片展示，分析实验装置。

（续表）

教学环节	教学设计	设计说明	媒体使用
	【学生交流设计实验】 (1) 原料：乙醇、Na (2) 装置——气体摩尔体积测定装置 (3) 操作步骤 (4) 数据处理 【学生分组定量计算】 【小结】 【板书小结】2.乙醇的分子结构 (1) 电子式：$H:\overset{\overset{\displaystyle H}{\cdot\cdot}}{\underset{\underset{\displaystyle H}{\cdot\cdot}}{C}}:\overset{\overset{\displaystyle H}{}}{\underset{}{C}}:\overset{\cdot\cdot}{\underset{\cdot\cdot}{O}}:H$ (2) 结构式： (3) 结构简式：CH_3CH_2OH 或 C_2H_5OH		及时反馈；书写，保留解题痕迹 点击呈现乙醇的几种表示方法。
环节四：小结应用，方法提升	【展示】乙醇分子的比例模型和球棍模型 【思考】 (1) 醇为什么能与水互溶？ (2) Na为什么能保存在煤油中？能否保存在乙醇中？ 【小结】结构决定性质，性质体现结构；官能团对有机物性质具有决定性作用。 【课堂小结】 情境再现　　　科学研究的一般过程 乙醇的结构式怎样的呢？　提出问题 ⬇　　　　　⬇ 由分子式得到两种可能的结构，并分析其差异　分析问题 ⬇　　　　　⬇ 利用乙醇与足量金属钠的反应。先定性，后定量　提出方案 ⬇　　　　　⬇ 　　　　　定性→定量 由数据计算得到乙醇与氢气的物质的量之比　⬇ ⬇　　　　　分析数据 得到乙醇的结构简式　⬇ 　　　　　得出结论	展示模型，应用解决问题，思考深化。 引导学生总结科学探究的一般方法	点击动画呈现
环节五：分层作业	作业布置： (1) 必做："学案"五、实践感悟——自己练 (2) 选做：①"学案"六、提高训练——试着做 ②乙醇主题研究作业：自由组建学习小组，利用周末进行探究性学习，调查乙醇结构发现历史、用途等撰写报告或者制作小报，或者设计探究乙醇结构性质的小实验，研究过程和现象的相关图片、视频拍摄上传到智慧学习平台。	布置分层、主题式研究作业	显示作业

7. 教案设计说明

乙醇是高二年级第二学期化学教材第十二章"初识生活中的一些含氧有机化合物"的第一节教学内容,是继烃、卤代烃学习之后,又一重要的烃的衍生物。羟基是醇的官能团,是学生第一次认识的一种多原子官能团,羟基的结构和性质是本节教学内容的重点和难点;学好醇,可为以后其他一些烃的衍生物学习打下坚实的基础。

通过前面有机物的学习,学生对烃和卤代烃的知识、官能团的概念有了一定认识;积累了一定的定性定量分析方法,以及测定物质组成元素的方法,具有一定的物质组成和结构推断的能力。但对有机物官能团结构认识不深,对含氧官能团没有直观认识。

本节课从实验及学生已有的生活背景知识出发组织和设计教学,激发学生兴趣。充分利用化学实验、模型、现代教育技术等手段,通过乙醇的分子组成和结构的探究,加深理解乙醇的结构和性质,进一步理解结构和性质的关系。设计定性、定量实验,探究分子组成结构,体会科学探究与创新意识。构建模型结构,认识分子结构,培养证据推理与模型认知。

8. 课后反思

本节课通过小组合作研究,借助实验法、模型法突破结构难点,培养学生证据推理与模型认知的学科核心素养。同时,创新应用智慧课堂学习平台、交互式电子白板、平板电脑等现代媒体技术,改善学生的学习环境和学习方式,效果较好。

8.1 实验设计探究组成,培养科学探究与创新意识

化学是以实验为基础的学科,实验研究是化学的基本方法。从定性实验研究乙醇的组成元素到定量实验研究乙醇的分子组成,是研究方法的提升。通过定量实验方法和仪器设计,可直观感悟定量实验魅力,培养科学探究与创新意识的化学学科核心素养。

8.2 模型搭建探究结构,体会证据推理与模型认知

模型法能帮助学生提高思维能力和空间想象能力。通过分子模型工具,充分发挥学生的想象能力,自主搭建乙醇结构,激发学生的创新思维能力。结合科学实验等信息分析,借助分子模型进行筛选,从而确定乙醇的空间结构,可让学生感受乙醇的空间分子结构探究历程,培养证据推理与模型认知的学科素养。

8.3 创设新颖有趣的学习环境,融合信息技术激发兴趣

创设新颖有趣的学习环境,随意组装提高人机交互:通过交互式电子白板的无限克隆、拖拉功能实现组装实验仪器,人机交互好。实验设计是实验教学中的难点,也是激发学生创新和综合应用知识的一种载体。在传统教学中,教师只能让学生在纸上画出设计的实验装置,花费时间较长,然后用投影展示讲解,有时画面太小不够清晰。利用交互式电子白板的无限克隆、拖拉功能,可以将教师事先准备好的实验仪器等教学资源进行重组应用。学生在电子白板上根据自己的设计进行仪器选择和组装,可以很方便

地调整仪器连接顺序,随意调换仪器和药品,做到手、脑并用,思维与行动相统一,从而提高人机互动,帮助教师创设更新颖有趣的教学环境,让机器更好地为教学服务。

教学过程更优化,智慧课堂及时反馈:智慧课堂学习平台——易教平台,及时反馈学生作业情况;计算保留解题痕迹;学生示范投影,提高课堂效率,关注每一个学生。传统的化学课堂,讲练结合时,学生做题的速度不统一,教师把握讲评习题的时间和讲解的程度全凭经验。智慧课堂让我们进入了全新的数据统计时代,学生在平板电脑上做好题目就提交上传,教师可以通过上传人数的多少确定习题结束的时间,点击查看就立即呈现出该题的准确率统计及每一个学生的结果,讲解习题的效率和针对性大大提高。同时,通过学生示范,还可以将某一个学生的解题思路和过程进行演示,这样,边讲解边板书,学生也可以做小老师,有时讲解的效果比教师还好。

改善教学方式,同屏传递实验信息:让实验放大,现象更明显,原来看不到的现象能清晰看到。传统的化学课堂,教师做演示实验时,往往受反应装置的限制,实验现象不那么明显,稍纵即逝。用平板电脑结合 EZCAST 程序,可以直接将平板电脑上的信息同步反馈到大屏幕投影上,放大实验现象和实验细节,分辨率高,现象明显,学生便于观察。当学生实验时,教师也可利用平板电脑进行拍照、录像,捕捉学生实验的错误或者较好的实验现象,在总结讲评时,可同屏回放这些记录的图片和视频,用事实说话,回放的资料更丰富、生动。

"乙醇的结构和性质"学案

自主学习单　乙醇的结构和性质(第一课时)

姓名_____　班级_____　学号_____

1. 乙醇的制法

【拓展视野 1】教材第 49 页:杜康与酒。

(1) 发酵法:淀粉(_____)→葡萄糖(_____)→乙醇。

(2) 乙烯水化法:_____。

2. 乙醇的用途

【拓展视野 2】教材第 50 页:酒对人体的作用。

乙醇可用作燃料,如_____等;制造饮料和香精,食品加工业;一种重要的有机化工原料,如制造_____、_____等;有机溶剂,用于溶解树脂,制造涂料;医疗上常用含乙醇体积分数_____的酒精作为消毒剂。工业酒精含乙醇_____。

课堂学习单　乙醇的结构和性质(第一课时)

【学习目标】掌握乙醇的组成和结构及其探究方法,初步掌握乙醇的部分性质。

【情境导入】有关酒文化的诗句。

【探究一】乙醇的分子组成。

【设计实验】类比甲烷的分子组成,设计实验研究乙醇的组成。

【数据分析】将 4.6 g 乙醇,完全燃烧后生成 0.2 mol 二氧化碳和 5.4 g 水,且乙醇蒸气的相对密度是相同状况下氢气的 23 倍,求乙醇的分子式_____。

【探究二】乙醇的分子结构。

【推测】乙醇的结构式①_____;②_____。

【模型搭建】乙醇分子的结构。

【定性实验】设计定性实验,大胆验证你的猜想。

【定量实验】设计定量实验,测定 1 mol 乙醇中的活泼氢原子的物质的量。

【数据分析】教材第 51 页:"探究与实践"实验测定有关数据如下:

乙醇的质量/g	氢气的体积/L
1.15	0.28
1.84	0.448
2.30	0.560

由实验数据可分析得到:

(1) 1 mol 乙醇与钠完全反应,生成_____mol 氢气,即_____mol 氢原子。

(2) 1 mol 乙醇分子中存在的活泼氢原子_____mol。

【结论】乙醇的分子结构式为_____,结构简式_____电子式_____。

【小结】科学探究的一般方法_____。

【课堂小结】

【课后巩固】

(1) 下列关于羟基和氢氧根的说法中,不正确的是_____。

A. 两者相同　　　　　　　　　　　B. 羟基比氢氧根少一个电子

C. 组成元素相同　　　　　　　　　D. 氢氧根比羟基稳定

(2) 可以证明乙醇中含有水的物质是_____。

A. 金属钠　　　　B. 浓硫酸　　　　C. 无水硫酸铜　　　D. 碘

(3) 某醇和金属钠反应,消耗的醇与产生的氢气的物质的量之比为 1:1,则该醇分子中所含羟基的数目为_____。

A. 1个   B. 2个   C. 3个   D. 4个

（4）$0.2\,mol$ 有机物和 $0.5\,mol\ O_2$ 在密闭容器中燃烧后的产物为 CO_2 和 $H_2O(g)$。产物经过浓硫酸后，浓硫酸的质量增加 $10.8\,g$，再通过碱石灰被完全吸收，碱石灰质量增加 $17.6\,g$。

① 判断该有机物的化学式为_____。

② 若 $0.2\,mol$ 该有机物恰好与 $4.6\,g\ Na$ 完全反应，则该有机物的结构简式为_____。

【挑战提高】

（5）为了测定乙醇的结构式，有人设计了用无水酒精与钠反应的实验装置和测定氢气体积的装置进行实验。可供选用的实验仪器如图所示。

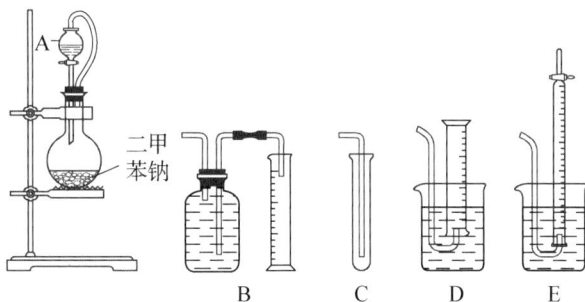

① 测量 H_2 体积的装置是_____（填编号）。

② 装置 A 中分液漏斗与蒸馏烧瓶之间连接导管的作用是_____（填编号）。

A. 防止无水酒精挥发

B. 保证实验装置不漏气

C. 使无水酒精容易滴下

③ 实验前预先将小块钠在二甲苯中熔化成小钠珠，冷却后倒入烧瓶中，其目的是_____。

④ 已知无水酒精的密度为 $0.789\,g/cm^3$，移取 $2.0\,mL$ 酒精，反应完全后（钠过量），收集 $390\,mL$（视作标准状况）气体；则乙醇分子中能被钠取代出的氢原子数为_____，由此可确定乙醇的结构式为_____，而不是_____。

⑤ 实验所测定的结果偏高，可能引起的原因是_____（填编号）。

A. 实验在室温下进行

B. 无水酒精中混有微量甲醇

C. 无水酒精与钠的反应不完全

【教学案例6】 "电解池"教学案例研究①

1. 教学目标

1.1 知识与技能

了解电解氯化钠、电解氯化铜的现象,知道电解池的构成,理解电解原理。

1.2 方法与过程

(1)通过实验探究和微观动画解析,探究电解质溶液对电解的影响,初步理解电解原理。

(2)通过实验初步学会电解原理的探究方法,培养模型认识素养。

1.3 情感、态度、价值观

(1)感受化学与生活的紧密联系,激发兴趣。

(2)培养严谨求实的科学品质。

2. 教学重难点

电解的原理。

3. 教学媒体

实验、电子白板、平板电脑、板书。

4. 教学方式

采用探究式教学方式。

5. 教学流程

```
情境引入：化学魔术
        ↓
原理探究：电解的原理
        ↓
对比研究：不同电解质溶液的电解情况探究
        ↓
拓展研究：电解的应用
        ↓
      课堂
```

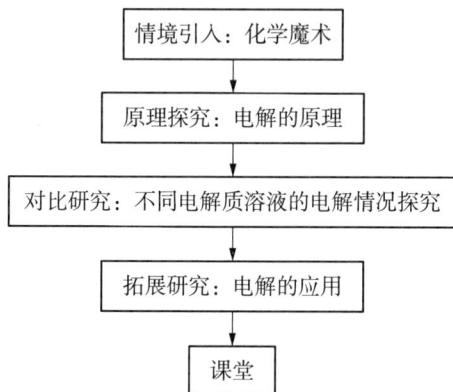

① 本节课教学录像获中央电化教育馆"2017年新媒体新技术教学应用研讨会暨第十届全国中小学创新课堂教学实践观摩活动"教学课评比二等奖(2017.5)。

6. 教学过程

6.1 课前导学

导学活动	设计意图	教学实效	媒体使用
【观看微视频】电解原理 **【课前导学部分】观看微视频，完成进阶作业** 1、氧化剂____电子，被____，发生____反应 　　还原剂____电子，被____，发生____反应 2、物质氧化性、还原性强弱的比较： （1）金属阳离子的氧化性随其单质还原性的增强而减弱 　　单质的还原性逐渐减弱 K、Ca、Na、Mg、Al、Zn、Fe、Sn、Pb、(H)、Cu、Hg、Ag、Pt、Au 　　对应阳离子的氧化性逐渐减弱 阳离子得电子能力（发生____反应）：Na⁺____H⁺____Cu²⁺ （2）非金属阴离子的还原性随其单质的氧化性增强而减弱 　　单质的氧化性逐渐减弱 　　F、Cl、Br、I 阴离子____电子能力（发生氧化反应）：Cl⁻____OH⁻>SO₄ 　　对应阴离子的还原性逐渐减弱 3、从氧化还原反应角度分析电解饱和食盐水 4、取一张用饱和 NaCl 溶液浸湿的 pH 试纸，两根铅笔芯作电极，接通直流电源，一段时间后，发现 b 电极与试纸接触处出现一个双色同心圆，内圆为白色，外圆呈浅红色，则下列说法错误的是 　A、b 电极是阳极　　B、a 电极与电源的正极相连接 　C、电解过程中，水发生氧化反应　D、b 电极附近溶液的 pH 变小 5、某学生想制作一种家用环保型消毒液发生器，用石墨作电极电解饱和氯化钠溶液，通电时，为使 Cl₂ 被完全吸收，制得有较强杀毒能力的消毒液，设计了如图的装置，则对电源电极名称和消毒液的主要成分判断正确的是 　A.a 为正极，b 为阴极：NaClO 和 NaCl　B.a 为负极，b 为正极：NaClO 和 NaCl 　C.a 为阳极，b 为阴极：HClO 和 NaCl　D.a 为阴极，b 为阳极：HClO 和 NaCl 6.判断下列各装置是否电解池 （1）初中电解水 （2）电解熔融氯化钠 （3）电解饱和食盐水 【学生完成进阶作业】 （1）氧化还原反应相关知识 （2）电解原理及现象	复习巩固旧知识，回忆初中电解水、高中电解熔融氯化钠、电解饱和食盐水的现象、产物，在此基础上，结合氧化还原反应原理分析讲解电极反应	导研：实践体验，诊断质疑通过平板电脑进阶题库练习的统计，教师对学生的自学情况了解比较充分，设计教学有的放矢	智慧教学平台【导学本】中【导学资源】发布"微视频"、【测验题目】发布预习的进阶习题【导学监控】查看学生观看微视频的时间

6.2 课内导学

教学环节	教学内容	活动设计	活动目标	媒体使用及分析（交互式电子白板使用功能）
1. 情境引入	**情境引入：趣味魔术** 【导入】传说古代中国的马良有一支神奇的笔，今天老师也带来了一种神奇的铅笔，请大家一起动手来见证奇迹吧	低起点引入：熟悉的生活中的小实验，感性认识，激发学习兴趣	【引入】趣味魔术，激发兴趣	【展示图片】马良，激发兴趣

（续表）

教学环节	教学内容	活动设计	活动目标	媒体使用及分析（交互式电子白板使用功能）
	【趣味魔术】 (1)【黑笔写红字】滤纸先用氯化钠、无色酚酞的混合液浸湿，然后平铺在培养皿上，接通直流电源（电池）后，用阴极的铅笔在滤纸上写字。 (2)【黑笔做橡皮擦】反应一段时间后，沿着滤纸上红字的笔迹用阳极的铅笔描摹，会发现红色字迹消失。	【学生分小组合作实验】		【拖拉】逐步呈现实验步骤，指导学生实验
2. 以旧引新，探究原理	原理探究：电解的原理 【思考与讨论】高一上我们学习了电解饱和食盐水，今天我们可以从哪些角度再认识它呢？ 【引导思考】 (1) 宏观现象：为什么黑笔能写出红字呢？电解饱和食盐水发生了什么反应？ （反应物、产物是什么，总反应） (2) 透过现象看本质，溶液内部的黑箱究竟发生了什么？ ① 实验一：溶液显碱性为什么 OH^- 浓度比 H^+ 大？OH^- 从哪里来？H^+ 为什么减少了？（饱和食盐水中有哪些物质？哪些微粒？通电前如何运动？通电后如何运动？发生了什么反应？） ② 实验二：红字为什么消失了？（产生氯气，HClO 漂白，HCl 与 OH^- 反应），Cl_2 是怎么产生的呢？Cl^- 失去的电子去哪里了？	【学生质疑】 【启发学生重新认识】 (1) 宏观实验现象，书写方程式。 (2) 微观解析，书写电离方程式，判断氧化性、还原性（得失电子）强弱，书写电极反应式。	【旧例子分析】以学生熟悉的电解饱和食盐水的反应入手，分析电解原理，从不同角度再认识电解。	【播放 Flash】动画加深概念认识
3. 对比研究，发展认识	【过渡】把电解质溶液换成氯化铜，电解情况一样吗？ 【演示实验】电解氯化铜 动画加深概念认识	知识迁移 【理论推测】电解氯化铜的现象 【观察现象】 【微观分析】总结探究原理三步曲：分析离子（电离平衡）→通电运动（异性相吸）→反应变化（氧化还原反应）。	【微观分析】迁移分析原理	【聚光灯】凸显实验装置 【拖拉】组建电解池模型

（续表）

教学环节	教 学 内 容	活动设计	活动目标	媒体使用及分析（交互式电子白板使用功能）
4. 本质认识，提升概念	**电解池思维模型构建** 【启发】对比电解氯化钠和氯化铜，它们有什么共同点？ 【板演】电解概念 电解池思维模型 原理要素 现象　电子移动方向　（导线）电子导体 过程　阳离子／阴离子 电极产物　产物？　氧化反应　产物？　还原反应 电极反应物　谁失电子？　谁得电子？ 失电子场所　离子导体　得电子场所　装置 电极材料　电解质　电极材料　要素	【表格归纳】概念认知的发展	【思维模型构建】从单一认识到立体认识	【拖拉建模】
	【启发】电解氯化钠和氯化铜又有什么不同呢？	【学生总结】 （1）电解池的构成	【新例子应用分析】迁移，提高概念的发展认识能力	【书写分析】 【附件调用】Flash
	【变式思考】单一的电解质溶液我们看懂了，如果把溶液换成氯化钠和氯化铜的混合溶液，电解情况又如何呢？	（2）电解的概念变式巩固：氧化还原反应的强弱规律应用，巩固电解原理	【表格归纳】完善概念认识	
5. 拓展应用	**拓展研究：电解的应用** （1）电解食盐水的应用 （2）冶金 （3）电镀	【学生回忆】 （1）氯碱工业 （2）84消毒液 【阅读化学史话】回归应用		【播放视频】点击播放链接的视频：电镀铜
6. 巩固应用	**【试一试】** 例1 例2	习题巩固，综合加深，以2道题巩固电解的原理	【学生练习巩固】课本基础练习巩固	【计时作业】平板电脑，学生答题
7. 课堂小结	**课堂小结，方法总结** （1）知识 （2）方法	引导学生从知识和方法上进行小结	【课堂小结】学生回答，教师小结	【点击显示】小结知识和方法，预设与生成的统一
8. 作业布置	**布置作业** （1）必做 （2）选做	分层作业	【布置作业】必做和选做作业	【白板投影】布置必做和选做作业

7. 教学设计说明

7.1 教材分析

本节课"电解池"是高一第七章第四节"电解质溶液在通电情况下的变化"第四课时,是电化学的重要基础理论,《普通高中化学课程标准》为 B 级要求,对培养学生微粒观、加深对氧化还原反应的认识、提高思维能力都有重要作用。

7.2 学情分析

学生初中已学习了电解水,高一上学习了氯碱工业、氧化还原反应理论,高一下又刚学习了电解质的相关知识,对电解有一些感性认识,但微观知识比较抽象,学生的微粒观和知识的综合应用能力还不够。

7.3 教学设计说明

本节课采用翻转课堂教学模式,课前通过 10 分钟的微视频自学对电解水、电解饱和食盐水的知识进行复习巩固,初步建立电解的概念。课中则采用探究式,从微观分析和宏观实验探究电解原理,并巩固应用。

导入部分,从化学魔术导入,激发学生研究兴趣。

课堂探究部分,从三个角度探究电解原理:①原理探究从微观角度探究电解原理;②对比研究从实验角度探究不同电解质溶液的电解情况;③拓展研究从应用角度研究电解原理在生活生产中的应用。从宏观到微观,再从微观到宏观,从原理分析走向实践应用,从实验室走近化工生产,研究电解的原理,突出重点;借助实验、媒体技术突破微观难点。

总结部分,通过总结和练习,总结电解的原理和分析方法,提升认识。

整节课以实验探究为中心,借助实验、媒体技术探究电解的原理,旨在培养学生的探究能力、微粒观,但一节课带给学生的探究还很有限,对电解的原理和应用还需要进一步巩固。

8. 教学反思

本节课融合了智慧学习平台、平板电脑、交互式电子白板等信息技术,尝试进行翻转课堂教学,改善学生学习方式,培养学生自主学习能力,效果较好。

8.1 平板电脑翻转课堂教学,培养学生自主学习能力

树立"以学生为本"的教学理念,巧用平板电脑进行移动学习,帮助学生课前视频支架有效预习、课中辅助课堂生动教学、课后作业及时反馈精准定位、协助创新研究等,在课前、课中、课后三个学习环节中拓展教学空间,提供了一个很好的自主学习、合作学习、师生交流互动的平台,有效激发学生兴趣、思维、研究潜能,激发学生学习兴趣和自主学习能力,为化学教学打开一扇新的窗。

利用微视频,引导学生自主学习。制作微视频,让学生通过平板电脑自主学习,对于难点可以选择性地进行重复观看。然后,在平板电脑上进行进阶题目测试的统计图,

提交后可以及时看出测试的正确率、答案和教师讲解。同时,教师端可以及时看到统计数据,方便调整教学,有针对性地进行备课和上课。

8.2　引导学生构建电解池模型,提升模型认知素养

整节课以学生为主体,教师积极引导学生动手、动口、动脑,构建电解池模型,加深对电解原理的认识。通过交互式电子白板的拖拉、幕布遮挡、无限克隆等功能,用幕布遮挡或事先隐藏,根据具体情况再拉出来,一步一步呈现、分析,学生的思维完全被调动起来,师生互动、生生互动、人机互动都大大提高。

白板拖拉互动,组建电解池模型

从微视频的导学测试统计发现,学生对电解池的构成要素掌握得不太好。为了帮助学生理解电解池的构成,课堂上教师让学生从实验装置中抽象出电解池的模型,通过智慧平台"课堂提问"功能发送问题,让学生在平板电脑上设计电解池装置,关注每一个学生的思维,同时让一个学生在交互白板上拖拉组装电解池装置,充分动手、动脑,思考、书写答案,突出教学重点,突破难点。从图7-7(a)可见,学生在电子白板上拖拉搭建电解池装置比较有立体感,而图7-7(b)摘选了一个学生在平板电脑上自主设计的电解池装置,每个学生在平板电脑上都留下了上课时思考、学习的记录,在人机互动中留下思维的痕迹。

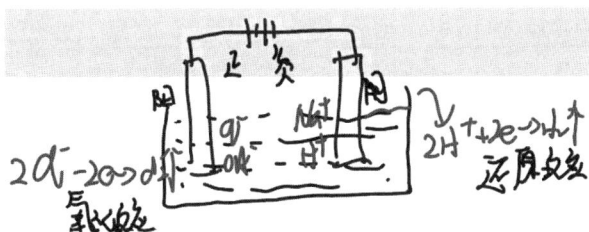

（a）

（b）

图 7-7　学生自主设计电解池装置

（a）学生在电子白板上拖拉搭建电解池装置　（b）学生在平板电脑上自主设计电解池装置

8.3 动手实验提高兴趣,提升实验探究与创新素养

本节课是原理探究课,而实验是化学的重要研究手段,笔者大胆改良、精心设计了"神奇的笔"的微型趣味实验,让学生亲身体验化学实验的神奇,激发学生研究兴趣,培养学生实验观察、信息加工分析的能力和敢于质疑批判的创新精神。

技术创新给高中课堂中教师和学生都带来了全新体验和新的挑战,给化学教学注入了新的活力,笔者还要继续尝试、反思、实践,更好地融合信息技术,为提高学生兴趣、改善学生学习方式、培养学生学科素养而努力。

"电解池"学案
"电解池"课前学习任务单

【课前导学部分】观看微视频,完成进阶作业。

(1) 氧化剂_____电子,被_____,发生_____反应;

   还原剂_____电子,被_____,发生_____反应。

(2) 物质氧化性、还原性强弱的比较:

① 金属阳离子的氧化性随其单质还原性的增强而减弱。

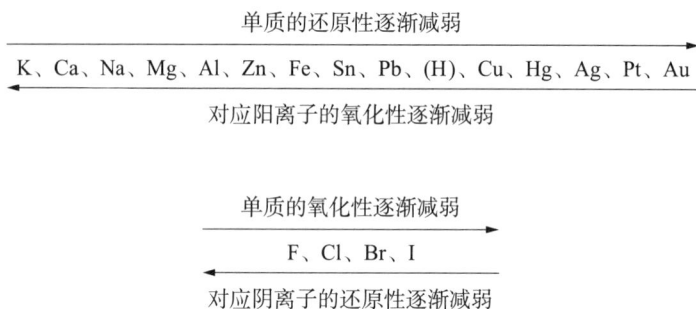

单质的还原性逐渐减弱

K、Ca、Na、Mg、Al、Zn、Fe、Sn、Pb、(H)、Cu、Hg、Ag、Pt、Au

对应阳离子的氧化性逐渐减弱

单质的氧化性逐渐减弱

F、Cl、Br、I

对应阴离子的还原性逐渐减弱

阳离子得电子能力(发生_____反应):Na^+ _____ H^+ _____ Cu^+。

② 非金属阴离子的还原性随其单质的氧化性增强而减弱。

阴离子_____电子能力(发生氧化反应):Cl^- _____ $OH^- > SO_4^-$。

(3) 从氧化还原反应角度分析电解饱和食盐水:

电极	反应类型	电子得失	反应离子	电极反应	产物
阳极	氧化反应 (被氧化)				
		得电子			

(4) 取一张用饱和 NaCl 溶液浸湿的 pH 试纸,两根铅笔芯作电极,接通直流电源,

一段时间后,发现 a 电极与试纸接触处出现一个双色同心圆,内圆为白色,外圆呈浅红色。则下列说法错误的是_____。

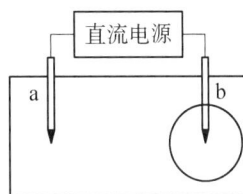

A. b 电极是阴极

B. a 电极与电源的正极相连接

C. 电解过程中,水发生氧化反应

D. b 电极附近溶液的 pH 值变小

(5) 某学生想制作一种家用环保型消毒液发生器,用石墨做电极电解饱和氯化钠溶液,通电时,为使 Cl_2 被完全吸收,制得有较强杀菌能力的消毒液,设计了如图的装置,则对电源电极名称和消毒液的主要成分判断正确的是_____。

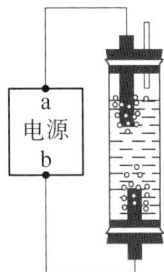

A. a 为正极,b 为负极;NaClO 和 NaCl

B. a 为负极,b 为正极;NaClO 和 NaCl

C. a 为阳极,b 为阴极;HClO 和 NaCl

D. a 为阴极,b 为阳极;HClO 和 NaCl

(6) 判断下列哪些装置是电解池。

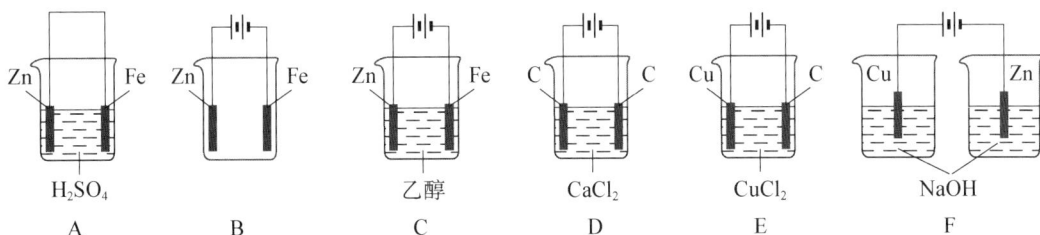

"电解池"课堂学习任务单

【学习目标】理解电解的原理,初步掌握电解氯化钠、电解氯化铜的现象和原理。

【课堂学习】

【化学魔术】现象_____

原理_____

【思考与讨论】

(1) 溶液中有哪些离子?

(2) 离子如何运动?

（3）离子在两极分别发生什么反应？

【探究一】电解的原理

（1）电解的概念_____。

（2）电解的装置_____。

（3）电解池构成_____。

【探究二】不同电解质溶液的电解情况

电解质溶液		NaCl 溶液	CuCl$_2$ 溶液	NaCl、CuCl$_2$ 混合溶液
通电现象	阳极			
	阴极			
存在离子	阴离子			
	阳离子			
电极反应	阳极			
	阴极			
电解总反应				

【规律】阳极（失电子能力）_____（_____反应）。

阴极（_____电子能力）_____（_____反应）。

【典型例析】

例1 某学生设计了一个"黑笔写红字"的趣味实验。滤纸先用氯化钠、无色酚酞的混合液浸湿，然后平铺在一块铂片上，接通电源后，用铅笔在滤纸上写字，会出现红色字迹。据此，下列叙述正确的是_____。

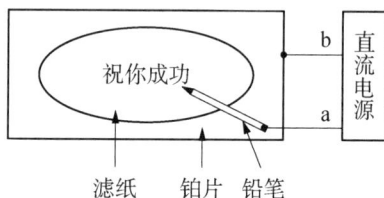

A. 铅笔端做阳极，发生还原反应　　B. 铂片端做阴极，发生氧化反应

C. 铅笔端有少量的氯气产生　　　　D. a点是负极，b点是正极

例2 右图是电解 CuCl$_2$ 溶液的装置，其中c、d为石墨电极。则下列判断正确的是_____。

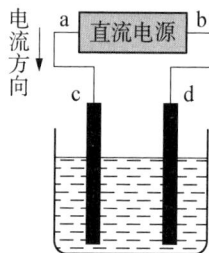

A. a为负极，b为正极

B. 电解过程中，d电极质量增加

C. a为阳极，b为阴极

D. 电解过程中，氯离子浓度不变

【课后巩固】

【基础训练】

(1) 实验室中电解饱和氯化钠溶液时,不能直接得到的物质是_____。

A. 氯气　　　　　B. 氢气　　　　　C. 氢氧化钠　　　　D. 氯化氢

(2) 关于电解 NaCl 水溶液,下列叙述正确的是_____。

A. 电解一段时间后,将全部电解液转移到烧杯中,充分搅拌后溶液呈中性

B. 若在阳极附近的溶液中滴入 KI 溶液,溶液呈棕色

C. 若在阴极附近的溶液中滴入酚酞试液,溶液呈无色

D. 电解时在阳极得到氯气,在阴极得到金属钠

(3) 下图中能验证氯化钠溶液(含酚酞)电解产物的装置是_____。

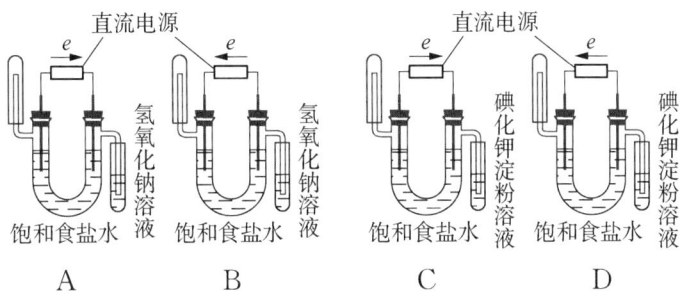

(4) 实验室里的一只直流电源器正负极标记较模糊,某学生想用电解食盐水的方法来判断,并用淀粉-KI 试纸和酚酞液进行检测。以下判断结果正确的是_____。

A. 若电极附近的酚酞液变红,则该电极接电源的负极

B. 若电极附近的酚酞液无色,则该电极接电源的负极

C. 若电极上放出的气体能使湿润的淀粉-KI 试纸变蓝,则该电极接电源的负极

D. 若电极上放出的气体不能使湿润的淀粉-KI 试纸变蓝,则该电极接电源的正极

(5) 电解用粗盐(含 Mg^{2+}、Ca^{2+}、SO_4^{2-} 等杂质)配制的食盐水,以下说法正确的是_____。

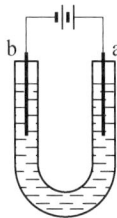

A. a 是电解池的正极

B. a 电极上发生还原反应

C. b 电极附近有白色沉淀出现

D. b 电极上有黄绿色气体产生

(6) 电解氯化铜溶液时,在阳极产生的物质是_____。

A. 氯气　　　　　B. 氢气　　　　　C. 氧气　　　　　D. 铜

【挑战提高】

(7) 用电解法提取氯化铜废液中的铜,方案正确的是_____。

A. 用铜片连接电源的正极,另一电极用铂片

B. 用氢氧化钠溶液吸收阴极产物

C. 用碳棒连接电源的正极,另一电极用铜片

D. 用带火星的木条检验阳极产物

【思维导图】

【思考与感悟】

(1) 我的感悟: _____。

(2) 新的疑惑: _____。

【教学案例7】 "盐类水解平衡复习"教学案例研究

基于翻转课堂如何设计更适合学生的学习活动,提升学生化学学习力呢?"盐类水解平衡复习"是盐类水解的第三课时,前两节课学习了盐类水解的概念和水解平衡,本节课是复习盐类水解平衡,加深理解,并进行水解应用。我们尝试基于微视频和学习任务单进行自主学习资源的重构,基于智慧学习平台构建检测答疑平台、讨论学习平台、网络研讨平台,基于翻转课堂设计学生的自主学习活动、合作学习活动、分层学习活动等,提高学生化学学习素养。

1. 课前自主学习——提供微视频支架,提高自主学习能力

翻转课堂将传统学习中教师讲授的部分学习内容提前至课前,让学生自主学习,设计基于微视频教学资源和课前学习任务单的自主学习活动,为学生自主学习提供支架,有效提高学生的自主学习能力。

1.1 观看微视频,自主掌控学习节奏

"盐类水解平衡复习"是一节复习课,图7-8是"盐类水解平衡复习"微视频截图,10分钟的微视频通过广告情境引入、动画微观探究、实验探究回顾、知识梳理复习等环节,将盐类水解概念及水解平衡特征、影响因素、平衡移动等基础知识进行复习回顾,复习形式多样,生动活泼,学生根据自己的学习掌握情况、学习节奏,可多次反复观看,对难点部分细细品读,达到自主复习巩固的目的。

1.2 完成自主学习检测,提高自主学习能力

图7-9是"盐类水解平衡复习"课前自主学习单,设计了2项学习活动,考查学生的思维导图梳理和知识应用能力。首先,学生通过完成思维导图进行知识梳理,检测对盐类水解知识的整体理解是否到位。同时,学生还需完成【自我检测】部分的4道选择题,通过盐类水解概念辨析及应用,检测基础知识掌握情况。根据自主检测统计结果,教师进行二次备课,调整教学内容和进度,教学更有针对性。

(a)

(b)

(c)

(d)

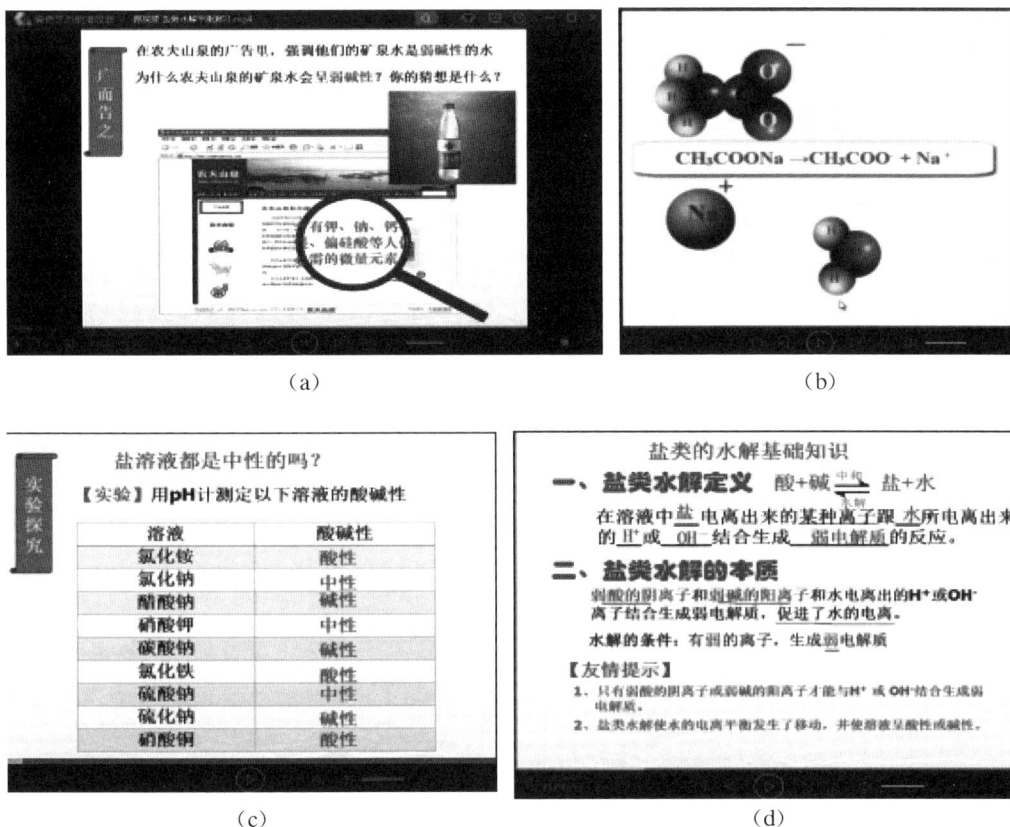

图7-8　"盐类水解平衡复习"微视频截图

(a) 广告引入　(b) 动画微观探究　(c) 实验探究　(d) 知识梳理

2. 课中合作学习——小组合作解决问题,提高探究学习能力

翻转课堂的课中学习主要是以小组合作探究的形式展开,包括四个部分:情境激趣,辨析概念;引导探究,学以致用;小组竞赛,拓展应用;辨证总结,方法提升。通过合作探究实验、小组竞赛、总结反思,在具体情境中巩固应用,促进对盐类水解规律及水解平衡的理解、巩固和深化。

2.1　情境激趣,辨析概念

翻转课堂,注重创设新情境,让学生置身情境中主动学习,提出问题。情境导入部分,展示卡通图片,再现家庭灭火情境(见图7-10),激发学生兴趣,引导学生思考灭火器灭火的原理、试剂盛放顺序。通过宏观现象分析微观原理,在泡沫灭火器的原理探究中回忆旧知,创造思维矛盾,激活盐类水解的概念,由此引出盐类水解的概念、条件、实质、结果,进行深化复习、理解辨析。

2.2　引导探究,学以致用

传统的复习课就是知识梳理加练习,而翻转课堂的复习课注重拓展和应用、知识与

《盐类水解平衡及其应用复习》自主学习单

班级_____ 学号_____ 姓名_____

【知识梳理】填空

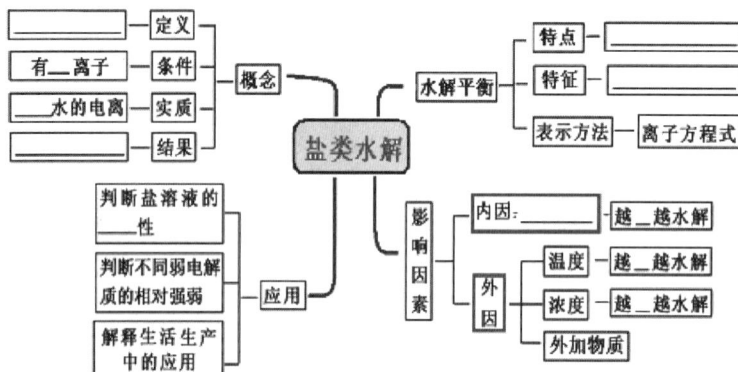

【自我检测】

(1) 有关盐类水解的说法不正确的是 _____。

　　A.盐类水解促进了水的电离平衡　　　　B.盐类水解的结果使盐溶液一定不呈中性

　　C.盐类水解通常是吸热反应　　　　　　D.盐类水解可看作是酸碱中和反应的逆反应

(2) 下列反应属于盐类水解，且书写正确的是 _____。

　　A. $NH_4^+ +2H_2O \rightleftharpoons NH_3 \cdot H_2O + H_3O^+$　　　B. $CO_3^{2-} +2H_2O \rightleftharpoons H_2CO_3 +2OH^-$

　　C. $Al^{3+} +3H_2O \rightleftharpoons Al(OH)_3\downarrow +3H^+$　　　D. $Cl_2+H_2O \rightleftharpoons H^+ +Cl^- +HClO$

(3) 关于氯化铁溶液的说法错误的是 _____。

　　A. 水解达到平衡(不饱和)时，无论加 $FeCl_3$ 饱和溶液还是加水，平衡均正向移动

　　B. 室温时，0.1mol/L 和 0.01mol/L 的 $FeCl_3$ 溶液，Fe^{3+} 的水解程度前者比后者小

　　C. 室温时 $FeCl_3$ 饱和溶液比加热煮沸时的水解程度大，蒸干溶液可得氯化铁固体

　　D. Fe^{3+} 水解促进水的电离使溶液呈酸性，配制和保存 $FeCl_3$ 溶液时，为抑制水解应加少量盐酸

(4) 下列关于盐类水解及其应用的说法错误的是 _____。

　　A. 已知 pH 值: 0.1mol/L 的 NaAc<0.1mol/L 的 $NaHCO_3$，则酸性 HAc>H_2CO_3

　　B. NH_4Cl 溶液显酸性，可作焊药除去焊接金属表面的氧化物，溶液中离子浓度最大的是 Cl^-

　　C. 化肥 K_2CO_3 和 $Ca(H_2PO_4)_2$ 不能混合施用　　D. 硫酸铝与 $NaHCO_3$ 溶液可共存

图 7 - 9　"盐类水解平衡复习"课前自主学习单

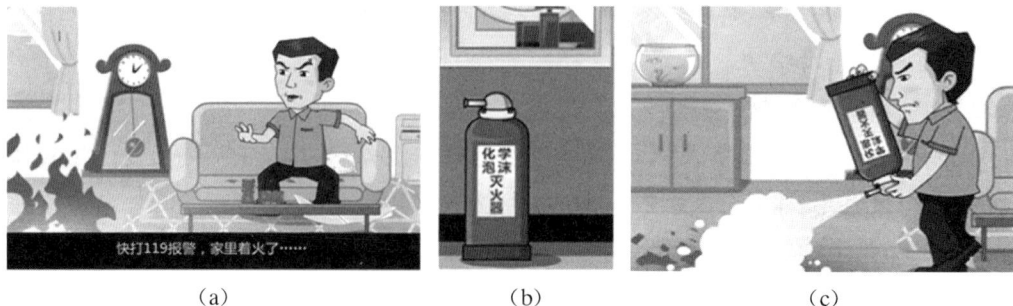

| (a) | (b) | (c) |

图 7 - 10　灭火情境导入

（a）发现着火了　（b）灭火器　（c）灭火

能力并重。教师要以学生为主体,采用项目式学习活动,引导学生提出问题、解决问题,巩固盐类水解的原理。通过小组合作培养学生的团队意识,提高合作学习、探究学习、展示自我的能力。

2.2.1 开放思维探究

实验探究一是开放思维探究,"实验室老师配制了 0.1 mol/L 的碳酸钠溶液、碳酸氢钠溶液,但试剂瓶上忘了贴标签,你能帮老师鉴别出来吗?",设置情境让学生对同浓度溶液进行鉴别。在开放的探究环境下,学生通过小组合作探讨,提出了多种解决方案,如观察法、实验法(定性、定量)、对比法、归纳法等;然后让学生选取其中的最佳方案进行实验设计、实验验证、分析总结,体验实验探究过程。学生选择了两种实验方案——①取样,滴加盐酸:立即产生气泡的是 $NaHCO_3$;②测 pH 值:pH 值大的是 Na_2CO_3。

2.2.2 逆向思维探究

实验探究二是逆向思维探究,"鉴别 pH = 9 的 NaOH 与 Na_2CO_3 溶液(见图7-11)"。两溶液滴加酚酞都变红,如何鉴别呢? 学生通过讨论,设计了实验方案——①滴加盐酸:产生气体的是 Na_2CO_3 溶液;②滴加 $CaCl_2$ 或者 $BaCl_2$ 溶液:产生白色沉淀的是 Na_2CO_3 溶液。除了气体法、沉淀法等常规的化学实验方法外,如果不加化学试剂还有别的方法吗? 启发学生利用盐类水解的规律来设计实验,由此得出方案"③加热,观察:红色变深的是 Na_2CO_3 溶液"。以实验探究为载体,在动手体验中,引导学生回忆水解的规律,水到渠成,印象深刻。

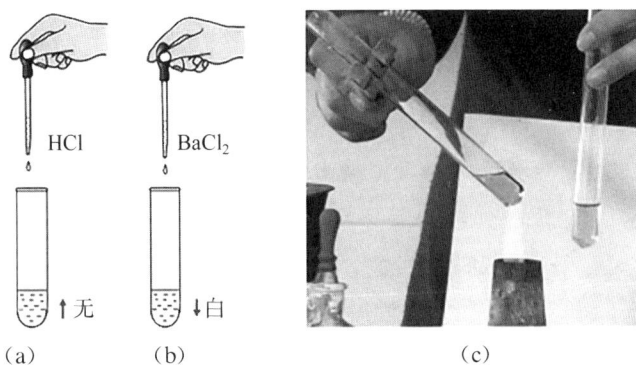

图7-11 实验鉴别 pH = 9 的 NaOH 与 Na_2CO_3 溶液
(a)气体法——滴加盐酸 (b)沉淀法——滴加 $BaCl_2$ (c)观察法——加热

2.2.3 实际样品探究

实验探究三是实际样品探究,"某烧碱(NaOH)溶液中滴入酚酞,溶液呈红色,烧碱是否吸收空气中 CO_2 而变质呢? 不用其他试剂,请设计实验证明"。通过实验探究一、二的铺垫,从已知样品走向实际的未知样品,学生自然而然地脱口而出"加热,红色加深则烧碱已变质(产生 Na_2CO_3 等)"。但通过实验发现,如果变质产生 Na_2CO_3 的量较少,通过肉眼观察颜色变化的效果不是很明显,怎么办?还可以进行定量实验。遇到研究瓶颈,教师适时抛出新的技术武器——数字实验,用 pH 电极测定加热过程中 Na_2CO_3 溶液的 pH 值随温度的变化,实验结果如图 7-12 所示,通过数字实验法可提高实验数据的精确度。

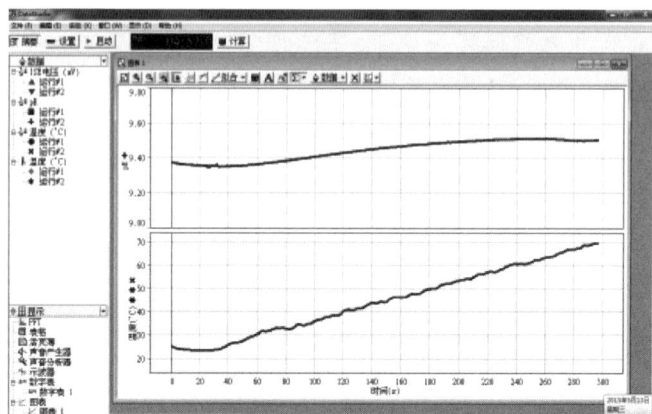

图 7-12　数字实验鉴别 pH＝9 的 NaOH 与 Na_2CO_3 溶液

通过三个小坡度实验探究,从同浓度溶液鉴别、同 pH 值溶液鉴别到实际样品的检测,从定性到定量,学生在"设计实验-实验验证-优化实验"中,自己分析总结盐类水解平衡的规律,体验内因、外因对水解平衡的影响,从理论到实践,通过动手实验、感悟,进一步加深对水解平衡的理解。

2.3　小组竞赛,拓展应用

盐类水解在生活生产中有什么用途呢?课中通过四个小组砸金蛋选题竞答,以知识竞赛的形式来巩固盐类水解的应用。精心设计了四组盐类水解在不同方面的应用:①生活中的应用——妈妈的妙招,有关家庭中清洁的应用;②卫生保健中的应用——健康护航者,怎么减轻蜜蜂蜇了的疼痛;③工农业生产中的应用——创造美好生活,化肥的使用;④实验室中的应用——实验员的困惑,实验做法正误判断。通过小组竞答,学生兴趣浓厚,集中集体智慧进行分析推理、迁移应用,在实践应用中加深理解、提升认识,效果好。

最后,通过思考与交流,让学生总结如何应用水解(加热、净水、除锈、泡沫灭火剂)、如何规避水解(配 $FeCl_3$ 溶液加盐酸抑制水解),从而提出"对于有害的水解,改变条件加以抑制;对于有利的水解,改变条件加以促进",进行辩证思想的渗透。

2.4　辩证总结,方法提升

课堂教学接近尾声,请学生谈收获与体会,引导学生对本节课学习的知识和方法进行总结。通过鱼骨图(见图7－13),进行本节课的三 W 总结,分析 what、why、where,师生共同总结盐类水解的规律及学科思想,分享、内省,将知识和方法融会贯通,提升学生的辩证思维能力和学科思想方法。

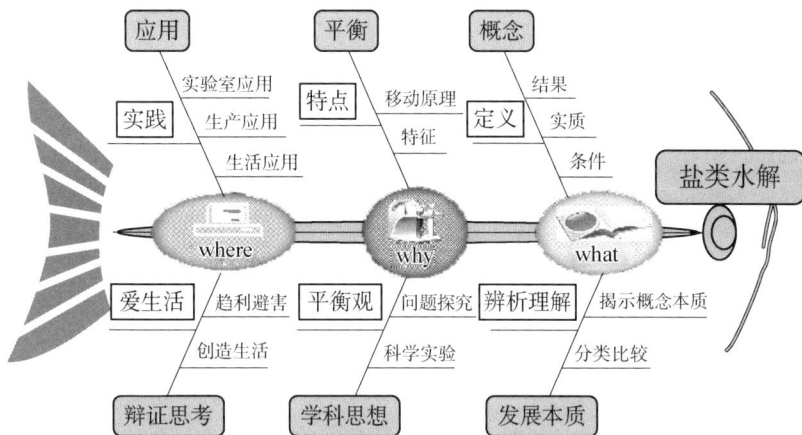

图7－13　"盐类水解"总结学习的鱼骨图

本节复习课,突出学生主体地位,采用情境式问题探究法,用问题激活学生原有的认知,创设探究性情境引发认知冲突,使教学始终处于"提出问题-分析问题-解决问题"的动态波浪式过程中,促动学生主动探究,在情境应用中体会学科平衡思想,培养辩证唯物观,提高思维能力,有效复习,提升学习素养。

3. 课后分层学习——分层学习研究,提高研究学习能力

课后研究学习采用分层设计,除了必做的回顾知识外,也让学有余力的学生选做"查阅资料,撰写盐类水解的应用小论文",这对培养学生的研究学习能力有一个长期促进作用。

翻转课堂,通过课前自主学习、课中探究学习、课后分层学习,充分调动学生学习的积极性,关注学生的个性化学习、项目式学习、合作探究学习,拓展知识的深度和广度,更注重学生能力的挖掘与培养,在合作、实践中获得更真实的学习体验,有效提高学生化学学习力。

树立"以学生为本"的教学理念,巧用平板电脑开展翻转课堂教学,帮助学生课前预习、课中合作探究、课后平板作业,让学生学会自主学习。

技术创新给高中化学课堂带来了全新体验和新的挑战,为学生创设了一个很好的自主学习、合作学习、师生交流互动的学习平台,为指导学生自主学习化学打开了一扇新的窗。

第八章

项目化导学的实践研究

　　随着互联网信息技术和人工智能的飞速发展,知识的获取越来越方便。学生不仅要学习知识,还需要在持续的自我发现问题和自主解决问题中,探索世界、认知自我、发展理性。而当前的高中教育过于关注学科、偏向知识,忽视对学生价值观念、必备品格和关键能力的培养。学生在现实的学习过程中仍然比较"被动、浅层、脱离生活实际"。如何解决这些问题,推进高中新课标校本化实施,培养学生学科核心素养、完善学生综合素质评价、创新育人模式? 项目化学习为我们指引了方向。

第一节　项目化导学的设计研究

一、项目化学习的要素

项目化学习(project-based learning，PBL)又称基于项目的学习，是基于问题解决的学习过程，强调将学生置于真实的活动情境中，运用已有知识经验，通过自主、合作、探究来解决现实问题，开展对未知知识的学习。

(一) 项目化学习的缘起

项目化学习的思想源自杜威"做中学"的教育思想。1918 年他的学生克伯屈在《项目(设计)教学法：在教学过程中有目的的活动的应用》一文中，首次提出了项目学习的概念。20 世纪二三十年代，项目教学法在美国的初等学校和中学低年级得到了广泛应用。后因项目化学习强调挑战性问题的解决，以学习者为中心，并注重实践性和参与性，故逐渐深入各种教育领域。

(二) 项目化学习的要素

项目化学习是基于问题解决的学习过程，强调将学生置于真实的活动情境中，运用已有知识经验，通过自主、合作、探究来解决现实问题，开展对未知知识的学习。一般包含六要素：真实情境、驱动性问题、学生深入探究知识再建构、项目化小组学习问题解决、公开展示成果、全程评价。根据其要素，结合化学的学科特点及高中生的学情，我们对项目化学习的设计内容进行了探索。化学项目化导学的设计如表 8 - 1 所示。

表 8 - 1　化学项目化导学的设计

项目化导学的要素	内　　容	教师行为	学生行为
提出与界定问题	提出基于核心知识和核心能力的真实的、具有挑战性或综合性的问题	教师设计	参与制订

（续表）

项目化导学的要素		内　　容	教师行为	学生行为
计划与设计	学习评价	学生针对问题解决设计方案;教师根据问题解决过程中涉及的核心知识和必要的能力设计必要的支架	教师针对该问题解决或学生提出的方案,提供必要的支架	学生设计可能性的解决方案
活动探究		学生根据方案进行探究,在探究过程中对现象的观察、分析、方案的调整等	指导学生在探究过程中产生的问题	活动探究
产品制作		学生根据问题探究中获得成果制作相关产品	指导学生在产品制作过程中的问题	制作产品
成果交流		通过对项目化学习过程、作品、体会等进行交流	指导者、评价者	成果交流

在基于挑战性问题的解决过程中学生进行设计、问题解决、决策或调查活动,整个过程中要充分发挥学生的自主性,最终以产品或陈述等形式结束。

在项目化学习过程中,学生在驱动性问题的引导下,将知识运用于新情境以解决问题,每个小组所得到的答案是不确定的,是思考和实践的个性化产物。学生组建小组、自主探究、合作学习、全情投入,学生的解决问题、批判思考、创新思维、沟通表达、团队协作等未来社会需要的能力得到充分锻炼和提高。

二、项目化导学的设计

下面以"失去标签的盐酸与醋酸的鉴别"项目化学习为例,浅谈如何进行高中化学项目化学习设计。

【教学案例8】 "失去标签的盐酸与醋酸的鉴别"教学案例研究

项目名称：失去标签的盐酸与醋酸的鉴别　　　　项目时长：3 课时

学科：化学　　　　年级：高一

1. 项目简介

本项目是在沪科版高一化学的"电解质溶液"单元教材基础上,进行项目化教学研究,用"失去标签的盐酸与醋酸的鉴别"这个驱动性问题作为项目载体,重构学习任务,通过设计实验、鉴别盐酸与醋酸,掌握强、弱电解质的概念及弱电解质的电离平衡。

2. 项目设计

2.1　核心知识

2.1.1　主要知识

（1）理解强、弱电解质的概念。

（2）理解弱电解质的电离平衡的特征、影响因素及电离平衡的移动。

（3）初步掌握同浓度、同 pH 值盐酸与醋酸的比较方法。

2.1.2 学科关键概念或能力

（1）树立微粒观和化学平衡思想，培养宏观现象与微观本质的学科核心素养。

（2）培养实验设计、观察、证据推理能力，培养科学探究与创新意识的学科核心素养。

2.2 高阶认知

主要的高阶认知策略包括问题解决、系统分析、实验等。

2.3 驱动性问题

2.3.1 本质问题

如何比较强酸与弱酸？利用强、弱电解质的概念及电离平衡知识，如何进行酸溶液的鉴别？

2.3.2 驱动性问题

实验室药品柜有两瓶溶液——盐酸与醋酸，因配置已久标签掉了，如何帮助实验室老师将这两瓶溶液鉴别出来呢？

2.4 项目成果

2.4.1 个人成果

设计鉴别同浓度的盐酸和醋酸的实验方案。

2.4.2 团队成果

（1）4～6 人一组，团队合作，设计实验方案，并动手实验，进行盐酸与弱酸的比较分析，撰写盐酸与醋酸的鉴别实验报告。

（2）自评与互评量表。

2.5 项目过程

2.5.1 课时安排

课时	教学内容	教学知识与技能点	所需资源	提交成果	教学实施	评价方法、内容
第一课时	入项活动：启动项目任务，理论探究强酸与弱酸的比较，建构知识	（1）理解强、弱电解质的概念 （2）初步掌握弱电解质的电离平衡特征及平衡移动	（1）药品：盐酸、醋酸 （2）仪器：溶液导电仪、pH 计、烧杯	学生实验方案	（1）强、弱电解质的对比 （2）弱电解质的电离平衡特征及平衡移动 （3）对比强酸与弱酸的异同	习题反馈：概念和化学原理的掌握程度

（续表）

课时	教学内容	教学知识与技能点	所需资源	提交成果	教学实施	评价方法、内容
第二课时	学生实验：探索实践同浓度盐酸与醋酸的比较，形成成果	(1) 初步理解同浓度盐酸与醋酸的比较方法 (2) 掌握弱电解质的电离平衡特征及平衡移动 (3) 掌握实验报告的撰写方法	标准化实验室 (1) 药品：2瓶未贴标签的溶液(0.1 mol/L 盐酸，0.1 mol/L 醋酸)，镁带、0.1 mol/L NaOH溶液，酚酞 (2) 仪器：溶液导电仪、pH计、烧杯、试管、气球、导电率传感器、pH值传感器、磁力搅拌器	学生项目化学习研究成果（实验报告）	(1) 设计实验方案 (2) 交流完善实验方案 (3) 学生小组合作实验	过程性评价： (1) 学生小组实验情况 (2) 实验报告
第三课时	展示拓展：学生实验成果交流展示、互评修订，拓展研究，反思提升	(1) 理解比较同浓度、同pH值的盐酸与醋酸的方法 (2) 初步掌握实验报告汇报方法	(1) PPT、数字实验程序、投影仪 (2) 实验仪器装置	学习研究成果评价量表	(1) 小组展示交流鉴别同浓度盐酸与醋酸的实验成果 (2) 设计方案：比较同pH值盐酸与醋酸 (3) 设计方案：比较未知浓度盐酸与醋酸	终结性评价： (1) 学生展示交流：自评、互评 (2) 教师评价

2.5.2 流程图

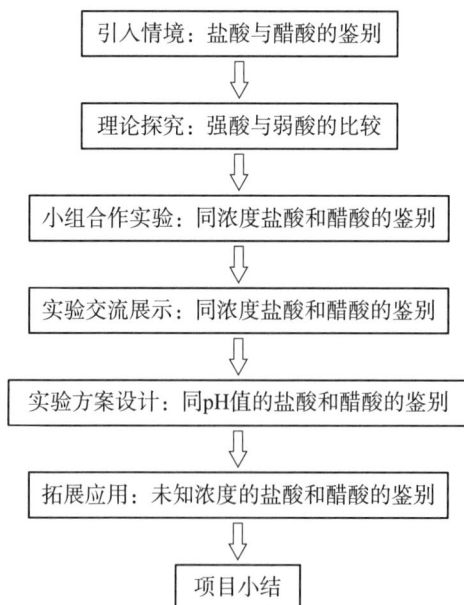

2.5.3 项目过程

本项目化学习分为三个课时,分别为入项活动、学生实验、展示拓展。以鉴别实验为载体,主要应用了探究性实践、调控性实践和技术性实践等学习方式,让学生经历有意义的学习实践历程。

(1) 入项活动:启动项目任务,建构知识能力。

【环节一】启动项目任务:引入学习项目,明确项目驱动性问题和研究任务。

【环节二】理论探究:对比强酸与弱酸的异同。

【环节三】方案设计:设计比较盐酸与醋酸的实验方案。

(2) 学生实验:实验探索实践,形成项目成果。

【环节一】交流实验方案:交流鉴别同浓度的盐酸和醋酸的实验方案。

【环节二】修订完善实验方案。

【环节三】合作实验探究:4~6人一组,团队合作,小组分工,动手实验,鉴别同浓度的盐酸和醋酸,然后修订、完善实验方案,撰写实验报告。

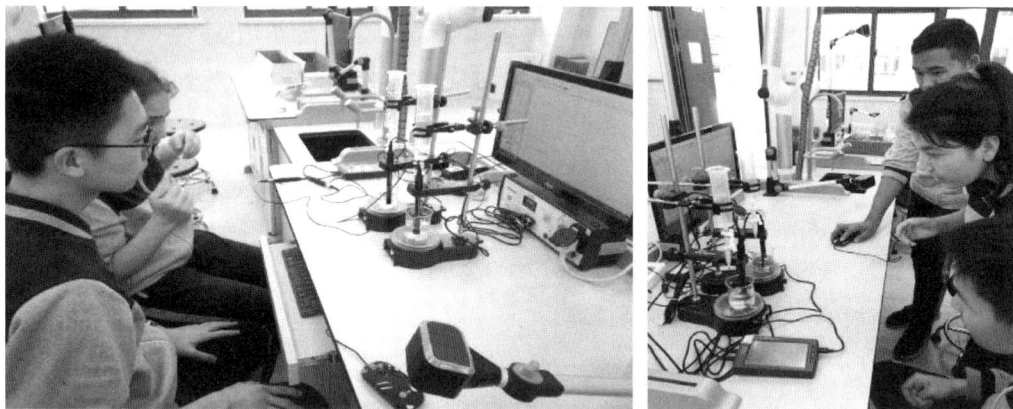

图 8-1　学生在标准化实验室做实验

【环节四】形成成果:分析实验现象及实验数据,反思,撰写实验报告。

(3) 展示拓展:交流展示互评,拓展研究反思。

【环节一】学生实验成果交流展示:以小组为单位,分享交流实验过程、结果分析及反思。

【环节二】评价与修订:小组互评,讨论研究相关问题。

【环节三】反思与迁移:设计鉴别同 pH 值的盐酸和醋酸溶液的实验方案,并交流完善。

【环节四】拓展提升:拓展研究未知浓度的盐酸和醋酸的鉴别,设计实验方案,并交流完善。

【环节五】项目总结:师生互评,总结项目研究的学习方法及体会。

（a）　　　　　　　　　　　　　（b）

图 8-2　学生交流汇报项目成果

（a）学生分组交流研讨　（b）学生汇报项目成果

2.6　成果展示与评价

2.6.1　项目评价

"失去标签的盐酸与醋酸的鉴别"项目评价分为过程性（包括实验方案、实验过程）和终结性评价（包括实验报告、交流展示），各占50%。涉及科学性、可行性、创新性、合作性、反思性、条理性等方面，及时了解每个项目小组的学习情况，引导学生寻找合适的方法完成项目任务。对每个小组的项目化学习成果采用自评、互评及教师评价相结合的方式，各占30%、30%、40%，充分体现学生的自主评价，调动积极性。

2.6.2　学生作品

学生实验成果包括实验报告及反思。

2.6.2.1　教师点评

作品A：小组选用的实验方法简单，现象明显，讲解清晰，实验后有针对性思考。对实验后反思提出的2个问题还可以进一步进行实验研究。

作品B：创新性地应用了数字实验测氢氧化钠分别与盐酸和醋酸反应过程中的pH值，并对曲线图进行了深入分析和理性思考，研究比较深入。可进一步比较传统的pH计与pH传感器的优势和不同，加深对数字化实验的理解。

作品C：通过自评与互评，对不同小组实验的实验方案、结果及汇报进行了量化评价。

2.6.2.2　学生体会

在本项目学习过程中，学生兴趣浓厚，收获颇多。下面摘录两个学生的感言如下：

布×××：项目化学习拓宽了我的思维，提高了自主学习和动手能力，对学科知识的掌握更好，但设计实验方案需要较长的时间。

饶×：利用数字化仪器亲自参与实验方案的制订与实施，印象深刻，培养探究能力，我很感兴趣。对滴定曲线图，我饶有兴趣地查阅资料，进行了学习分析，从现象到本质，运用学科知识自主学习，从图像分析中获取信息，收获特别大，综合应用好。

3. 项目实施反思

3.1　项目设计思想

通过前面化学平衡、强弱电解质的复习,学生对速率和平衡特征、强弱电解质的概念、弱电解质的平衡有了一定认识,积累了一定的实验设计方法和能力,但对一元强酸与一元弱酸的比较缺乏系统的认识。本项目重点是同浓度、同 pH 值的盐酸和醋酸的比较,难点是鉴别盐酸和醋酸的实验方案设计及实验。

本项目抓住弱电解质与强电解质的本质差别即弱电解质在水溶液中存在电离平衡,在强酸与弱酸的比较中,大量采用对比的方法,以学生探究的形式,通过学生讨论进行理论探究、实验设计、动手实验、撰写实验报告、交流展示、再设计实验方案,从理论研究、实验探究、理性分析的角度,逐步掌握同浓度、同 pH 值盐酸和醋酸的对比分析,逐步升华对强酸和弱酸的认识,最后总结出强酸和弱酸的比较方法,并从特殊到一般,推广到一元强酸和一元弱酸的比较方法和技巧,进一步理解电离平衡,从而突破重点和难点。

3.2　项目实施效果

本项目计划 3 课时完成,实施效果较为理想。

3.2.1　提升了学生的实验动手能力

学生 4～6 人一组,团队合作,设计实验方案,并动手实验,进行盐酸与弱酸的比较分析,撰写盐酸与醋酸的鉴别实验报告,在实验研究中提高学生的实验能力。

3.2.2　提升了学生的自主探究能力

学生自主选择实验方法,自主设计实验方案,充分利用教师提供的实验箱中的试剂和仪器进行合作实验研究,提升了学生的自主探究能力。

3.2.3　提升了学生的观察评价能力

通过分享和互评环节,小组代表分享实验研究中的经验、成果与不足,学习他人经验,反思实验过程中遇到的问题和解决措施,并对实验方案的改进进行交流,让每个分享者既自信又自省。学生针对评价量表中的标准对每个小组的实验方案、实验过程、实验结果、实验汇报等进行量化评价,提高了观察、表达和评价能力。对于自己未尝试的实验,也能认真听取、仔细思考提问和评价。

3.2.4　提升学生的学科核心素养

学生通过项目化学习,开展实验方案设计及分组实验,观察实验现象,分析实验原理,理论探究微观本质,发展了学生"宏观辨识与微观探析""变化观念与平衡思想""证据推理与模型认知"等化学学科核心素养。

3.3　存在问题及改进

3.3.1　存在问题

项目化学习刚刚开始实施,教师的引导能力有限,学生的自主性还有待加强。

（1）学生差异大：学生水平和能力参差不齐，如何在小组实验中分层、合作、调动每一个学生的积极性还有待研究；小组汇报中部分实验方案有一定深度和难度，未亲身体验的学生印象不深刻。

（2）教师引导有待加强：教师的项目化学习理念还有待进一步提升，如何设计更合适的项目，如何引导学生更好地投入项目化学习和研究，都还需要改进。

（3）项目化学习时空的保障：项目化学习需要的时间和空间都需要进一步改进和保障，给学生充分的时间去学习探究。

3.3.2　改进措施

（1）分层学习：针对学生的不同层次进行分组，分配不同的项目化学习任务，让每个层次的学生都能发挥所长，有所收获。

（2）鼓励教学：教师在项目化学习中要积极引导学生更好地参与小组活动，鼓励每一个学生的成长和进步，对学生自主探究中遇到的问题及时进行疏导，引导学生学会查阅资料进行探究。

（3）时空保障：在学校长、短课时改进及单元化教学的实施过程中，积极尝试项目化学习的实施，在课程资源、课时设置、项目化设计等方面，不断完善、充实，充分保障学生的项目化学习时间和空间。

项目化学习是一个基于问题解决的学习过程，强调将学生置于真实的活动情境中，运用已有知识经验，通过自主、合作、探究来解决现实问题，开展对未知知识的学习。教师要相信学生、鼓励学生，大胆把课堂交还给学生，让学生带着驱动性问题主动学习、实践，在项目化学习中充分动手动脑、思考探究、合作创新，在情境应用、问题解决中更好地提升学生的学科核心素养。

第二节　项目化导学的实践研究

在实践研究的基础上,我们对项目化学习的策略及学科范式进行了初步研究和反思,提炼出驱动性问题策略和制备实验的项目化学习范式。

一、驱动性问题的设计策略研究

驱动性问题是项目化学习的心脏。基于对学科本质问题的分析,设计注重思维训练的辩论类驱动性问题提高学生高阶思维,设计源于真实世界的角色类驱动性问题体会化学与生活生产的紧密联系,设计基于课标要求的实验类驱动性问题,引领学生创新探究解决实验难点,提升学生的化学学科核心素养。

(一) 设计辩论类驱动性问题,提升学生思维素养

项目化学习的目的是合作解决问题、提高学生动手思维等综合能力和思维品质,我们在设计驱动性问题时,可以注重问题的两面性,在研究任务方面注重学科思维的提升,引发学生深入思考。

设计辩论问题,驱动学生研究原子结构

学习原子结构时,"近代化学之父"英国自然科学家约翰·道尔顿提出了世界上第一个原子理论模型。为了探究原子结构的发现意义,让学生体会科学家的探究历程,我设计了微项目的驱动性问题,引导学生辩证思考,学会分析评价。

【驱动性问题】如何评论道尔顿提出的原子结构模型？如果你是与道尔顿同时代的科学家,或者你是一位现代科学家,你的评论有何不同？

实施效果：A组学生扮演与道尔顿同时代的科学家,B组学生扮演现代科学家,两组学生进行辩论对话,分别阐述自己的观点和理由。A组学生站在时代角度力挺道尔顿,而B组学生站在现代科学的角度,举例分析证实道尔顿的原子结构模型是一个失败的理论模型。双方辩论针尖对麦芒,对道尔顿的实心球原子结构模型的优点和不足进行评述,在辩证思考中加深了对道尔顿原子结构模型的分析认识。

案例说明：通过科学辩论，引领学生站在科学家的立场，回溯原子结构的发现历史，从正、反两方面对道尔顿原子结构的 4 个要点进行深入剖析的辩论，对规律和特例进行了正反思辨，提升了学生的思维，在思辨感悟中学会科学分析，在趣味学习中加深对原子结构的认知，提升辩证思维。

（二）设计角色类驱动性问题，提升学生探究素养

项目化学习要应用知识解决生活实际问题，设计角色类驱动性问题，以生活中不同角色人员的需求和困惑为背景，驱动学生进行角色扮演，换位思考，帮助他们解决生活问题，倡导学生利用学科知识分析、解决生活中的问题，引发学生深入思考、主动投入项目化学习。

设计开放性生活化问题，驱动学生研究家用消毒剂漂白剂

生活中有很多消毒剂、漂白剂，不同消毒剂成分不同、使用方法不同、适用条件也不同。由此设计了项目驱动性问题，让学生帮助小明去超市调研，并由此开启制备实验的研究。

【驱动性问题】小明家的部分日用品用完了，爸爸需要消毒马桶，妈妈需要消毒水果蔬菜，小明需要漂白衬衫上的汗渍。他们各自需要选择什么样的日用品呢？请帮助小明家解决消毒问题，给出购买建议，或者帮助小明家自制一种家用消毒剂漂白剂。

实施效果：在驱动性问题引导下，学生根据兴趣分别代表爸爸、妈妈及小明同学进行角色扮演，根据各自需求去研究，利用周末走进家附近的超市或者搜索购物网站进行调查，寻找小明一家需要的家用消毒剂漂白剂，分析其主要成分及漂白消毒原理；然后，小组合作制备一种含氯消毒剂。图 8-3(a)、图 8-3(b)是学生利用改进后的微型实验来制备含氯消毒剂，图 8-3(c)是利用生活中的仪器和药品电解饱和食盐水来制备 84 消毒液，与常规实验相比，更为环保、安全，学生兴趣浓厚。

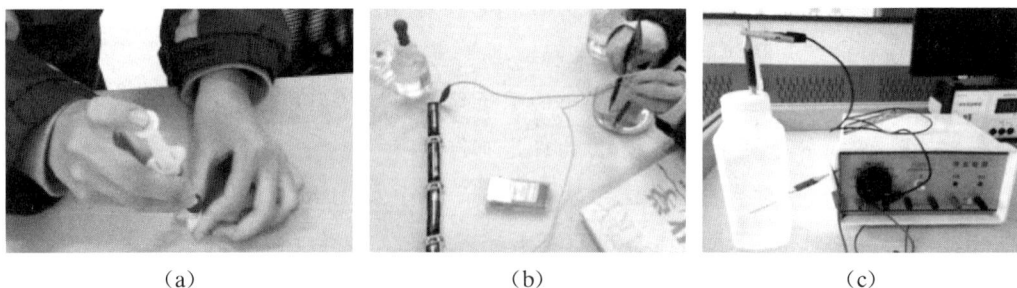

（a）　　　　　　（b）　　　　　　（c）

图 8-3　含氯消毒剂的制备（学生实验）

（a）微型实验制备漂粉精　（b）微型实验制备次氯酸　（c）生活化实验制备 84 消毒液

案例说明：驱动性问题涉及小明一家三位成员的不同需求，学生带着任务进入超市或网络进行调研，研究不同类别的家用消毒剂漂白剂的成分、适用条件及使用方法，并自制了家用消毒剂，提升了学生的合作研究能力和学科素养。

（三）设计实验类驱动性问题，提升学生创新素养

化学以实验为特色，设计实验类驱动性问题，为学生创设实验研究的任务，注重实验方案设计、动手、观察、分析、研究能力的培养和学科思维的提升，并创新性地解决生活中的问题，提升学生的创新素养。

"失去标签的盐酸与醋酸的鉴别"设计实验鉴别问题，驱动学生进行实验研究

在"失去标签的盐酸与醋酸的鉴别"项目化学习中，笔者将化学本质问题"强酸与弱酸的比较"设计为实验室两瓶酸溶液的鉴别的驱动性问题，引导学生分析、解决问题。

【驱动性问题】实验室药品柜有两瓶溶液——盐酸与醋酸，因配置已久标签掉了，如何帮助实验室老师将这两瓶溶液鉴别出来呢？

【实施效果】学生根据兴趣分别组建小组，选择了 6 种不同的实验方法来设计鉴别实验方案、进行实验操作鉴别，并撰写了实验报告、分享研究成果、互评实验研究，对强酸与弱酸的比较有了更全面、系统的认识。图 8－4(a)、图 8－4(b)分别呈现了小组研究成果；图 8－4(c)是评价量表，通过自评、互评与师评，对不同小组实验的实验方案、实验过程、实验报告及交流展示的过程及结果进行了量化评价，提高了合作学习及评价能力。

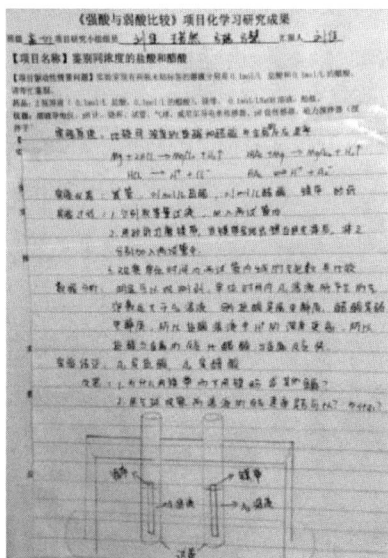

(a)

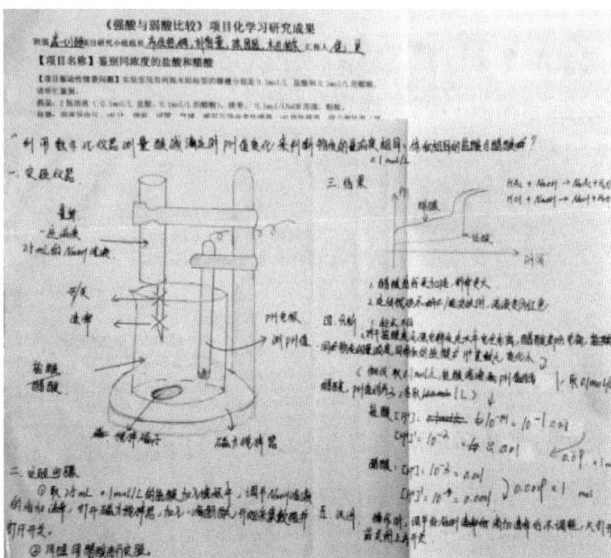

(b)

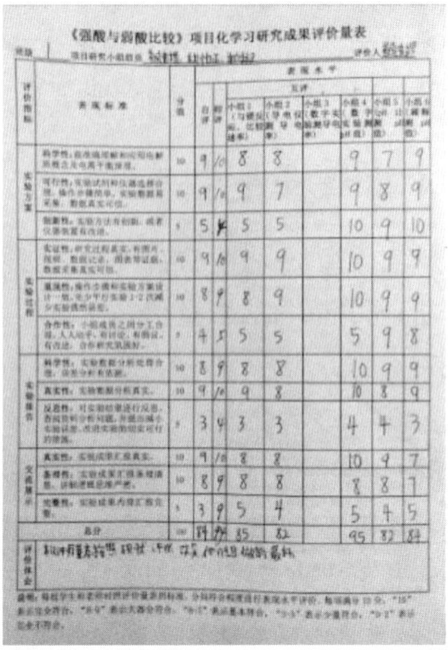
《强酸与弱酸比较》项目化学习研究成果评价量表

（c）

图 8－4 “失去标签的盐酸与醋酸的鉴别”学生研究成果

（a）“与镁反应比较速率”实验报告 （b）“数字实验测 pH 值”实验报告 （c）评价量表

案例说明：驱动性问题以实验室中的真实问题展开，提供多样化的开放实验场景，可设计鉴别实验、除杂实验、性质实验、制备实验、定量实验等，综合提升学生的科学探究素养和创新素养。

项目化学习是一个基于问题解决的学习过程。基于学生思维、真实世界、课标要求，设计具有一定开放性的生活化、趣味性、学科性的驱动性问题，给学生提供多维度探索空间，激发研究兴趣，促使学生充分动手动脑、思考探究、合作创新、解决问题，更好地提升学生的学科核心素养。

二、制备实验项目化导学范式研究

从多元视角观点看，好的项目化学习会促进学生更专注、主动和投入，对关键概念的理解更透彻、持久。我们在实践研究基础上，归纳总结出指向学科核心知识的高中化学实验制备类型的项目化学习学科范式（见图 8－5）。以生活相关的制备实验作为项目化学习的载体，通过驱动性问题提出一个开放性的核心任务，在“提出问题-分析问题-解决问题”的三个研究阶段，通过教师的四次介入，引导学生进行五步研究的项目化学习，从制备实验的方案选择-实验体验-报告撰写-结果分享-互评提升，应用调查实践、探究性实践、调控性实践和技术性实践等学习方式，让学生经历有意义的学习实践历程，体验"提出问题-分析问题-解决问题"的科学研究方法，最终形成个人成果与集体成果两种研究成果，提升学生化学学科核心素养。

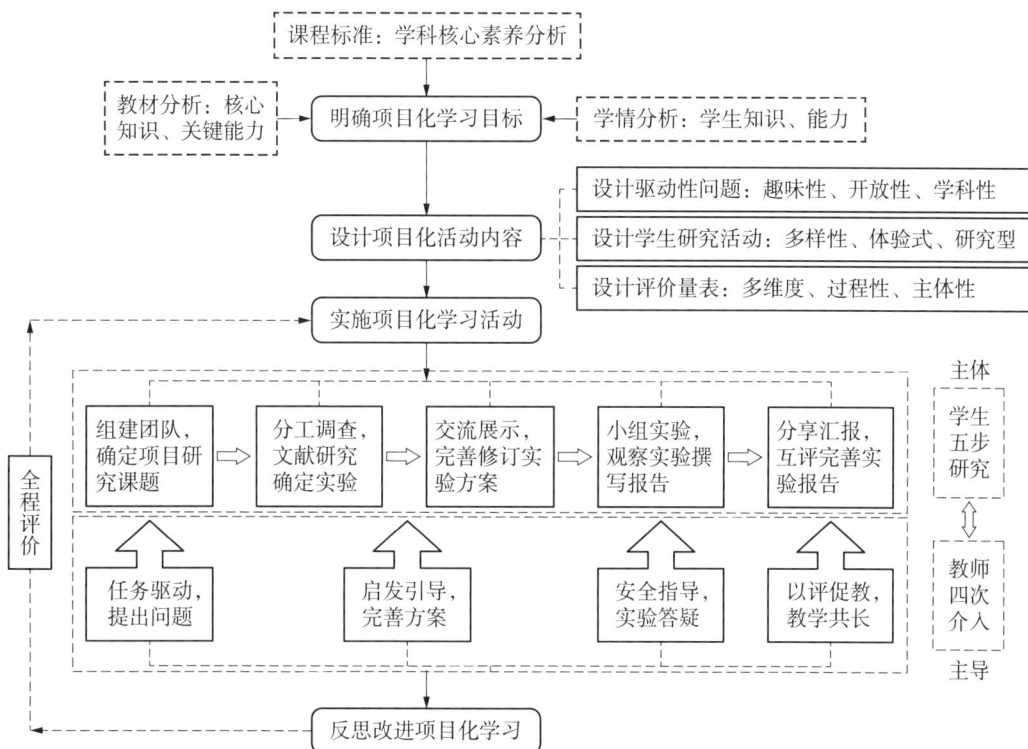

图8-5　"基于问题解决的五步研究"实验制备项目化学习范式流程

下面以高一化学项目"家用消毒剂漂白剂的制备研究"为例，谈谈高中化学"基于问题解决的五步研究"实验制备项目化学习范式的实施。

【教学案例9】　"家用消毒剂、漂白剂的制备研究"教学案例研究

以生活相关的制备实验作为项目化学习的载体，指向具有概念性质的核心知识含氯消毒剂，通过驱动性问题提出一个开放性的核心任务"帮助小明一家解决防疫消毒问题"，在"提出问题-分析问题-解决问题"的三个研究阶段，主要应用了调查实践、探究性实践、调控性实践和技术性实践等学习方式，通过教师的四次介入，学生分"五步研究"实践完成项目化学习，在合作研究体验学习中改善学生的学习方式。

1. 组建团队，确定项目研究课题

第一步，学生按照兴趣同质分组，组建小组自主研究。小组合作学习就是以合作学习小组为基本形式，系统利用教学中动态因素之间的互动，促进学生的学习，以团体的

成绩为评价标准,共同达成教学目标的教学活动。项目化学习的研究任务具有一定的挑战性,我们尝试组建小组,开展合作学习研究。根据学生综合学习能力和素养分为A、B、C三个档次,由A档学生担任小组组长,然后B档学生、C档学生自主选择组长组建小组,尽量实现平均分配,一个组一般6人。然后,由组长与组员进行协商,选定项目化学习的研究主题,安排计划、分工。组员主要与学习同伴一起共同学习、查阅资料、分析讨论、探究展示。遇到解决不了的问题,再与教师一起探讨解决。因此,组长的协调组织和成员间的合作互助都显得尤为重要,让大家体验合作学习、共聚集体智慧。

教师介入1:任务驱动,提出问题。教师提出驱动性问题,引导学生选择感兴趣的项目化任务并组队。

2. 分工调查,文献研究确定实验

第二步,学生走进超市调研取证,培养调查分析能力。化学与生活生产息息相关,利用调查研究的学习方式可以让学生将化学知识与生活相联系,更好地学会用化学知识为生活服务。

超市调研消毒剂,研究组成有新招。利用周末,学生带着驱动性问题的学习任务,走进家附近的超市或者搜索购物网站进行调查,寻找小明一家需要的家用消毒剂漂白剂,对商品进行拍照或者截图,掌握其主要成分,分析其漂白消毒原理,解决"是什么(组成)、为什么(性质)"的问题,为下一步制备家用消毒剂漂白剂奠定基础。小组成员之间进行交流沟通,根据小组成员兴趣和能力选定需要制备的目标物质。家用消毒剂、漂白剂的调查分析如图8-6所示。

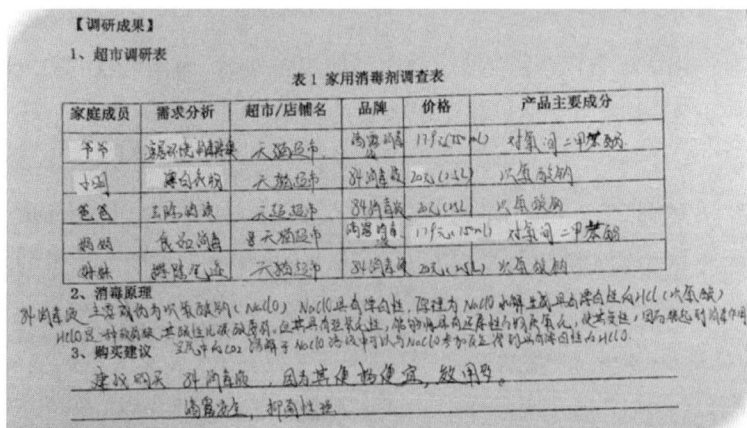

图8-6 家用消毒剂、漂白剂的调查分析

3. 交流展示,完善修订实验方案

第三步,设计优化实验方案,优化物质制备过程。

微型化生活化实验方案设计,分享交流不断优化。通过调查分析,学生发现常见家用消毒剂中有含氯消毒剂,与正在学习的卤素知识不谋而合。于是,学生萌发了制备含氯消毒剂的想法,并以小组为单位,选取其中一种含氯消毒剂进行制备实验的方案设计。教师有意识地启发引导学生根据制备原理,设计常规实验装置、改进生活化实验装置、探究微型实验装置。学生都兴致勃勃地查阅资料,进行调查和实验方案设计,开展初步的创新实验研究。第二课时,学生分享前期调研成果及实验方案,充分进行思维碰撞,共同讨论了多种实验方案的可行性和操作性,对实验装置、操作步骤进行了细化和改进,从而确定了可操作的实验方案。

教师介入 2:启发引导,完善方案。在文献研究、调查、交流过程中,教师启发引导学生不断质疑、修改完善实验方案。

4. 小组实验,观察实验撰写报告

第四步,合作制备实验,观察分析撰写报告。

小组动手合作实验,制备家用消毒剂显神通。第三课时,学生依据实验方案进行装置改进、搭建,动手制备漂粉精、84 消毒液、次氯酸等物质。在实验中,学生不断发现新的问题,包括操作中的细节问题、实验药品的用量问题、装置的设计问题等,亲身体验了理论设计与实际操作的差异,认真进行记录、分析、反思及改进,并从定量角度初步开展了对制备条件的分析和优化选择。

案例说明:学生开展的制备实验具有微型化和生活化的特点,利用改进后的微型实验来制备含氯消毒剂,利用生活中的仪器和药品电解饱和食盐水来制备 84 消毒液,与常规实验相比,更为环保、安全,学生兴趣浓厚。

教师介入 3:安全指导,实验答疑。在实验研究过程中,教师通过巡查、观察学生实验中存在的问题,启发学生去研究实验现象及背后的实质问题,提升学生实验能力和学科思维。

5. 分享汇报,互评完善实验报告

第五步,总结反思互评,分享项目研究成果。项目研究成果有学生个人的调查报告、实验方案设计,也有集体成果的小组实验报告、分享课件、小组评价表,分享成果的过程也是对整个项目化学习的回顾和提升,更有利于学生的综合素养提升。

分享汇报,讨论交流互评反思。第四课时,按照"是什么、为什么、怎么做、怎么用"的知识主线,通过小组交流含氯消毒剂的制备研究成果,指向具有概念性质的核心知识,引导学生研究物质的组成、性质、制法及用途,探究次氯酸钙、次氯酸钠、次氯酸的制备方法及分类使用,体会"性质决定用途"的学科思想。每个小组制作了精美的 PPT 课件、撰写了项目化学习研究报告,依次登台分享自己小组的研究成果,在展示交流及反思讨论中体验"提出问题-分析问题-解决问题"的科学研究方法(见图 8-7)。

项目一：调研消除圆珠笔字迹的方案

- 方案一：洗发液加白醋：用洗发液浸透污处，用刷子蘸上白醋轻轻擦洗。
- 方案二：酒精加肥皂：用刷子蘸上酒精刷洗，等污渍散开后，再将衣服泡在冷水中，抹上肥皂进行清洗。
- 方案三：牙膏加少量肥皂：先将有污渍的地方用冷水浸湿后，再涂些牙膏，抹上少量肥皂轻轻搓揉。
- 方案四：把牛奶烧开，在衣服下垫一块毛巾，用一团棉花蘸上热牛奶在圆珠笔处蘸取涂擦，直到油渍消失为止。

对于方案结果的评价

- 施行第一的是洗发液和白醋消洗法。这种方法洗的最干净，而且洗发液和白醋一般家里都有，容易找到。
- 施行第二的是酒精和肥皂清洗法。这种方法也还算干净，但逊色于第一种方法。
- 施行第三的是洁膏和肥皂清洗法。这种方法会留下少量的痕迹，而且洁膏一般家里面没有准备。
- 施行第四的是牛奶清洗法。这种方法虽然还算干净，但是比较麻烦，也比较累，而且较费时间。

实验进行前：装置搭建

- ①在瓶盖两个小孔（其一出笔）天瓶盖再开一个小孔。
- ②把两段铅笔尖端部分的铅芯削露出。
- ③将铅笔深入，同时用AB胶彻底密封。

(a)   (b)

【探究】电解时间对漂白效果的影响

结论：在一定条件下，当电解时间越多，漂白效果越明显。

(c)

图 8-7　学生项目化研究成果 PPT 截图

(a) 调查研究成果　　(b) 生活化实验装置研究　　(c) 实验结果探究

通过分享和互评环节，小组代表分享实验研究过程中的经验、成果与不足，学习他人经验，反思实验过程中遇到的问题和解决措施，并对实验方案的改进进行交流，让每个分享者既自信又自省，肯定自我、完善自我。学生针对评价量表中的标准对每个小组的实验方案、实验过程、实验结果、实验汇报等进行量化评价，提高了观察、表达和评价能力。对于自己未尝试的实验，也能认真了解、仔细思考提问和评价(见图 8-8)。

教师介入 4：以评促教，教学共长。教师在学生自评、互评的基础上，进行总结评价，在多维度的评价中教学共长。

教师评价：该小组首先调查研究了小明妹妹的需求——消除圆珠笔字迹，提供了多种生活化问题的解决方案；同时，对制备 84 消毒液的多种方案进行了分析评价，有思考有收获；在大量研究和思考的基础上，大胆进行了制备 84 消毒液的生活化实验改进，成功制备了 84 消毒液，还初步对实验制备条件进行了定量思考和尝试，收获很大。当然，由于研究时间较短，研究不够深入，对实验条件的优化还可以进一步思考和改进。

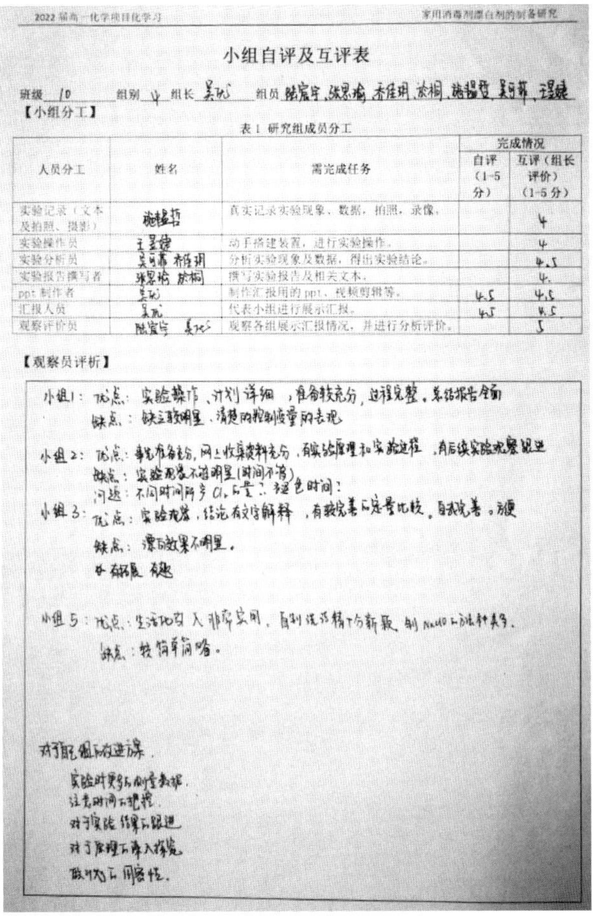

2022 届高一化学项目化学习　　家用消毒剂漂白剂的制备研究

小组自评及互评表

班级 10　组别 4　组长 吴沁　组员 陆宸宇、张思榆、齐佳玥、於桐、施韫哲、吴可菲、王昱捷

【小组分工】

表 1 研究组成员分工

人员分工	姓名	需完成任务	完成情况	
			自评（1-5分）	互评（组长评价）（1-5分）
实验记录（文本及拍照、摄影）	施韫哲	真实记录实验现象、数据，拍照，录像。		4
实验操作员	王昱捷	动手搭建装置，进行实验操作。		4
实验分析员	吴可菲 齐佳玥	分析实验现象及数据，得出实验结论。		4.5
实验报告撰写者	张思榆 於桐	撰写实验报告及相关文本。		4.
ppt 制作者	吴沁	制作汇报用的 ppt、视频剪辑等。	4.5	4.5
汇报人员	吴沁	代表小组进行展示汇报。	4.5	4.5
观察评价员	陆宸宇 吴沁	观察各组展示汇报情况，并进行分析评价。		5

【观察员评析】

小组1：优点：实验操作、计划详细，准备较充分，过程完整，总结报告全面

缺点：缺乏较明显、清楚的控制变量的表现

小组2：优点：事先准备充分，网上收集资料充分，有实验原理和实验过程，有后续实验观察跟进

缺点：实验现象不够明显(时间不够)

问题：不同时间所产 Cl_2 的量，褪色时间？

小组3：优点：实验现象，结论有文字解释，有较完善的定量比较，自我完善，方便

缺点：漂白效果不明显。

有拓展 有趣

小组5：优点：生活化引入非常实用，自制装置精致新颖，制 NaClO 的方法种类多。

缺点：较简单简略。

对于自己组的改进方案：

实验时要多测量数据，

注意时间的把控，

对于实验结果的跟进，

对于原理的深入探究，

取材方面的广泛性。

图 8－8　学生小组评价量表

××学生体会：化学的项目化学习真有意思，调查研究和实验都跟生活紧密相关。我们小组对实验方案进行了很多尝试，也失败了好几次，最后还是成功地制作了装置，制取了消毒剂，很开心。

×××学生体会：项目化学习的研究方式让我印象深刻，不仅动手实践做了实验，还经历了一系列的科学研究过程，体会了问题解决的乐趣，对知识的理解更深刻了。

在项目化学习中学生主体分五步进行研究，而教师在各个学习环节进行四次介入，启发引导学生不断研究-反思-改进，从而解决项目化问题。调研设计，提升学生的自主探究能力；合作实验，提升学生的实验动手能力；分享互评，提升学生的观察评价能力；解决问题，提升学生的学科核心素养。通过“家用消毒剂漂白剂的制备研究”项目化学习，学生相互指导、相互讨论、相互质疑，在综合应用知识中促进对含氯消毒剂、漂白剂的认识。整个学习过程中不断体现出高阶思维的特性，学生的思辨能力、实验能力、表达能力等素养都得到了有效培养，在实践中领悟了实验研究的真谛。

项目化学习是一个基于问题解决的学习过程,它强调将学生置于真实的活动情境中,运用已有知识经验,通过自主、合作、探究来解决现实问题,开展对未知知识的学习。教师要相信学生、鼓励学生,大胆把课堂交给学生,让学生带着驱动性问题主动学习实践,在项目化学习中充分动手动脑、思考探究、合作创新,在情境应用、问题解决中更好地提升学生的化学学科核心素养。

第九章

学案作业的设计研究

　　作业是课堂教学内容的复习巩固、延续和补充,是学生学习化学、发展思维的一项经常性的实践活动,也是检验学生完成学习任务的主要活动形式。传统的化学作业以教师为主导,重知识,轻能力;重学习结果,轻学习过程;重知识考查,轻兴趣培养;重教师主导,轻学生主动;重群体考查,轻个人发展……总之,传统的化学作业忽视学生个体发展的需要,不利于培养学生的创新能力。

第一节　学案作业的创新设计

《中共中央、国务院关于深化教育改革全面推进素质教育的决定》指出,要"尊重学生的身心发展特点和教育教学规律,使学生生动活泼、积极主动地得到发展"。化学作业设计也要充分地尊重学生、相信学生、培养学生自信和努力的品质,激发学生的自主能动性、参与性、合作性,激发学生的创新意识,培养创新型人才。我们尝试研究创新作业的设计,提高作业的开放性、探究性、情境性,创新作业设计的形式、内容和层次,提高化学作业的质效,提高学生化学学习创新能力。

一、创新生活化作业设计,激发学生学习兴趣

《普通高中化学课程标准(2017 年版)》指出,化学是人们生活、劳动和进一步学习必不可少的基础和工具,学生的学习应脱离枯燥的纯化学的没有任何情境的学习。在化学作业的题干设计方面,可将考察的知识内容放到具体生活情境中去,简要介绍相关知识的生活背景,让学生在具体的、丰富多彩的生活中去学化学、解决问题,激发学生的学习兴趣和创新激情,鼓励学生善于联想、大胆推测、勇于创新,激励学生向更高目标挑战。在题干中引入生活中的应用、化学小故事等,在生活情境中做题,增加题目的趣味性。表 9-1 所示为化学反应速率习题。

表 9-1　化学反应速率习题

作业设计	设 计 意 图	使用效果
传统设计	用铁片与稀硫酸反应制取氢气时,下列措施能使氢气生成的速率变小的是(　　) A. 加热 B. 不用稀硫酸,改用 98% 的浓硫酸 C. 将反应体系放入冰水中 D. 铁片改用铁粉	开门见山,枯燥
创新设计	人们用多种方法保存食物,如在粮仓中充入氮气以降低氧气浓度,粮食可保存更长时间,这是因为充入氮气降低了氧气的浓度,使粮食腐败的速度减慢。也可在冰箱中保存食物,这是因为冰箱使温度降低,从而使粮食腐败的速度减慢。用铁片与稀硫酸反应制取氢气时,下列措施能使氢气生成的速率变小的是(　　)	该题巧妙地将用途嵌入题干,唤起学生对生活的关注,在喜闻乐见中阅读题干,发现学习并不那么枯燥,从而调动学习的积极性和主动性

(续表)

作业设计	设 计 意 图	使用效果
A. 加热 B. 不用稀硫酸,改用 98%的浓硫酸 C. 将反应体系放入冰水中 D. 铁片改用铁粉		

二、创新台阶式题组设计,激发学生创新思维

作业设计要体现化学知识之间内在的逻辑关系,通过作业设计的题组化,将横向思维的多元性、纵向思维的深刻性揭示出来,把零散的化学知识成为有机的整体,变无序为有序,帮助学生理解化学知识的本质。变式训练,注重对知识的辨析和演变过程,不断改变条件和范围,从而探究化学的真正原理。

“盐类水解”题组变式训练

作业目的:氯化铵溶液中微粒浓度大小比较。表9-2所示为“盐类水解”变式题组设计。

表9-2 “盐类水解”变式题组设计

	作 业 设 计	设计意图	使用效果
传统设计	氯化铵溶液中的有哪些微粒,并比较大小	直接考查微粒关系	枯燥,易忘记
创新设计	在氯化铵溶液中,下列关系正确的是 A. $[Cl^-]>[NH_4^+]>[H^+]>[OH^-]$ B. $[NH_4^+]>[Cl^-]>[H^+]>[OH^-]$ C. $[Cl^-]=[NH_4^+]>[H^+]>[OH^-]$ D. $[NH_4^+]=[Cl^-]>[H^+]>[OH^-]$	原题,单一溶质中考查微粒浓度关系	题组形式多角度考查 NH_4Cl 溶液中微粒浓度比较,从单一组分到混合溶液,从已知酸、碱到未知酸碱种类逐步深入,学生思维也由浅入深得到训练
	变题1:100 mL 0.1 mol/L 盐酸与 50 mL 0.2 mol/L 氨水溶液混和,在所得溶液中 A. $[Cl^-]>[NH_4^+]>[H^+]>[OH^-]$ B. $[NH_4^+]>[Cl^-]>[H^+]>[OH^-]$ C. $[Cl^-]=[NH_4^+]>[H^+]>[OH^-]$ D. $[NH_4^+]=[Cl^-]>[H^+]>[OH^-]$	已知浓度的两种混合溶液考查微粒浓度关系	
	变题2:将 pH=3 的盐酸和 pH=11 的氨水等体积混和,溶液中离子浓度关系正确的是 A. $[NH_4^+]>[Cl^-]>[H^+]>[OH^-]$ B. $[NH_4^+]>[Cl^-]>[OH^-]>[H^+]$	已知 pH 值,已知酸、碱性强弱的两种混合溶液	

（续表）

作　业　设　计		设计意图	使用效果
创新设计	C. $[Cl^-]>[NH_4^+]>[H^+]>[OH^-]$ D. $[Cl^-]>[NH_4^+]>[OH^-]>[H^+]$		
	变题3：一种一元强酸HA溶液加入一种碱MOH反应后，溶液呈中性，下列判断一定正确的是 A. 加入的碱过量 B. 酸与碱等物质的量混合 C. 生成的盐不水解 D. 反应后溶液中$[A^-]=[M^+]$	未知酸、碱性强弱两溶液混合，讨论微粒浓度关系	

案例说明：盐溶液中存在的微粒及浓度大小比较是教学的难点，通过题组变式训练进行探究，可将难度降低。探究强酸弱碱盐代表氯化铵溶液中的微粒浓度大小，通过一题多变，从原题的单一溶质到两种溶液混合后比较，从已知溶液浓度到未知溶液混合，难度逐步加深，循序渐进，提升解题方法。

通过台阶式题组作业训练，开阔了学生的思路，熟练了化学知识与方法，使化学课堂成为培养思维能力、创新能力的富矿，发展学生的求异思维能力，也在潜移默化中提升了学生的创新学习力。

三、创新趣味化作业设计，激发学生创新技能

化学来源于生活，又服务于生活。作业设计时，把学生引向家庭、引向社会、引向生活，将书本知识与生活中的化学构成联系，从学生熟悉的生活情境出发，选择学生身边感兴趣的事物，以激发学生学习的兴趣与动机，有助于学生的求知兴趣持续发展，解决化学理性认知与生活中化学知识经验"断层"的问题，帮助学生建立化学世界。创新趣味实验作业设计引入家庭实验作业，如学习$NaHCO_3$的性质后可布置厨房中的白色粉末盐和小苏打的鉴别实验，学习离子反应后可布置暖水瓶除水垢的除杂实验，加深对$CaCO_3$性质的理解，学习电解食盐水的原理后可布置碳棒写字、制作消毒液等家庭趣味实验，让学生在亲身体验学习的乐趣中加深对化学原理的应用和理解。

"海水资源的利用"家庭实验作业

学习了"海水资源的利用"后，为了加深学生对电解饱和食盐水原理的理解，笔者布置了一个选做的家庭实验作业——碳棒写字，在作业中引入家庭实验，让学生在亲身感悟中重温课堂、探究化学原理。

作业目的：巩固电解饱和食盐水的原理。"海水资源的利用"家庭实验作业设计如表9-3所示。

表9-3 "海水资源的利用"家庭实验作业设计

作 业 设 计		设计意图	使用效果
传统设计	电解饱和食盐水的原理是什么	复习回忆	枯燥,回忆差
创新设计	（1）家庭趣味实验【碳棒写字】按上图装置,把一条红色石蕊试纸用氯化钠溶液浸湿,贴在玻璃片上,在6 V电源的两端各连上一段铅笔芯,让碳棒在试纸上移动。连接阳极的碳棒可写出白字,而连接阴极的碳棒则可写出蓝字（2）撰写实验报告	选做,激发学生兴趣和主动性,加深对电解现象和原理的认识和理解	学生跃跃欲试,纷纷向教师索要红色石蕊试纸

案例说明：布置家庭趣味实验的选作作业,学生的热情高涨。大部分学生都进行了选做实验,部分学生提交了实验报告,可见趣味作业深受学生欢迎,是延伸课堂学习、激发学生探究欲望的好方法。

研究布置家庭实验等兴趣作业,引导学生动手进行创新性实践,可激发学生继续探究的欲望,对学生的实验设计和观察能力、动手能力培养有很大的促进作用,提高了创新意识和创新能力。

四、创设主题式研究作业,提高学生创新能力

课外作业的设计要体现"以人为本",学生可以根据自身的学习基础自由选择作业,把"选择权"还给学生,充分调动他们的学习积极性,发挥他们最大限度的自主性。

"乙醇"主题研究作业

在学习"乙醇"时,笔者设计布置周末主题作业,围绕酒的主题,完成一份相关作业,

可以是调查研究、文献研究、电子小报等。学生很欣然地接受了这项作业,他们自发组成小组,有的去超市调查有哪些酒,成分是什么,含量有多少,完成了一份调查报告;有的上网查阅、收集有关酿酒的历史、酒文化研究等,撰写文献研究;有的收集醉酒的相关知识,如酒的作用和危害、司机酒精的检验、醉驾的交通事故等,完成一份化学小报……作业形式多样,每个人都有好多收获。在完成作业的过程中,有的自主思考,有的同伴讨论,有的询问调查,这样的作业不仅使学生巩固、获取了化学知识,更多的是一种解决问题的能力,化学不正是需要这样的效果吗?"乙醇"主题研究作业如图 9-1 所示。

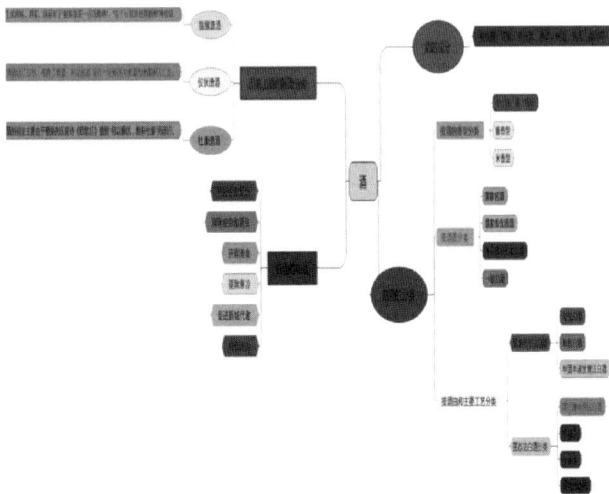

图 9-1　"乙醇"主题研究作业

一份有价值的创新作业设计,不仅能深化理解所学知识,激发学生学习化学的兴趣,逐步培养学生独立分析问题和解决问题的能力;更能开拓学生的思路,培养学生的创造性,引导学生自主建构学习过程,以动态生成的方式完善学习过程。

五、设计中长期研究作业,提升学生学科素养

为了让学生学以致用,关注生活生产中的化学知识,让高中化学学习更加充实有意义,我们每个备课组还根据学生的年龄特点,以项目化学习研究的形式,向高一、高二学生推荐不同的中长期研究型作业。学生可以根据自己的兴趣选择内容进行研究,可以小组合作(小组成员不超过 5 人),也可以个人独立完成。学期结束时,召开研究成果展示会,展示学生的研究成果和研究作品,让大家体验研究的艰辛和成功的喜悦,也在小组合作中提高研究质量,提升学科核心素养。

(一)调查类研究作业,提升学生人文素养和责任意识

调查类研究作业主要有两种类型:

(1)资料调查:通过资料查阅,引导学生通过网络、参观博物馆和陈列馆等,让学生在化学历史长河中回溯人类科学探究的历程,学习科学探究的精神。

(2)社会调查:通过社会调查,鼓励学生走向社会,走进超市进行实地调查,或者参观化工厂进行考察,关注生活生产中的化学知识,让高中化学学习更加充实有意义。高中化学调查类研究课题参考指南如表 9-4 所示。

表 9-4 高中化学调查类研究课题参考指南

	内　　容	形　　式	成果展示
高一	原子结构的探究历程研究	查阅资料	研究论文
	奉贤区酸雨及防治的调查研究	查阅资料、社会调查	实践报告,研究论文
	酒精燃烧的临界浓度的研究	查阅资料、社会调查	实践报告,研究论文
	饮用水污染调查及对策	查阅资料、社会调查	研究论文
	关于海水淡化问题的研究	查阅资料、社会调查	研究论文
	空气中 SO_2 对土壤的影响及治理	查阅资料、社会调查	研究论文
	城市的供水、净水及水再利用	查阅资料、实验研究	实验报告,研究论文
	对废电池回收情况的调查及建议	查阅资料、实验研究	实验报告,研究论文
	电池的发展历史	查阅资料、社会调查	研究论文
高二	不同膨化食品的热量的调查研究	查阅资料、调查研究	实验报告,研究论文
	各类常见碳酸饮料成分的调查研究	社会调查	调查报告

（续表）

内　　容	形　式	成果展示
厨房生活垃圾的再利用	查阅资料	研究论文
雾霾的成分研究及雾霾治理研究	查阅资料	研究论文
各类酒中成分的调查研究	社会调查	调查报告
酒文化研究	查阅资料	研究论文

（二）实验类探究作业，提升学生实验探究意识和素养

实验类研究作业主要有两种类型：

（1）实验探究作业。通过实验探究及改进，研究物质的性能、使用、保存等，如日常漂白剂效能研究、含碘食盐的日常保存研究等，学以致用。

（2）设计制作作业。通过化学小实验，设计制作产品，如自制消字灵、自制酒酿等，让学生体会化学与生活的紧密联系。高中化学实验类实践研究课题参考指南如表9-5所示。

表9-5　高中化学实验类实践研究课题参考指南

	内　　容	形　式	成果展示
高一第一学期	燃煤脱硫的简史及其发展	查阅资料、实验研究	实验报告，成品展示，研究论文
	植物色素取代指示剂的可行性研究	查阅资料、实验研究	实验报告，成品展示，研究论文
	功能性饮料腐蚀鸡蛋壳的研究	查阅资料、实验研究	实验报告，成品展示，研究论文
	关于含碘食盐的日常保存的研究	查阅资料、实验研究	实验报告，成品展示，研究论文
	日常漂白剂效能研究	查阅资料、实验研究	实验报告，成品展示，研究论文
	硫黄皂杀菌性能研究	查阅资料、实验研究	实验报告，成品展示，研究论文
	自制消字灵的方法探究	查阅资料、实验研究	实验报告，成品展示，研究论文
	高中化学喷泉实验的创新设计研究	查阅资料、实验研究	实验报告，成品展示，研究论文
高一第二学期	原电池、电解池趣味实验研究	查阅资料、实验研究	实验报告，成品展示，研究论文
	蔬菜水果存放方法的探究	查阅资料、实验研究	实验报告，成品展示，研究论文
	特大肥皂泡的制作方法研究	查阅资料、实验研究	实验报告，成品展示，研究论文
	金属防锈的研究	查阅资料、实验研究	实验报告，研究论文
	处处可见的动态平衡	查阅资料、实验研究	实验报告，研究论文
高二第一学期	利用鲜花自制酸碱指示剂的研究	查阅资料、实验研究	实验报告，成品展示，研究论文
	硫酸铜大晶体的制备条件探究	查阅资料、实验研究	实验报告，成品展示，研究论文
	用植物色素变色范围的测试	查阅资料、实验研究	实验报告，成品展示，研究论文
	水果酸甜度测定	查阅资料、实验研究	实验报告，成品展示，研究论文

(续表)

内　　容	形　式	成果展示
提纯旧电脑主板的铬、锡、银、金	查阅资料、实验研究	实验报告,成品展示,研究论文
家庭用食醋中乙酸含量的测定	查阅资料、实验研究	实验报告,研究论文
家庭制作酒酿的实践研究	查阅资料、实践研究	实践报告,酿制成品展示
自制肥皂、红酒香皂的实践研究	查阅资料、实验研究	实验报告,肥皂香皂成品展示
加快防治"白色污染"的步伐	查阅资料、实验研究	实验报告,研究论文
塑料及其回收利用	查阅资料、实践研究	研究论文
二噁英污染	查阅资料、实验研究	实验报告
尼龙-66 的制备	查阅资料、实验研究	实验报告,研究论文
固体酒精的制备	查阅资料、实验研究	实验报告,成品展示,研究论文
印刷电路腐蚀废液的回收与利用	查阅资料、实验研究	实验报告,研究论文

(左侧纵向合并单元格:高二第二学期)

　　笔者积极带领学生在课外进行实验探究并撰写小论文,为激发学生的创新潜能创设了很好的平台,在第三届全国中学生数理化学科能力竞赛中,有 3 名学生分别荣获上海赛区一、二、三等奖。

【学生作业案例1】　鸡蛋壳钙含量的测定

刘根固

摘要:蛋壳中含有大量的钙,本文采用了将蛋壳转化固体、转化气体、氧化还原滴定三种方法测量洋鸡蛋、草鸡蛋、土鸡蛋的蛋壳中钙的含量,并进行了实验方法的对比探讨,为食品中钙含量测定及蛋壳的回收利用提供参考。

关键词:鸡蛋壳　钙含量　测定

1　问题的提出

1.1　研究意义

在城市中,鸡蛋是人们的主要食物之一。鸡蛋壳的主要成分为 $CaCO_3$,其次为 $MgCO_3$、蛋白质、色素以及少量的 Fe 和 Al。测定蛋壳中钙含量,正确意识到蛋壳中丰富的钙含量可以为我们所利用,比如吃鸡蛋前用醋浸泡一段时间,可以使蛋壳中的固体钙转化为易于人体吸收的钙离子。产生的蛋壳往往当垃圾扔掉。收集处理提取蛋壳中的钙,每一年的钙产量又会剧增。

1.2　实验构想

实验目的:简单测定蛋壳中钙的含量。

蛋壳中钙的存在形式是化合态,并以碳酸钙为主,所以就可以从碳酸钙的含量入手。转化为求相关物质的含量,进而求出钙的含量。测定蛋壳中钙含量的常见方法如下：①配位滴定法测定蛋壳中 Ca 的含量；②酸碱滴定法测定蛋壳中 Ca 的总含量；③氧化还原滴定法测定蛋壳中的 Ca 的总含量；④原子吸收分光光度法等。滴定法比较精确，但配位滴定需要特殊试剂 EDTA、铬黑 T 指示剂、掩蔽剂三乙醇胺等，中学一般不常见。原子吸收分光光度法需要特殊仪器，无法进行实验。

中学学习的有关碳酸钙的化学反应不多，其中碳酸钙受热分解是我目前较为熟悉的。碳酸钙受热分解：$CaCO_3 \longrightarrow CaO + CO_2$，产物为 CO_2 和 CaO，据此，我可以通过测量二氧化碳或氧化钙的质量来测定碳酸钙的含量。所以我选定了两种方法：方法一是测量碳酸钙分解释放的二氧化碳的质量；方法二是测量碳酸钙与盐酸反应后生成的钙盐的质量。另外，滴定法是测定钙含量比较常见的方法，比较成熟，因此，我选择的测定方法三是用高锰酸钾法氧化还原滴定测定钙含量。

2 实验部分

2.1 实验一：加热分解测 CO_2 法

2.1.1 实验原理

碳酸钙受热分解：$CaCO_3 \longrightarrow CaO + CO_2$。

通过装置质量差，测量碳酸钙分解释放的二氧化碳的质量，计算钙的含量。

2.1.2 实验仪器：硬质试管、大试管、铁架台、煤气喷灯、球形干燥管、夹子若干、电子天平(见图 9-2)。

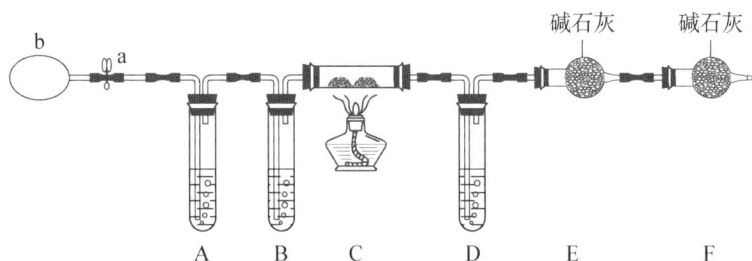

图 9-2 加热分解测 CO_2 法实验装置

(上图为装置示意图，依次如下：A 大试管(碱石灰)、B 大试管(浓硫酸)、C 硬质试管(蛋壳)、D 大试管(浓硫酸)、E 和 F 均为大试管(碱石灰)、a 止水夹、b 气囊；下图为实验装置图)

2.1.3 实验药品

药品：浓硫酸、碱石灰。

用品：鸡蛋壳样品 1-1(洋鸡蛋蛋壳)、鸡蛋壳样品 2-1(土鸡蛋蛋壳)。

2.1.4 实验步骤及数据记录

实　验　步　骤	样品 1-1	样品 2-1
(1) 蛋壳预处理。先将蛋壳洗净,加水煮沸5~10分钟,去除蛋壳内表层的蛋白薄膜,然后把蛋壳放在烧杯中用小火烤干,研成粉末		
(2) 称量洁净的硬质试管(带橡胶管和夹子)m_1	82.400 g	95.019 g
(3) 称量一定量的蛋壳 m_2	2.090 g	1.979 g
(4) 加热前称量干燥管(带橡胶管和夹子,含碱石灰)m_3	26.231 g	26.356 g
(5) 加热硬质试管一定时间,冷却称量 m_4	81.310 g	96.942 g
(6) 继续加热,冷却称量 m_5	81.168 g	96.536 g
(7) 继续加热,冷却称量 m_6	81.120 g	96.246 g
(8) 继续加热,冷却称量 m_7	81.120 g	96.245 g
(9) 称量干燥管质量 m_8	26.256 g	26.414 g

2.1.5 实验结果

计算公式	样品 1-1	样品 2-1
(1) 由干燥管吸收的二氧化碳计算得:$CaCO_3\% = 100(m_1 - m_3)/44 \div m_2 \times 100\%$	$= 100 \times (26.256 - 25.231)/44 \div 2.090 \times 100\% \approx 2.71\%$	$= 100 \times (26.414 - 26.356)/44 \div 1.979 \times 100\% \approx 6.67\%$
(2) 由硬质试管减少的二氧化碳计算得:$CaCO_3\% = 100(m_7 + m_2 - m_1)/44 \div m_2 \times 100\%$	$= 100/44 \times (81.120 + 2.090 - 82.400) \div 2.090 \times 100\% \approx 88.08\%$	$= 100/44 \times (95.019 + 1.979 - 96.245) \div 1.979 \times 100\% \approx 86.48\%$

2.2 方法二:将蛋壳分解并转化成新的钙盐

2.2.1 实验原理

碳酸钙受热分解:$CaCO_3 \longrightarrow CaO + CO_2$　　$CaO + 2HCl \longrightarrow CaCl_2 + H_2O$

通过将蛋壳加热分解,再与盐酸反应后生成的钙盐 $CaCl_2$。

2.2.2 实验仪器

瓷坩埚、坩埚钳、电子天平、玻璃棒、烧杯、蒸发皿、煤气喷灯、铁架台、泥三角。

2.2.3 实验药品

药品:盐酸。

用品：鸡蛋壳样品 1－2(洋鸡蛋蛋壳)、鸡蛋壳样品 2－2(土鸡蛋蛋壳)。

2.2.4 实验步骤及数据记录

实 验 步 骤	样品 1－2	样品 2－2
(1) 称量洁净坩埚的质量 m_1	36.045 g	21.244 g
(2) 加入一定量预处理的蛋壳后称量质量 m_2	38.552 g	23.622 g
(3) 加热坩埚,冷却称量 m_3	38.003 g	23.469 g
(4) 继续加热,冷却称量 m_4	37.846 g	23.236 g
(5) 继续加热,冷却称量 m_5	37.567 g	23.018 g
(6) 继续加热,冷却称量 m_6	37.566 g	23.002 g
(7) 称量洁净蒸发皿 m_7	29.061 g	33.077 g
(8) 将步骤(6)中所得固体用过量浓盐酸溶于烧杯中,过滤		
(9) 将所得滤液转移至(7)蒸发皿中加热蒸发结晶		
(10) 冷却称量蒸发皿 m_8	31.622 g	34.692 g

2.2.5 实验结果

计算公式	样品 1－2	样品 2－2
(1) 由固体 $CaCl_2$ 计算得: $CaCO_3\% = (m_8 - m_7)100/111 \div (m_2 - m_1) \times 100\%$	$= (31.622 - 29.061) \times 100/111 \div (38.552 - 36.045) \times 100\% \approx 92.03\%$	$= (34.692 - 33.077) \times 100/111 \div (23.622 - 21.244) \times 100\% \approx 61.18\%$
(2) 由气体计算得: $CaCO_3\% = (m_2 - m_6) \times 100/44 \div (m_2 - m_1) \times 100\%$	$= 100/44 \times (38.552 - 37.566) \div (38.552 - 36.045) \times 100\% \approx 89.39\%$	$= 100/44 \times (23.622 - 22.002) \div (23.622 - 21.244) \times 100\% \approx 154.83\%$

2.3 方法三：高锰酸钾法氧化还原滴定测定钙含量

2.3.1 实验原理

利用蛋壳中的 Ca^{2+} 与草酸盐形成难溶的草酸盐沉淀,将沉淀经过滤洗涤分离后溶解,用高锰酸钾法测定 $C_2O_4^{2-}$ 含量,换算出 Ca 的含量,反应如下：

$$CaCO_3 + 2HCl \longrightarrow CaCl_2 + CO_2 \uparrow + H_2O$$

$$CaCl_2 + (NH_4)_2C_2O_4 \longrightarrow CaC_2O_4 \downarrow + 2NH_4Cl$$

$$CaC_2O_4 + 2HCl \longrightarrow CaCl_2 + H_2C_2O_4$$

$$5C_2O_4^{2-} + 2MnO_4^- + 16H^+ \longrightarrow 2Mn^{2+} + 10CO_2 \uparrow + 8H_2O$$

某些金属离子(Ba^{2+},Sr^{2+},Mg^{2+},Pb^{2+},Cd^{2+} 等)与 $C_2O_4^{2-}$ 能形成沉淀,对测定 Ca^{2+}

有干扰。

2.3.2 实验仪器

锥形瓶、酸碱滴定管、滴定管夹、铁架台、漏斗、烧杯、玻璃棒、滤纸、电子天平、100 mL 容量瓶。

2.3.3 实验试剂

药品：0.1 mol/L 的 $(NH_4)_2C_2O_4$ 溶液、0.1 mol/L 的 $KMnO_4$ 溶液、2 mol/L 的盐酸溶液、10% 氨水、1 mol/L H_2SO_4、0.2% 甲基橙、0.1 mol/L $AgNO_3$。

样品：鸡蛋壳样品 2 - 3(土鸡蛋)、样品 3(草鸡蛋)。

2.3.4 实验步骤

(1) 蛋壳预处理后，称取 2 份一定质量的蛋壳粉样品。

(2) 将蛋壳粉放在 250 mL 烧杯中，加 1∶1 HCl 3 mL、加 H_2O 20 mL，加热溶解，过滤。

(3) 滤液置于烧杯中，加入 5% 草酸胺溶液 50 mL，(若出现沉淀，再滴加浓 HCl 使其溶解)然后加热至 70~80℃，加入 2~3 滴甲基橙，溶液呈红色，逐滴加入 10% 氨水，不断搅拌，直至变黄并有氨味逸出为止。

(4) 将溶液放置 2 小时陈化，沉淀过滤洗涤，滤液用 $AgNO_3$ 检验直至无白色沉淀产生为止。

(5) 将带有沉淀的滤纸铺在先前用来进行沉淀的烧杯内壁上，用 1 mol/L H_2SO_4 30 mL 把沉淀由滤纸洗入烧杯中，再用洗瓶吹洗 1~2 次，所有溶液转移至 100 mL 容量瓶，定容。

(6) 分别量取 20 mL 步骤(5)所得溶液于 3 个洁净的锥形瓶中，用 $KMnO_4$ 标准溶液滴定至溶液呈浅红色且 30 秒内不消失为止，读取滴定管中高锰酸钾溶液的初读数 V_1 和末读数 V_2。

2.3.5 实验数据分析

实验数据	样品 2 - 3			样品 3		
蛋壳粉质量 m/g	2.206			1.765		
高锰酸钾初读数 V_1/mL	0.10	0.20	0.10	0.10	0.10	0.20
高锰酸钾末读数 V_2/mL	14.70	14.75	14.75	12.90	12.85	13.05
高锰酸钾用量 V/mL	14.60	14.55	14.65	12.80	12.75	12.85
$CaCO_3$ 含量 $m(CaCO_3)\% = 2.5 \times V(MnO_4^-) \times c(KMnO_4) \times 100 \div m \times 100\%$	$= 5 \times 2.5 \times (14.60 \div 1\,000) \times 0.1 \times 100 \div 2.206 \times 100\% \approx 90.07\%$			$= 5 \times 2.5 \times (12.80 \div 1\,000) \times 0.1 \times 100 \div 1.765 \times 100\% \approx 90.65\%$		

2.4　误差分析

此次实验共三种方法,三种样品(样品1-洋鸡蛋蛋壳、样品2-土鸡蛋蛋壳、样品3-草鸡蛋蛋壳),计算得十个数据。由实验一得出四个数据:2.71%、6.67%、88.08%、86.48%。其中2.71%、6.67%两个数据是根据硬质试管加热分解得到的CO_2,经过干燥管加以吸收,通过测定干燥管前后质量变化(即吸收的CO_2)来计算$CaCO_3$的质量。显然2.71%、6.67%这两个数据是不合理的。经过分析,发现:产生误差的原因可能是由于手动气囊鼓入空气排气效果不好,部分CO_2气体残留在装置中,从而导致干燥管吸收CO_2气体不完全。而88.08%、86.48%这两个数据则比较精确。加热之前考虑到蛋壳本身所含的水分和其他有机物等,所以在进行反应前对样品进行了预处理(即洗净,煮沸5~10分钟,去除蛋壳内表层的蛋白薄膜,然后把蛋壳放在烧杯中用小火烤干,研成粉末),加热前后固体的质量差即为生成CO_2的质量。

由实验二得出四个数据:92.03%、89.39%、61.18%、154.83%。其中92.03%、89.39%两个数据是同一个样品1-2根据不同计算方法得到的两个数据。92.03%是根据$CaCO_3$转化为钙离子,再转化为固体计算得,过程中损失较小;89.39%是根据同一份样品加热分解产生的CO_2来进行计算的。因为样品加热前同样做了预处理,所以这里的气体减少量可视为全部$CaCO_3$完全分解所得来的,结果也比较可信,至于89.39%和92.03%的差值,分析认为是由于蛋壳中含有其他矿物质如Mg等杂质也转化为相应的盐,使结果偏大。至于样品2-2测得的61.18%、154.83%两个数据,明显有错误,回顾实验过程,可能是由于加热过程中有固体粉末溅出坩埚,经由固体$CaCl_2$计算得到的质量减小,而经由CO_2计算得到的质量增加,所以导致这两个数据差值如此之大。

由实验三测定了样品2-3和样品3,得出两个数据:90.07%、90.65%,数据间差值较小。该实验方法利用蛋壳中的Ca^{2+}与草酸盐形成难溶的草酸钙沉淀($K_{sp} = 4 \times 10^{-9}$),将沉淀经过滤洗涤分离后溶解,用高锰酸钾法测定草酸根含量,换算出Ca的含量,相对于前两种方法而言较为精确,也较为成熟;实验操作过程比较熟悉,结果较为接近实际值。

3　反思与讨论

3.1　实验方法探究

3.1.1　实验方法可行性分析

此次实验共涉及三种方法:①加热分解测CO_2;②将钙转化为钙盐,并测量固体质量;③$KMnO_4$氧化还原滴定法测量钙含量。

在这三种方法中,方法①缺点较多,其一,对于实验仪器要求太高,尤其是加热过程中需不断鼓入,要求仪器的气密性要好;其二,加热分解碳酸钙的恒重操作比较难判断。方法②通过测定钙盐的含量,测定的过程造成损失的环节主要是过滤时的液体残留,操作时注意要点：过滤时"一低二贴三靠"等。方法③相对于方法①和方法②较为成熟，但在将过滤所得草酸钙转移并溶解于烧杯时，由于学校无离心机，无法将固体从液体中完全取出，只好采用滤纸过滤的方法，尽管我在转移时用盐酸溶解，但还会造成一部分固体残留在滤纸上，这就影响了结果的精确性。最好多做几组实验，通过多次实验减少实验误差。

3.1.2 对比实验

本实验采用三种不同方法对几种不同的鸡蛋蛋壳进行了钙含量测定，每种方法测定两种样品，由实验测定的有效数据取平均值，可得鸡蛋壳中钙含量差别不大，洋鸡蛋为 89.83%、草鸡蛋为 88.28%、土鸡蛋为 90.65%，可见，无论哪种鸡蛋，其壳中的钙含量都比较高。

3.2 实验研究价值

通过本次实验，测定了几种鸡蛋壳中钙含量，通过方法对比，得出了一种比较准确、简单的实验研究方法，可推广应用到其他蛋壳中钙含量的测定。

通过课外研究实验，测定蛋壳中钙含量，发现蛋壳中钙含量较高，启发我们要懂得废物利用，看似没用的东西也有它的价值。在提倡环保的今天，回收蛋壳并加以利用，可起到一定的环保作用。

3.3 实验改进

方法①中对蛋壳一定要进行预处理，尽可能地避免蛋壳中水分等杂质对二氧化碳测定的影响。

方法②中将钙转化成新的钙盐，最好将其转化成相对分子质量较大的钙盐，误差会更小。可以将 HCl 改为 H_2SO_4，增加固体物质的式量来减小误差。

方法③中测定出的钙含量不是真实值，蛋壳中钙主要以 $CaCO_3$ 形式存在，同时也有 $MgCO_3$，因此测出的 Ca 含量实际上是 Ca + Mg 的总含量，如何将 Ca 和 Mg 分离、分开测定，还值得我们继续研究。

3.4 实验收获

通过这次实验，我提高了实验动手能力。以前我的实验机会较少，现在通过课外实验研究，多次接触了电子天平、坩埚、洗气装置、滴定管等仪器，锻炼了称量、加热、滴定、搭装置等实验能力。

通过这次实验，大大提高了我做事的耐心。在实验过程中，一遍又一遍地加热，恒重。有时因为转移时不小心将一些加热好的蛋壳粉末倾倒至地上，实验就白做了，又要重新开始。在将溶液蒸干以得到固体时，有时不小心液体飞溅出蒸发皿，眼看快要结束的一组实验就得重新做。有时我真想放弃，不过在老师的鼓励和我对化学的热爱的支撑下，我还是坚持了下来。虽然实验比较简单，做的结果也不尽如人意，但我觉得收获很多。我收获了耐心、细心和恒心，也明白搞懂书本知识不代表实践操作就一定行。

最大的收获是通过实验研究,学会了实验研究的思路和方法,学会了如何查阅资料、设计方案、动手实验解决生活中的问题,学有所用。在实验过程中,在老师的指导和鼓励下,在不断的思考、改进中,通过课题选取、查阅资料分析、选取实验研究方案并在实验中不断修正、一次次反复实验、分析处理实验数据并应用于解决实验问题,在一次次失败中探索、反思,最终走向成功,这种研究问题的思路和方法将指导我去研究更多的生活问题,获得更快的成长。相信在以后的学习生活中,这一段经历一定是我宝贵的财富和前进的动力。

案例说明： 在指导该学生进行实验探究的过程中,从查阅资料、实验方案修订、实验改进、报告撰写,经历了一个多月的时间,师生共同研讨、教学相长,让学生真正体验了化学实验研究的乐趣、艰辛和收获。本文获第三届全国中学生数理化学科能力竞赛上海赛区一等奖。

(三) 设计类实践作业,提升学生创新思维和合作能力

设计类作业要求学生在学习化学知识的基础上,进行创新设计,从而提高学生的创新研究能力。我们鼓励学生进行小组合作研究,发挥个人专长,进行创新设计。

【学生作业案例2】　一种新型自发热鞋垫

李冉　仲霏　孔繁瑞　努尔阿卜拉·吾吉麦麦提　李祥

摘要： 本文设计了一种新型发热鞋垫。在鞋垫后部三分之一,横切开口分上下两层,各有贴膜,下贴膜上附有发热剂碳酸钠、碳粉、铁粉混合物,上贴膜处可黏附焦硫酸钠细网包,撕掉网包上的隔离膜即可使用。使用时,利用焦硫酸钠和碳酸钠互相反应发热,利用活性炭和铁粉作为缓冲剂,既可防止瞬时放热过多,又可储蓄热量,延长保暖时间。铁粉能够吸水,活性炭有很强吸附能力,而作为主面料的 TPR 材料又有透气、吸汗性能,综合来看,本鞋垫可达到保暖、吸汗、除臭作用。该新型发热鞋垫的优点：无需电路,可在静止时自行放热;使用方便,造价低廉;集除汗、保温、除臭于一身,适用于多种人群。

关键词： 发热鞋垫　保暖　发热反应

1. 项目研究的目的和意义

寒冬,对于教室无取暖设备的学生,多用热水袋暖手,而脚却没有较好的取暖物品。能否发明一种发热鞋垫暖脚,解决此类人群的冬季保暖问题呢,我们成立了研究小组,开展研究。

为了满足广大群众的需求,那么产品越廉价越实用越能打开市场,并且原料要好找,我们的研究就是从原料、产物、放热过程、持续时间、保暖效果以及舒适程度等多方

面考虑,研究出更新型、实用、方便的产品。

2. 项目设计的基本思路

为了解决大多数人群冬季的保暖问题,利用化学反应中的放热反应,寻找适宜的化学药品作为原料,添加到鞋垫中间,提供一定的反应条件使之反应放热,达到保温效果。

3. 项目实施基本过程

第一阶段:通过查阅资料,了解现在发热鞋垫的现状及缺陷。

第二阶段:收集资料,寻找适用材料。

第三阶段:通过实验验证此方法的最佳原料并进行试用。

第四阶段:根据试用结果不断进行改进优化。

4. 项目的主要发明和创新

4.1 基本原理

4.1.1 发热反应

$Na_2CO_3 + Na_2S_2O_7 \longrightarrow 2Na_2SO_4 + CO_2$ 放热、无水

$4Fe + 6H_2O + 3O_2 \longrightarrow 4Fe(OH)_3$

$2Fe(OH)_3 \longrightarrow Fe_2O_3 + 3H_2O$ 吸水、放热

4.1.2 吸汗除臭

活性炭疏松多孔具有良好的储热能力,故既可缓解反应放热过量,又能延长保暖时间。且吸附性强,同时兼备吸汗除臭的功效。

4.2 面料选材

根据化学原理,鞋垫具有以下特点:

(1) 高密度,不渗漏。

(2) 有良好透气性。

(3) 无毒,无腐蚀,对皮肤无伤害。

(4) 来源广泛,价格低廉。

因此,本新型鞋垫主体材料选择 TPR 材料,具有吸汗、透气性能,亦可发挥吸汗除臭作用;盛装发热剂的外包装为密丝绒。

4.3 结构设计

新型自发热鞋垫结构如图9-3所示,在鞋垫后部三分之一,横切开口分上下两层,各有贴膜,下贴膜上附有发热剂碳酸钠、碳粉、铁粉混合物,上贴模处可黏附焦硫酸钠细网包,撕掉网包上的隔离膜即可使用。由于反应放热,即可起到保暖效果。发热剂用完后,只需更换发热小包和贴膜即可。

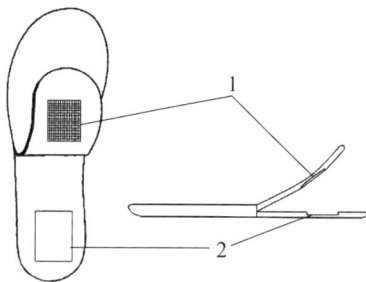

图9-3 新型自发热鞋垫结构

1—焦硫酸钠细网包;2—碳酸钠、碳粉、铁粉混合物贴膜。

4.4　模型图

新型自发热鞋垫模型如图9-4所示。

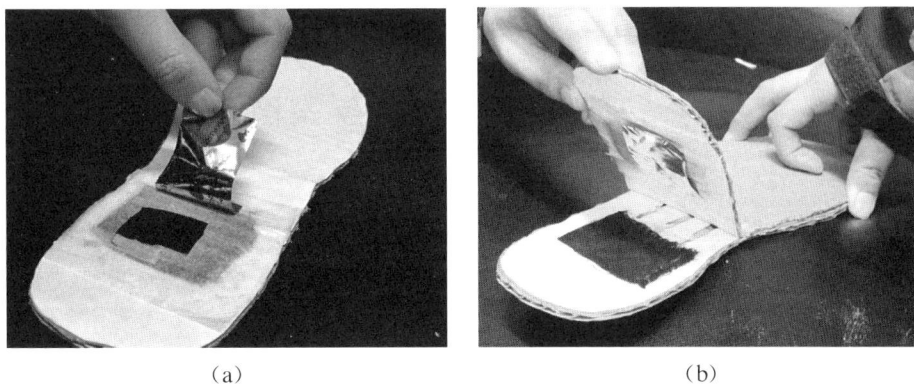

（a）　　　　　　　　　　　　　　　　　（b）

图9-4　新型自发热鞋垫模型

（a）新型自发热鞋垫半剖面　（b）新型自发热鞋垫侧面

4.5　优点

（1）无需电路。

（2）可在静止时自行放热。

（3）使用方便,造价低廉。

（4）集除汗、保温、除臭于一身。

5. 项目进一步完善的设想

（1）通过控制药品的接触条件,使反应放热可控,尽量使此反应过程持续更长时间。

（2）从放热的量,药品成本,反应过程持续时间等方面着手寻找更合适的材料。

参考文献

［1］中国知识产权网(http://search.cnipr.com/pages! advSearch.action)。

［2］百度百科(http://baike.baidu.com/view/3551122.htm)。

案例说明: 在指导该小组学生进行创新设计研究的过程中,多次与小组进行讨论,从多个研究想法中,最终确定了设计选题,然后指导学生查阅资料、选择实验方案、设计优化、撰写报告,历时近两个月,才初具雏形,但仍不够成熟。其中,学生的体验和收获也是很大的。本文获第28届上海市科创赛三等奖。

研究作业设计,在内容与形式上进行改革创新,实现化学作业方式多样化,使学生在知识与能力、过程与方法、情感态度与价值观等方面获得和谐发展,用较少的时间取得较大的成效。改进化学作业设计,提高化学作业的趣味性、思维性、层次性和创新性,设计有灵魂的化学习题,我们还将继续探索研究。

第二节　基于数据分析的学案作业改进

"极课"是一种通过二维码认证、扫描纸质作业进行快速统计、分析的软件。通过"极课"的数据采集系统,可以快速统计作业情况,及时了解每个学生的学习状况,方便对教学进行反思改进。

下面以"测定 1 mol 气体的体积的原理(第一课时)"为例,通过"极课"的数据采集系统,快速统计、分析作业情况,并对作业进行反思和设计改进。

一、分析学习目标,设计学案作业

根据教材和课程标准要求,笔者分析了学习目标,设计了相应的课后学案作业。

(一) 学习目标设计

测定 1 mol 气体的体积的原理的学习目标如表 9-6 所示,根据化学学科核心素养和课程标准,分析了一级目标和二级目标。

表 9-6　"测定 1 mol 气体的体积的原理(第一课时)"的学习目标

学习水平	一级目标	二级目标	核心素养
测定 1 mol 气体的体积	(1) 理解测定 1 mol 气体体积的原理和学会测定 1 mol 氢气体积的方法	(1) 理解测定 1 mol 气体体积的原理 (2) 学会测定 1 mol 氢气体积的方法	宏观辨识与微观探析
	(2) 理解气体摩尔体积测定装置的原理,初步学会这一装置的使用	(1) 理解气体摩尔体积测定装置的原理 (2) 初步学会气体摩尔体积测定装置的使用	实验探究与创新意识
	(3) 初步学会误差的计算方法和实验的误差分析	(1) 初步学会气体摩尔体积的计算 (2) 初步学会实验误差的分析方法	证据推理与模型认知

(二) 学案作业设计

1. 气体体积的大小与下列因素几乎无关的是_____。

A. 分子个数　　　　B. 温度　　　　　　C. 压强　　　　　　D. 分子直径

2. 下列叙述正确的是_____。

A. 1 mol 任何气体的体积一定是 22.4 L

B. 标准状况下，22.4 L 任何气体所含分子数都约为 6.02×10^{23} 个

C. 在标准状况下，体积为 22.4 L 的物质都是 1 mol

D. 在非标准状况下，1 mol 任何气体的体积不可能是 22.4 L

3. 标准状况下，a g 气体 A 和 b g 气体 B 的体积相同，下列叙述正确的是_____。

A. A 和 B 的分子个数比是 1∶1　　　　B. A 和 B 的密度之比为 b∶a

C. A 和 B 的摩尔质量比是 a∶b　　　　D. A 和 B 的摩尔质量比是 b∶a

4. 在标准状况下，n mL 某气体的质量为 m g，则该气体的式量为_____。

A. $\dfrac{22.4m}{n}$　　　　B. $\dfrac{22\,400m}{n}$　　　　C. $\dfrac{22\,400n}{m}$　　　　D. $\dfrac{n}{22.4m}$

5. 已知某条件下气体摩尔体积为 23，将一定量镁投入足量的稀硫酸充分反应生成 H_2，通过排液量气测定产生的氢气体积，测得 1 mol 气体体积＞22.4 L，则可能的原因是_____。

A. 镁表面的氧化膜未去除　　　　B. 未冷却至该温度

C. 装置漏气　　　　　　　　　　D. 镁中含有不与酸反应的杂质

6. 学生甲利用如图所示实验装置来测定镁元素的相对原子质量。图中 C 称为液体量瓶，瓶颈上有 110～130 mL 刻度线。将一定质量的镁带和过量稀硫酸在仪器 A 中完全反应，产生 H_2 把仪器 B 中液体压入液体量瓶中，根据液体体积可以转换成 H_2 的体积，通过计算测出镁元素的相对原子质量。

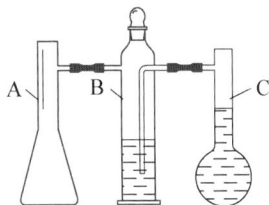

① 仪器 A 为_____;仪器 B 为_____;仪器 C 为_____。

② B 中液体一般是_____。A 中反应的离子方程式为_____。

③ 学生甲的实验数据如下：消耗镁带的质量为 0.112 g，产生 H_2 的体积为 104 mL（标况)，由此计算得出镁元素的相对原子质量为_____（保留一位小数）。

④ 目前公认的镁元素的相对原子质量为 24.3，则该实验误差的原因可能是_____。

A. 镁带中含有跟硫酸不反应的杂质　　　　B. 没有除去镁带表面的氧化镁

C. 镁带中含有杂质铝　　　　　　　　　　D. 所用稀硫酸不足

7. 实验设计：用气体摩尔体积装置测定常温下 1 mol CO_2 的体积。提供试剂：碳酸钙固体、碳酸钠固体、盐酸、硫酸溶液。

① 写出测定装置图上仪器 C 的名称_____。

② 由于 CO_2 能溶于水,所以使用此套测定装置,测定结果往往_____(填"偏大""偏小"或"不确定"),请你提出解决此问题的一种措施_____。

③ 为保证测定结果的准确性,仪器 A 中预先盛放_____试剂,用注射器向 A 中注入_____。

④ 注射器一共使用_____次,其中第_____次和_____次使用时须记录数据。

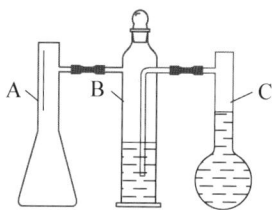

二、精准数据统计,归因分析作业

传统的作业统计是烦琐而低效的,教师希望统计获取相关信息:哪些题整班错误较为集中、哪些学生基本知识及概念掌握较为薄弱、分析学生错误的原因,需要烦琐的笔头数据统计和人工输入保存。如今,"极课"信息平台在扫描答卷后就能同步获得数据分析并及时保存,高效且准确。以高二组合 2 班为例,分析作业情况,改进教学,并推送相应的等价题,提升学生的学科素养。

1. 小题平均得分情况

表 9-7 是小题平均得分情况,分析班级的平均得分率可看到学生对知识的掌握情况。得分率在 0.9 以上的有第 1、2、6①、7③题,这几题相关的知识掌握得比较好。其中,年级平均得分率在 0.7 以下的有第 3、6④、7②、7③题,这几题相关的知识掌握不太好。

表 9-7 小题平均得分情况

题号	1	2	3	4	5	6①	6②	6③	6④	7①	7②	7③	7④	总平均
满分	3	3	3	3	3	2	2	2	2	2	2	2	2	31
平均分	2.8	2.5	1.3	2.8	1.9	2	1.7	1.8	0	2	1.3	0.1	1.6	21.9
得分率	0.93	0.83	0.43	0.93	0.63	1.00	0.85	0.90	0.00	1.00	0.65	0.05	0.80	0.71

2. 班级个别学生得分情况

由图 9-5 可知分数段分布,全班有 23 人在 20～30 分,但有 8 人在 20 分以下,基础知识掌握不太好,需要加强个别学习指导。

3. 题目难度与区分度情况

图 9-6 所示是极课中题目难度与区分度的计算方法,图 9-7 是本次作业的试题得分率、难度与区分度。从中可以分析得出题目的难易程度和学生掌握知识的情况,对教学反思提供数据支持。

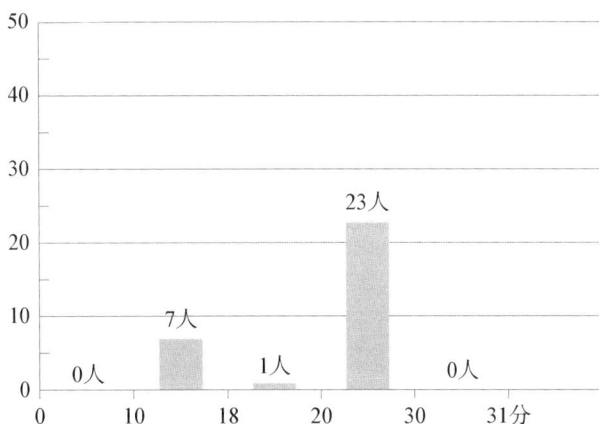

50
40
30
20
10
0
0人
7人
1人
23人
0人
0
10
18
20
30
31分

图 9－5　分数段分布

L为难度系数，X为该题全班平均得分，W为该小题总分
题目难度系数计算方法：L=1−X/W
程序分别计算出一次考试中每小题的难度系数和区分度，分别绘制成两条曲线，与各小题班级平均得分率做对比。x轴为试卷中小题号，y轴为0到1的系数。
D：试题区分度；Ah：高分组平均分，取班级名次前20%的人的平均分；Al：低分组平均分，取班级名次后20%的人的平均分；T：题目满分
计算方法：D=2(Ah−Al)/T

图 9－6　题目难度与区分度的计算方法

1
0.5
0
1
2
3
4
5
6.1
6.2
6.3
6.4
7.1
7.2
7.3
7.4
区分度
得分率
难易度

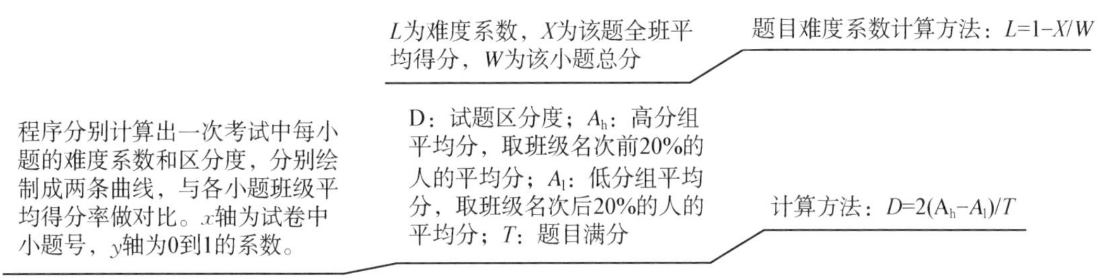

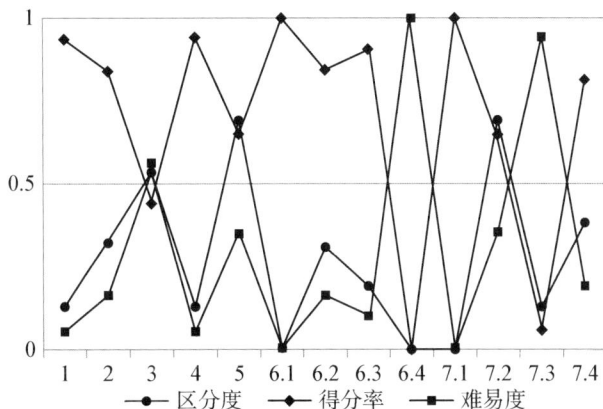

图 9－7　试题得分率、难度与区分度

由数据分析可知，题目比较容易的有 1、2、4、6①、6②、7①、7④，难度在 0.2 以下。而难度很大的题目有 6④、7③，在 0.9 以上，第 3 题难度较大在 0.56。可见，实验误差和实验改进是难点。

4. 题目归因分析

由表 9－8 数据分析可知，区分度较好的题目有 5、3、7②，可见，实验规律、实验改进

和实验误差分析是比较注重学生能力的考查点,是难点,学生掌握得不好。一方面,教师根据即时反馈的班级数据及对比数据,可以及时反思、调整教学,同时,对得分率低的题重点讲评、纠正学生错误,另外,对个别学生可有效关注、对症下药。

表 9-8 试题难度与区分度数据分析

题号	1	2	3	4	5	6①	6②	6③	6④	7①	7②	7③	7④
难度	0.06	0.16	0.56	0.06	0.35	0	0.16	0.1	1	0	0.35	0.94	0.19
区分度	0.13	0.31	0.54	0.13	0.69	0	0.31	0.19	0	0	0.69	0.13	0.38
知识点	气体体积因素	Vm概念	阿伏加德罗定律	Vm计算	误差分析	仪器	试剂,反应	数据计算	误差分析	仪器	实验改进、评价	实验改进、试剂选择	仪器使用
归因分析		概念不熟		难度大					难度大			难度大	

三、设计变式题组,改进学案作业

由学生作业情况可以看出,实验误差和实验改进是难点。对学生作业中错误较多的题目,分析其背后的原因,对学生掌握较差的知识设计变式题组,并推送给相应的学生,让他们自主训练,加深对知识的理解。本节课,还需要对实验误差分析和实验设计改进方面设计相应的变式题组。

1. 设计变式题组,不同角度校正误差

针对学生实验误差分析能力差的特点,设计了题组 1-实验误差分析题组,从实验药品(1-1题)、装置(1-2题)、操作(1-3题)等不同角度的实验误差进行归类分析,强化误差分析能力,校正误差。

1-1. (药品的误差分析)已知某条件下气体摩尔体积为 24 L/mol,将一定量 Mg 投入足量的稀硫酸充分反应生成 H_2,通过排液量气测定产生的氢气体积,测得 1 mol 气体体积>24 L,则可能的原因是_____。

A. 镁带中含有与硫酸不反应的杂质　　B. 硫酸的量不足,镁带没有完全反应

C. 镁中含有锌　　　　　　　　　　　　D. 镁中含有铝

1-2. (装置的误差分析)已知某条件下气体摩尔体积为 24 L/mol,将一定量 Mg 投入足量的稀硫酸充分反应生成 H_2,通过排液量气测定产生的氢气体积,测得 1 mol 气体体积>24 L,则可能的原因是_____。

A. 没有进行装置的气密性检查　　　　B. 实验过程中环境温度明显升高

C. 装置漏气　　　　　　　　　　　　D. 加硫酸后针筒未及时拔出

1-3.(操作的误差分析)已知某条件下气体摩尔体积为 24 L/mol,将一定量 Mg 投入足量的稀硫酸充分反应生成 H_2,通过排液量气测定产生的氢气体积,测得 1 mol 气体体积>24 L,则可能的原因是_____。

A. 称量好镁带后,再用砂纸擦表面的氧化膜

B. 刚反应完,未冷却至该温度即读数

C. 液体量瓶中仰视读数

D. 液体量瓶中俯视读数

2. 推送等价训练,改进实验提升能力

针对学生实验改进能力差的缺点,设计了题组 2-实验改进题组,从实验药品改进(2-1题)、装置改进(2-2题、2-3题、2-4题)等方面设计了等价训练题推送给学生,帮助学生认识实验设计的改进,提升实验能力。

2-1.(实验药品改进)为测定某石灰石中含碳酸钙的质量分数(杂质为 SiO_2),某学习小组设计如下方案:①称取样品 m g;②加入足量盐酸;③收集并测定生成气体的体积 V mL。

(1) 排液量气时,不能选择的液体为_____。

A. 碳酸饮料如可口可乐　　　　　B. 饱和 $NaHCO_3$

C. 饱和 Na_2CO_3　　　　　　　　D. 含油膜的品红

(2) 为测定混合物 $NaHCO_3$ 和 Na_2CO_3 中纯碱的质量分数,可选用的药品为_____。

①稀 HCl②稀 $H_2SO_4$③水④饱和 $NaHCO_3$⑤饱和 $Na_2CO_3$⑥含油膜的品红溶液

A. ①④　　　　　　　　　　　　B. ②③

C. ②④　　　　　　　　　　　　D. ①⑤

2-2.(装置改进 1)现有如下药品和装置:混合物 $NaHCO_3$ 和 Na_2CO_3 质量 1.160 g、稀 HCl、稀 H_2SO_4、水、饱和 $NaHCO_3$、饱和 Na_2CO_3、含油膜的品红溶液(假定实验在标准状况下进行)。a 导管的作用_____、_____。

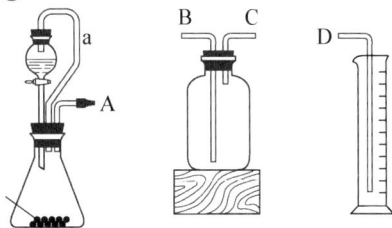

2-3.(装置改进 2)为测定某石灰石中含碳酸钙的质量分数(杂质为 SiO_2),某学习小组设计如下方案:①称取样品 m g;②加入足量盐酸;③收集并测定生成气体的体积 V mL。

实验前,如何检查气密性_____。若读数时,水准管液面高于量气管,则实验结果偏_____。

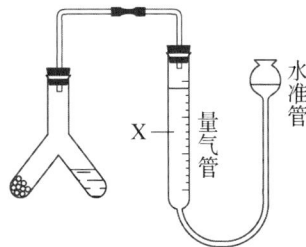

2-4.(装置改进3)实验室条件下,为了测定气体摩尔体积,某研究性学习小组采用了如图装置,称取镁带0.120 g,量筒内得到 V mL 液体。

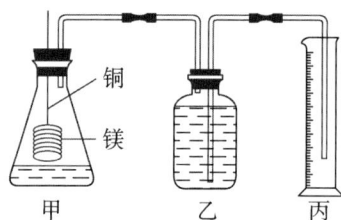

① 检查气密性的方法 _____。

② 欲引发反应,如何操作 _____。

基于"极课"数据分析,可以对学生掌握得不好的教学内容进行二次备课、重新设计相应的作业,以变式题组、等价题的方式推送给需要的学生,在变式思考中提升学生的思维能力和解决问题的能力。借助大数据的分析,可以使作业设计更有针对性、有效性、个性化,事半功倍。

第十章

学案导学的评价研究

评价是教学中的重要环节,它贯穿于教学活动的每个环节,实施有效的评价不但可以及时掌握学生的学习情况、提高学生学习的积极性、促进学生的全面发展,而且可以发展和谐的师生关系、为教师的教学提供重要的参考和帮助。在全面发展核心素养的背景下,科学合理的评价策略不仅使评价更加规范、结果更为客观,而且可以提高化学教学的质量,最终落实到学生核心素养的提升。

第一节　学案导学的教学评价

教学评价是根据教育目标的要求,按一定的规则对教学效果做出描述和确定,是教学各环节中必不可少的一环,它的目的是检查和促进教与学。

一、建立导学评价制度,改进学案导学质效

为了充分发挥评价的引领、诊断和促进作用,学校建立了"二二三四"课堂教学评价制度,通过课堂教学观察表(见表 10-1),相互学习、评价、研讨、改进,推进"二二三四"学案导学的实施。

表 10-1　奉贤中学课堂教学观察表

听课班级_____　学科_____　执教老师_____

课题:_____

时间:_____年___月___日　第___周___午第___节

序号	观　察　指　标	权重	得分
1	提前发放学案导学,注重预习反馈	1	
2	高视点落实教学目标,低起点夯实基础	1	
3	小坡度搭建思维阶梯,高密度小步快进	1	
4	积极创设温馨情境,调动学生好学	0.5	
5	善于综合运用"四导"(导读、导思、导研、导行),有效激发潜能	1.5	
6	学生"三动"(动嘴、动手、动脑),学思结合,面广、量多、质好	1.5	
7	精致化设计布置作业练习,贯彻"质优减负"	1	
8	教师修养良好,学生满意度高	1	
9	学生训练正确有效,目标达成度高	1	
10	教学呈现创新亮点,具有个性特色	0.5	
总分		10	
评价与建议			

观察评价等级_____　观察教师_____

等级:每点以 0.25 为一级,即 0.25、0.5、0.75、1、1.25、1.5。

总评:优为 9～10;良为 8～8.9;中为 6～7.9;0～5.9 为不合格。

课后,通过教师自我反思评价及同组教师之间的互评,能帮助教师更好地进行学案导学方式的优化,提高教学质效。

二、完善导学评价主体,以人为本师生共评

教学评价是一门艺术,一名优秀教师首先要学会评价学生。现代教学中评价主体是教师和学生双主体。在学案导学中,学生是学习的主体,学习研究的发起者、实施者、观察者,而教师起主导作用,在各个学习环节不断介入、引导和帮助学生攻克难点。因此,现代教学评价要转换观念,以人为本,师生共评。

(一) 关注学生主体,师生共同评价

教学评价可以让不同的利益主体的人员参与,可以是学生个人、同伴组员,也可以是教师,构建"自评-互评-师评"一体的评价体系。学生作为学习活动中最重要的参与者,对过程中的优缺点都有很强的体会,对自己的评价是中肯的;同伴组员、他组同学的互评能较深入地了解各个学习环节中的细节问题,评价也是客观的;而教师是教学活动的组织者和实施者,对教学活动的思考也最深刻,提出的建议也是具有建设性的。来自不同阶层的评价主体,代表不同的利益需求,因此会从不同的角度对学习活动进行评价,有助于项目化学习的发展。

如高一化学项目"家用消毒剂、漂白剂的制备研究"以家用消毒剂、漂白剂的制备实验作为项目化学习的载体,通过驱动性问题提出一个开放性的核心任务,通过教师的四次介入,引导学生进行五步研究,从制备实验的方案选择-实验体验-报告撰写-结果分享-互评提升,体验"提出问题-分析问题-解决问题"的科学研究方法,最终形成个人成果与集体成果两种研究成果,提升学生化学学科核心素养。分为 4 课时,分别为入项活动(原理学习 + 调查研究)、方案交流(设计实验方案并交流完善)、实验研究(小组合作、制备含氯消毒剂)、展示交流(见表 10 - 2),每课时的学习都包含学生和教师的共同评价。

表 10 - 2 "家用消毒剂、漂白剂的制备研究"项目化学习课时安排

课时	研究任务	教学内容	学习成果	评价方式
1	入项活动	(1) 导引:驱动性问题布置项目化学习任务 (2) 原理学习:氯气及次氯酸盐的性质及制备原理	调查成果、实验方案、汇报 PPT	自评 + 师评
2	方案交流	(1) 小组交流超市调研成果 (2) 小组交流、研讨、修订完善实验方案	实验方案	自评 + 互评 + 师评

（续表）

课时	研究任务	教学内容	学习成果	评价方式
3	实验研究	小组合作研究制备一种含氯消毒剂	实验报告、汇报PPT	自评＋互评＋师评
4	展示交流	小组交流展示研究成果	项目研究报告	互评＋师评

（二）关注学生个体，分层鼓励评价

多元智能理论告诉我们，每个学生都是独立的个体，学生和学生之间在知识的理解和掌握方面存在差异。在教学活动中，教师应该正确看待学生之间的差异，并进行针对性教学。在评价过程中，教师应该尊重学生之间的差异，做到公平、公正、客观的评价。

如在"家用消毒剂、漂白剂的制备研究"案例中，不同小组选取的调查研究、拟解决的现实问题、自制的家用消毒剂、漂白剂可能是不同的，因此，评价时要关注个体的差异性，根据学生个体情况和完成任务的难度进行分层评价，评价时要照顾到不同层次的学生、肯定学生的付出、鼓励学生的研究学习，共同促进全体学生的全面发展。实验课堂中的教学评价有实验装置、实验现象、实验产品等证据，所以在评价时，利用好这些证据，使生生、师生点评时做到有依有据，提升学生证据推理的学科核心素养。教师要对每位学生抱以积极、热切的期望，并乐于从多个角度评价、观察学生，积极寻找和发现学生身上的向上点，并发展学生的潜能。

构建"自评-互评-师评"一体的评价体系，师生共同参与导学评价，实施有效的评价不但可以及时掌握学生的学习情况、提高学生学习的积极性、促进学生的全面发展，而且可以发展和谐的师生关系，为教师的教学提供重要的参考和帮助，以评促教。

第二节　学案导学的学习评价

学习评价改善了传统教学中教师对学生学习结果的单向评价,将过程性评价与终结性评价相结合,并鼓励学生也参与评价,师生共同确定评价指标、参与评价过程,从而在评价中提高学生知识的习得、能力和素养的提升。在全面发展核心素养的背景下,改善评价方式,构建科学合理的评价体系,不仅使评价更加规范、结果更为客观,而且可以提高化学教学的质量,最终提升学生学科核心素养。

一、构建单元评价体系,实施模块考核评价

实行化学学科知识的模块化教学后,基于学科素养,我们尝试进行模块化考核,结合过程性评价和终结性评价,提倡评价主体、评价工具的多元互补,多角度评价学生化学学习力。

随着课堂教学的改革,对教师和学生的评价标准和评价方法也应有所改变。学案导学中,对学生的评价应有更为详细的学习过程记录以及与之相配套的过程性评价。因此,我们重构了学科模块化学习的过程性评价体系。模块总评成绩为100分,平时学习过程即平时成绩占40%,模块质量检测成绩占60%。根据学校学分绩点制评价细则及化学学科特色,将过程性评价指标进行了细化,如化学等级考的过程性评价对课堂表现、自主学习、作业情况、单元测验等方面进行了 A、B、C 三个档次的具体表现的细化,评价指标注重评价学生的参与度、思维量、质疑度、创新性等,对学生的学习行为进行了规范和指引(见表 10 - 3)。

表 10 - 3　化学(等级考)过程性评价

评价项目	评价标准	评价分值
课堂表现 10 分	A: 认真听讲,笔记丰富(有自己的思考);积极思考,踊跃发言,并敢于质疑;实验课堂中积极参与实验过程,善于发现问题并能够提出自己的猜想和分析	10~9 分
	B: 能够听讲,笔记完整;实验课堂中能参与实验过程	8~6 分
	C: 听讲不认真,笔记不完整;课堂中做与本学科无关的事;实验课参与实验操作积极性不高	5 分以下

(续表)

评价项目	评价标准	评价分值
自主学习 10分	A：课前能认真预习(能提出预习问题)，课后能认真整理梳理知识(如自主设计思维导图)，能经常主动找老师交流释疑	10～9分
	B：课前能完成预习要求，课后能整理学习笔记，遇到问题偶尔会咨询老师	8～6分
	C：课前不能完成预习要求，课后梳理知识不及时，学习问题不能主动找老师或者同学解决	5分以下
作业情况 10分	A：能按时完成化学作业，作业正确率高，表达规范，书写工整；能认真及时订正错误，并有错题整理	10～9分
	B：能按时完成化学作业；能及时订正错误，并有错题整理	8～6分
	C：作业有抄袭现象，书写潦草，表达不规范，经常缺交或迟交作业，作业正确率较低，经常不订正作业	5分以下
单元检测 10分	A：周总结、月反思成为自觉的学习习惯，能够熟练使用思维导图进行单元知识的梳理。团队互助主动积极参与；积极完成单元测试，并成绩在班级20%内	10～9分
	B：不定期有周总结、月反思。有时能够进行单元知识复习梳理；能够完成单元测试成绩班级均分以上	8～6分
	C：很少进行周总结和月反思；单元知识缺少梳理；团队互助不积极参与；单元测试有抄袭现象；成绩在班级10%后	5分以下

二、改进导学评价方式，多角度全方位评价

评价方式要适应现代教学的节奏。由于教学系统的复杂性和教学任务的多样化，使得教学质量往往从不同的侧面反映出来，表现为一个由多因素组成的综合体。因此，为了反映项目化学习真实的教学效果，我们要注重学习过程，将过程性评价与终结性评价相结合、定性与定量评价相结合，对学生学习过程和学习结果进行多角度、全方位的多元评价。

(一) 定性与定量结合，多角度评价

评价方式有语言评价、体态评价等。语言评价是运用最多的评价学生行为表现的手段，主要分为对学生的表扬、赞同等肯定性评价，批评、警告等否定性评价；体态评价在教育活动中是辅助性的。项目化学习的评价方式是多角度的，除了定性的语言评价，我们也制订了学习量表，进行初步的定量评价。

如"家用消毒剂漂白剂的制备研究"案例中，教师的评价除了课堂上不定时的个性化的定性评语外，也有研究成果的定量打分评价。而学生的评价有个人和组长的定量

打分评价,也有每组一位观察员代表小组进行客观公正的观察描述性的定性评价,让学生参与评价,也做一次小老师,锻炼观察、现场点评的能力和语言表达能力。通过师生共同讨论制订评价指标,对每位成员的分工及在小组合作研究中的表现进行定性、定量评价,让每个成员对自己的分工定位明确,包括实验记录(文本及拍照、摄影)、实验操作员、实验分析员、实验报告撰写者、PPT制作者、汇报人员、观察评价员等角色分工,对照评价量表对自己的职责和任务做到心中有数。同时,组员自我评价与组长互评相结合,锻炼了组长的协调管理能力,提高了组员之间合作学习的效率,调动组内每个学生的参与积极性。小组自评及互评表如表10-4所示。

表10-4　小组自评及互评表

班级_____　组别_____　组长_____　组员_____

【小组分工】研究组成员分工

人员分工	姓名	需完成任务	完成情况	
			自评 (1~5分)	互评 (1~5分)
实验记录(文本及拍照、录像)		真实记录实验现象、数据,拍照,录像		
实验操作员		动手搭建装置,进行实验操作		
实验分析员		分析实验现象及数据,得出实验结论		
实验报告撰写者		撰写实验报告及相关文本		
PPT制作者		制作汇报用的PPT、视频剪辑等		
汇报人员		代表小组进行展示汇报		
观察评价员		观察各组展示汇报情况,并进行分析评价		

【观察员评析】

(二) 关注学习过程,全方位评价

在化学项目化学习每个环节的学习活动中,教师要关注学生的学习过程,综合运用多样化的评价方法,不断通过过程性评价进行介入、指导,通过全程的评价反思、调整项目化学习的实施。在不同的教学活动中,对学生调查成果、交流发言、合作学习表现、实验操作、实验报告、论文反思、互助评价等进行全方位的综合评价,综合学生自评、同伴互评和教师评定的分数或者等级,最终进行综合评定。

三、优化导学评价指标,提升学生学科素养

评价指标对学习过程及学习结果具有导向性。项目化学习不仅要取得个人成果和团队成果,更注重学习过程中学员的收获。因此,评价指标要同时兼顾学习过程和结果,凸显学习过程中学生学科核心素养的提升。

(一) 客观公正,提升学生实验素养

评价指标要客观公正,测量的标准、方法、比例等都应符合客观实际,不能仅凭教师主观臆断或个人情感,要根据课程标准、教学实际情况和学生情况,由师生共同制订评价指标,从而促使学生在参与评价中知行合一。

如在"家用消毒剂、漂白剂的制备研究"项目中,为了调动学生在项目化学习的各个环节中的学习,评价指标从教与学相统一的角度出发,以教学目标体系为依据,认真设计、预试、修订评价工具。针对学生的实际情况,将学习评价拆分为两大板块、四个部分,即过程性50%(包括实验方案、实验过程)和终结性评价50%(包括实验报告、交流展示),每个部分再分别细化分解为3个指标,更有效评价学生的学习过程和学习结果。评价指标涉及科学性、可行性、创新性、实证性、重现性、合作性、科学性、真实性、反思性、条理性、完整性等方面,及时了解每个项目小组的学习情况,引导学生寻找合适的方法完成项目任务。同时,对每个小组的项目化学习成果采用自评、互评及教师评价相结合的方式,各占30%、30%、40%,充分体现学生的自主评价,调动积极性。"家用消毒剂、漂白剂的制备研究"项目化学习研究成果评价量表如表10-5所示。

表10-5 "家用消毒剂、漂白剂的制备研究"项目化学习研究成果评价量表

班级_____ 组别_____ 项目研究小组组员_____ 评价人_____

评价指标	表现标准	分值	表现水平						
			自评	师评	互评				
					小组1	小组2	小组3	小组4	小组5
……									
实验过程	实证性:研究过程真实,有图片、视频、数据记录、图表等证据,数据采集真实可信	10							
	重现性:操作步骤和实验方案设计一致,至少平行实验1~2次减少实验偶然误差	10							

(续表)

评价指标	表现标准	分值	表现水平						
			自评	师评	互评				
					小组1	小组2	小组3	小组4	小组5
	合作性:小组成员之间分工合理,人人动手,有讨论、有商议、有改进,合作研究氛围好	5							
……									
评价体会									

说明:对照评价量表的标准,按照符合程度进行表现水平评价,如满分 10 分,"10"表示完全符合,"8～9"表示大部分符合,"6～7"表示基本符合,"3～5"表示少量符合,"0～2"表示完全不符合。

(二)发展创新,提升学生创新素养

学案导学的学习评价应着眼于学生的学习进步和动态发展,着眼于教师的教学改进和能力提高,以调动师生的积极性,提高教学质量。在评价指标中注重学生实践性、合作性、创新性能力的提升,不断鼓励学生质疑、协作、创新,激发学生思维碰撞和学科核心素养的提升。

如在"家用消毒剂、漂白剂的制备研究"中,对学生制备实验的方案设计的评价指标中引入"创新性:实验方法有创新,或者仪器装置有改进"。这样的评价指标,是由师生共同制订,也引领学生在实验设计时有意识地进行创新和改进,通过小组合作的思维碰撞积极探究实验方案的改进,优化实验。

评价是项目化学习中的六要素之一,在教学中起着非常重要的导向作用。我们要关注学习过程,关注学生整体和个体差异,构建科学合理的评价体系,运用多样的评价方法,多角度、全方位对学生进行多元评价,更好地发挥评价的诊断、激励、调节和教学作用,提升学生学科核心素养。

四、应用素养评价平台,评价学生学习素养

学习素养评价包括学习的过程性评价、期中成绩、期末成绩,并按照一定比例进行折算。教师对所教班级学生的课堂表现、自主学习、作业情况、总结反思等四个方面的情况进行评价,分 A、B、C 三档(见图 10-1)。

初步构建了具有奉贤中学特色的学生综合素养评价平台,对学生的五大素养进行

图 10‑1　学习素养过程性评价页面

评价,从而对综合评价提供翔实的数据支撑。通过素养评价平台,可以方便地对学生的学科过程性评价数据进行录入,以便对学生个体的学习素养进行雷达图分析(见图 10‑2),同时也便于分析班级整体情况。

图 10‑2　学生学习素养雷达图

通过平台的不断完善和评价指标的修订,对学生五大素养的评价具有可操作性,评价指标也不断完善和科学,以评促学,激励学生自主学习研究,激发学生潜能,提高学生综合素养。

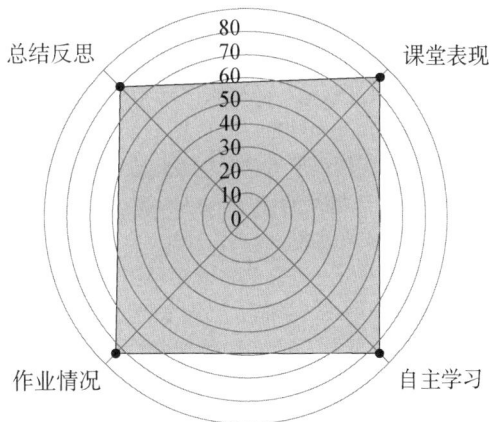

当然,评价方式有多种,如相对评价和绝对评价、诊断性评价、形成性评价和总结性评价、定性评价和定量评价等。在学案导学模式下,何种评价方式更合理,各项指标所占比例多少更能促动学生的潜能发展,还有待我们继续探索。

教学评价是研究教师的教和学生的学的价值的过程。教学评价是以教学目标为依据,按照科学的标准,运用一切有效的技术手段,对教学过程及结果进行测量,并给予价值判断的过程。我们在学案导学中采用的学习评价策略为“以评促教,发展素养”。提倡在评价主体上“打破教师一言堂,倡导师生共同进行评价”、评价方式上“融入自评、互评＋师评,过程性评价与终结性评价相结合”、评价指标“注重关注过程及结果中学科核心素养的提升”,从而更好地发挥评价的诊断、激励、调节和教学作用。

附录1　部分成果发表情况

1. 张莉.《指向化学学科核心素养的项目化学习设计及实施——以"家用消毒剂的制备研究"为例》,《上海课程教学研究》,2020.8合刊:84-90(2020.8),全文转载到《中学化学教与学》,2020.12:10-14.

2. 张莉.《巧用平板电脑移动教学促进学生自主学习》,《现代教学》,2020/1AB学情研究专辑:64-65.

3. 张莉.《以"强酸与弱酸的比较"为例浅谈高中化学项目化学习设计》,《上海教育》,2019年第22、23期08AB(总第1095、1096期):82.

4. 张莉.《问题引导教学　激发创新潜能》,《现代教学》,2016(7)增刊(第357期):58-59.

5. 张莉.《改善化学作业设计,激发学生创新潜能》,《现代教学》,2016(1)AB合刊(343-344期):143-144.

6. 张莉.《打开化学阅读之窗,激发学生发展潜能》,《现代教学》,2014(4)增刊(第298期):53-54.

7. 张莉,金继波.《学案分层导学,激发学生潜能》,《化学教学》,2012(10)总第307期:20-23.

8. 张莉,金继波.《倡导生活化教学,激发学生潜能》,《化学教育》,2011,32(12):87-88.

9. 张莉.《插上助飞的翅膀,翱翔教研的天堂:数字图书馆助我成长》,《中学课程资源》,2011(7):14-15.

10. 张莉,金继波.《整合生活知识促进有效性化学教学》,《化学教学》,2009(5)(总265期):37-39.

11. 张莉.《"乙醇分子的组成和结构"教学设计》,《化学教学》,2009(1)(总261期):47-48.

12. 张莉,毛静,金继波.《学案导学对改善高中学生化学学习方式的初步调查与研究》,《化学教育》,2008(7):52-55.

13. 张莉.《倡导生活化教学,激发学生学习情趣》,载《高中德育回归生活的探索》,上海科学技术文献出版社,2010年1月第1版:111-114.

14. 张莉.《化学学案导学:激发学生学习潜能的实践研究》,载《提升教师激发学生潜能的素养》,上海教育出版社,2019年8月第1版:136-145.

15. 张莉.《在高中化学教学中激发学生创新潜能的实践研究》,载《提升教师激发学生潜能的素养》,上海教育出版社,2019年8月第1版:146-150.

16. 张莉.《借助交互式电子白板,激发学生潜能》,载《提升教师激发学生潜能的素养》,上海教育出版社,2019年8月第1版:250-253.

17. 张莉.《创新作业设计,激发学生潜能》,载《提升教师激发学生潜能的素养》,上海教育出版社,2019年8月第1版:254-257.

18. 张莉,金继波,顾蕖甘.《从三个维度渗透化学学科教育的实践研究》,载《育人为本,以德为先——上海市中小学民族精神教育和生命教育经验集》,上海教育出版社,2016年6月第1版:205-211.

19. 张莉.《科研引领教学共长　课改创新激发潜能》,《嬗变——奉贤区徐雪峰特级教师工作室巡礼》,江苏人民出版社,2016年7月第1版:85-106.

20. 张莉.《纸上层析》教学案例研究,载《嬗变——奉贤区徐雪峰特级教师工作室巡礼》,江苏人民出版社,2016 年 7 月第 1 版:185 - 196.

21. 张莉.《气体摩尔体积》初高中衔接教学研究,载《嬗变——奉贤区徐雪峰特级教师工作室巡礼》,江苏人民出版社,2016 年 7 月第 1 版:237 - 241.

22. 张莉.《翻转课堂教学的实践研究——以〈电解池〉为例》,载《嬗变——奉贤区徐雪峰特级教师工作室巡礼》,江苏人民出版社,2016 年 7 月第 1 版:272 - 281.

23. 张莉.《奉贤中学教师个人发展规划》,载《优化高中教育资源的研究——城郊新建寄宿制高中"和谐发展"教育资源优化的实践研究》,上海科学技术文献出版社,2010 年 10 月第 1 版:44 - 49.

24. 金继波,张莉.《学分绩点制管理的实践研究》,《上海教育》,2021 年 02AB 刊:58 - 59.

25. 张育青,张莉.《指向激发学生潜能的人才培养模式的探索》,载《创·生——上海课改 30 年区校实践成果荟萃》,上海教育出版社,2018 年 10 月第 1 版:280 - 283.

26. 林春辉,张莉,曹阿娟,张育青.《城郊高中激发学生创新潜能的实践研究》,《教研周刊》,2018 年第 42 期(总第 4010 期):301.

附录2 部分成果获奖情况

主持的课题成果获奖情况

1. 区课题成果《学案对改善学生化学学习方式的研究》(小组成员：张莉、金琰、黄艳丽、毛静)，获上海市教育科学研究院第三届学校教育科研成果三等奖，上海市教育科学研究院普通教育研究所(2009.9)．

2. 市课题成果《中学化学基础课程中生活化有效教学的实践与教学策略研究》(小组成员：张莉、王升利、高正泉)，获上海市青年教师教育教学研究课题成果鉴定二等奖，上海市青年教师教育教学研究学术委员会(2009.12)．

3. 区课题成果《在化学学案导学中激发学生学习潜能的实践与研究》(小组成员：张莉、金继波、尹利群、卫泽敏、高正泉)，获全国"首届基础教育科研成果网络博览会"二等奖，中国教育学会(2014.7)；获上海市第十一届教育科学研究优秀成果三等奖，上海市教育委员会(2016.1)；获区第十届教育科学研究成果一等奖(2013.10)．

4. 区课题成果《高中化学基础型课程中激发学生创新潜能的实践研究》(课题组成员：张莉、金继波、卫泽敏)，获区2015年度优秀教育科研成果一等奖(2016.9)．

5. 区课题成果《学案导学提升高中生化学学习力的实践研究》(课题组成员：张莉、金继波、徐雪峰)，获区第十一届教育科研成果评选一等奖(2018.11)．

教学课例获奖

1. 张莉，《甲烷的分子组成和结构探究》，获上海市中小学中青年教师教学评比中学化学二等奖，上海市教育委员会，上海市中小学幼儿教师奖励基金会(2015.12)．

2. 张莉，《乙酸乙酯的制备》，获2018年上海市高中实验说课评比化学组三等奖，上海市教育委员会教学研究室、上海市中小学幼儿教师奖励基金会、上海市教育委员会教育技术装备中心(2018.9)．

3. 张莉、刘清华、金琰、郭军、卫泽敏、高正泉，《〈硫及其化合物〉单元作业设计》，获2018年上海市中小学优秀作业、试卷案例征集评选活动高中化学学科三等奖，上海市教育委员会教学研究室(2018.11)．

4. 张莉、刘清华.《温度传感器在"乙酸乙酯的制备"中的教学研究》，获2020年全国化学数字化实验教学应用及创新设计(第九届V杯赛)三等奖，《化学教与学》杂志社(2020.11)．

5. 张莉，《离子反应图像》，获第四届SMART杯交互式电子白板教学应用大奖赛二等奖、现场说课一等奖，中央电化教育馆(2012.11)．

6. 张莉，《甲烷的结构探究和实验室制法》，获第五届SMART杯交互式电子白板教学应用大奖赛教学课评比二等奖，指导教师为金继波，中央电化教育馆，(2013.11)．

7. 张莉，《氧化还原反应的基本概念》获"第六届SMART杯互动教学大奖赛"教学课评比二等奖，指导教师为金继波，中央电化教育馆(2014.11)．

8. 张莉，《盐类水解平衡及其应用复习》，获首届"易教-三星杯"智慧课堂全国赛化学课程一等奖，全国智慧学习环境的构建与应用研究课题组,华东师范大学教育信息化系统工程研究中心(2015.6).

9. 张莉,《乙醇的分子组成和结构探究》,获"2016 年新媒体新技术教学应用研讨会暨第九届全国中小学创新(互动)课堂教学实践观摩活动"教学课评比二等奖,指导教师为金继波、徐雪峰,中央电教馆,全国中小学计算机教育研究中心(2016.5).

10. 张莉,《电解池》,获"2017 年新媒体新技术教学应用研讨会暨第十届全国中小学创新课堂教学实践观摩活动"教学课评比二等奖,中央电化教育馆(2017.5).

教学论文获奖

1. 张莉,《高中化学基础型课程中激发学生创新潜能的实践研究》,获 2016 年度上海市中学化学教学论文评比一等奖,上海市教育学会化学教学教学专业委员会(2016.10).

2. 张莉,《打开化学阅读之窗,激发学生发展潜能》,获《现代教学》2013 年度教学论文征文评选教学经验类一等奖,《现代教学》编辑部(2014.3).

3. 张莉,《中学化学课堂教学的生活化的实践与研究》,获上海市教育学会中学化学专业委员会论文评比一等奖,上海市教育学会中学化学专业委员会(2007.1).

4. 张莉,《高中化学教学中运用学案导学的实践与研究》,获 2007"黄浦杯"长三角教学改革与教师成长征文一等奖,上海市教育科学研究院普通教育研究所,《上海教育科研》编辑部,黄浦区教育局(2007.9).

5. 张莉,《插上助飞的翅膀,翱翔教研的天堂》,获"中国知网杯"全国中小学数字阅读活动征文比赛一等奖,中国图书馆学会中小学图书馆委员会(2011.10).

6. 张莉,《改善高中化学教学,激发学生创新潜能》,获中国教育学会 2016 年度论文三等奖(2016.11).

7. 张莉,《元素及其化合物知识有效教学的实践与研究》,获 2009 年上海市化学化工学会教育专业委员会年会论文评比三等奖(2009.12).

8. 张莉、王升利、高正泉、金继波,《中学化学生活化教学的创意设计》,获 2010 年"黄浦杯"长三角城市群教育中的创意征文评选三等奖,上海市教育科学研究院普通教育研究所(2010.8).

9. 张莉,《学案导学对改善学生化学学习方式的调查分析与实践研究》,获上海市教育学会化学教学专业委员会 2010 年论文评选二等奖(2010.10).

10. 张莉、金继波,《整合生活化教学,激发学生学习潜能》,获 2011 年上海市化学化工学会教育专业委员会年会论文评比二等奖(2011.12.20).

11. 张莉、金继波,《生活化教学,激发学生潜能》,获 2012 年"课题研究与特色创新交流研讨会"优秀论文二等奖,上海市化学教育学会,《化学教学》编辑部(2012.7).

12. 张莉,《课例研究分享智慧,插上翅膀助我成长》,获 2013"黄浦杯"长三角城市群"分享智慧"征文二等奖,上海市教育科学研究院普通教育研究所(2013.8).

13. 张莉,《在高中化学学案导学中激发学生学习潜能的初步调查与研究》,获 2013 年上海市化学化工学会教育专业委员会年会论文评比三等奖(2013.12).

14. 张莉,《创新作业设计,激发学生创新潜能》,获上海市教育学会化学教学专业委员会 2014 年论文评选三等奖(2014.10).

15. 张莉,《创设问题引导教学,激发学生创新潜能》,获《现代教学》2015 年度优秀教学论文二等奖(2016.3).

16. 张莉,《巧用教育信息技术,改变传统化学教学》,获《现代教学》2016 年度优秀教学论文三等奖(2017.3).

17. 张莉,《阅读数字资源,助力教学科研》,获 2017 年"黄浦杯"长三角城市群"读书与成长"征文评选三等奖,上海市教育科学研究院普通教育研究所(2017.8).

18. 张莉、曹阿娟、张育青，《激发高中生创新潜能的初步调查与分析》，获 2017 年上海市中小学幼儿园调查研究方法成果评审二等奖，上海市教育科学研究院普通教育研究所(2018.1).

19. 张莉，《现代信息技术改进高中化学实验教学的实践研究》，获 2018 年上海市化学教学论文评比三等奖，上海市教育学会化学教学专业委员会(2018.11).

20. 张莉，《在教学中研究，在研究中教学》，获 2018 年《现代教学》论文评比三等奖(2019.3).

21. 张莉，《依托项目化学习，提升学生实验素养》，获 2019 年上海市化学化工学会化学教育专业委员会论文评比三等奖(2020.1).

22. 张莉、徐雪峰、金继波、卫泽敏，《家用消毒剂漂白剂的制备研究》，获第二届全国学习素养·项目化学习案例评选三等奖，上海市教育科学研究院普通教育研究所、上海学习素养课程研究所(2020.9).

23. 张莉，《实验课支架式学案导学，提升学生实验探究素养》，获 2020 年上海市中学化学教学论文评比三等奖，上海市教育学会化学教学专业委员会(2020.10).

参考文献

［1］Thomas J W. A review of research on project-based learning［R］. San Rafael，CA：The Autodesk Foundation，2000.

［2］陈丽娟."平板电脑＋导学探究"模式在高中化学教学中的实践研究［D］.西南大学,2020.

［3］高妍."导学案和小组合作学习"教学模式研究［D］.辽宁师范大学,2019.

［4］郭宝仙.英国普通高中课程方案及其特点［J］.全球教育展望,2012,41(2).

［5］赖志奎.现代教学论［M］.杭州：杭州大学出版社,2004.

［6］黎世法.新课程异步教学方式概论［J］.异步教学研究,2008(1).

［7］皮连生.教育心理学［M］.上海：上海教育出版社,2004.

［8］任顺元.导学论——实践新课程的指导理论［M］.杭州：浙江大学出版社,2003.

［9］上海市教育委员会教学研究室.上海市高中化学学科教学基本要求(试验本)［M］.上海：华东师范大学出版社,2017.

［10］上海市教育委员会教学研究室.中学化学单元教学设计指南［M］.北京：人民教育出版社,2018.

［11］上海市教育委员会.上海市中学化学课程标准(试行稿)［M］.上海：上海教育出版社,2004.

［12］施方良.教学理论：课堂教学的原理、策略与研究［M］.上海：华东师范大学出版社,2003.

［13］田薇薇.基于PBL导学案的高一化学课堂教学研究［D］.陕西理工大学,2020.

［14］王福霞."6＋1导学案"在高中化学教学中的应用研究［D］.信阳师范学院,2019.

［15］夏雪梅.项目化学习设计：学习素养视角下的国际与本土实践［M］.北京：教育科学出版社,2018.

［16］叶雷春.微课导学模式在高中化学教学中的实践研究［D］.河南大学,2020.

［17］余文森.当代课堂教学改革的理论与实践［M］.福建：福建教育出版社,1998.

［18］张林莹.高中化学教学中引导学生形成自主学习能力的实践研究［D］.伊犁师范大学,2020.

［19］张苏丹.基于抛锚式教学的高中化学导学案设计与应用［D］.湖南理工学院,2020.

［20］赵海芬.浅谈"学案导学"教学模式［J］.现代教育教学探索,2009(5).

［21］赵加琛,张成菊."学案教学"的理论与实践［J］.教育探索,2002(2).

［22］中华人民共和国教育部.普通高中化学课程标准(2017年版2020年修订)［M］.北京：人民教育出版社,2020.